微信公众号·短视频

线上运营与推广

李 军
编著

U0274772

清华大学出版社
北京

内 容 简 介

本书通过通俗易懂的语言、精挑细选的实用技巧、翔实生动的经典案例分析，以图文并茂的方式，全面介绍了微信公众号·短视频线上运营与推广的基础知识，主要内容包括微信公众号的规划与设计、高效管理微信公众号、图文内容创作、图文版式编辑与设计、微信公众号引流与吸粉、精准营销与搜索优化排名、从零开始全面认识短视频、短视频平台及特效拍摄、短视频的推广及营销等方面的知识、技巧及案例。

本书是关于微信公众号·短视频线上运营与推广的书籍，不仅有宏观分析和系统的方法论，还有实操性极强的解决方案，适合对微信公众号以及短视频运营感兴趣的读者，能帮助普通大众、新媒体人、企业和商家在移动互联网转型之际低成本走上创业的道路。书中既有详细、全面的实际操作方法，又有真实案例剖析，并配有很多实用技巧和运营经验，具有很强的实用性。

图书在版编目(CIP)数据

微信公众号·短视频线上运营与推广/李军编著. —北京：清华大学出版社，2021.8
ISBN 978-7-302-58726-2

Ⅰ. ①微…　Ⅱ. ①李…　Ⅲ. ①网络营销　Ⅳ. ①F713.365.2

中国版本图书馆 CIP 数据核字(2021)第 142743 号

责任编辑：魏　莹
封面设计：李　坤
责任校对：周剑云
责任印制：丛怀宇

出版发行：清华大学出版社
　　　　　网　　　址：http://www.tup.com.cn, http://www.wqbook.com
　　　　　地　　　址：北京清华大学学研大厦 A 座　　　　邮　　编：100084
　　　　　社 总 机：010-62770175　　　　　　　　　邮　　购：010-62786544
　　　　　投稿与读者服务：010-62776969, c-service@tup.tsinghua.edu.cn
　　　　　质量反馈：010-62772015, zhiliang@tup.tsinghua.edu.cn
印 装 者：三河市天利华印刷装订有限公司
经　　销：全国新华书店
开　　本：170mm×240mm　　　印　张：19　　　字　数：334 千字
版　　次：2021 年 9 月第 1 版　　　　　印　次：2021 年 9 月第 1 次印刷
定　　价：69.80 元

产品编号：089077-01

无论是在传统的网络时代，还是在目前的移动互联网时代，网络营销代替传统营销一直是主流，只是营销的方式或工具发生了变化。微信不但改变了我们的沟通方式，更改变了我们的生活。而短视频营销是移动互联网时代企业、微商、个人对营销模式的一种新的探索。基于移动互联网的自身属性，微信以及短视频不受时间和空间的限制。用户一旦注册并使用微信或短视频 App，便可与其他微信或短视频用户建立联系并进行互动，用户可以订阅自己所需的信息，商家也可以通过提供用户需要的信息推广自己的产品，实现多重营销。为了帮助读者快速地了解和掌握有关微信公众号、短视频运营与推广的相关内容，我们编写了本书。

本书在编写过程中，根据初学者的学习习惯，采用由浅入深、由易到难的方式讲解，为读者快速学习提供了一个全新的学习和实践操作平台，无论从基础知识安排还是实践应用能力的训练，都充分地考虑了用户的需求，快速达到理论知识与应用能力的同步提高。全书结构清晰，内容丰富，主要内容包括以下 6 个方面。

1. 微信公众号的规划与管理

本书第 1~2 章，介绍了微信公众号规划与管理方面的知识，包括微信公众号的规划与设计、高效管理微信公众号等方面的知识及相关运营与推广经验。

2. 微信公众号的创作与编辑

本书第 3~4 章，介绍了微信公众号创作与编辑的相关知识，包括图文内容创作、图文版式编辑与设计等方面的知识及相关运营与推广经验。

3. 微信公众号引流与吸粉

本书第 5 章，介绍了微信公众号引流与吸粉的相关方法，包括有针对性地挖掘粉丝、利用微信寻找粉丝的有效途径、学会使用 QQ 推广、朋友圈吸粉、公众号引流方法、常见的引流吸粉平台等方面的相关知识及运营与推广经验。

4. 精准营销与搜索优化排名

本书第 6 章，介绍了精准营销与搜索优化排名的相关知识及方法，包括公众号关注用户数据、分析粉丝的需求、公众号搜索排名的优化、关键词等方面的相关使用方法与运营经验。

5. 认识短视频平台及拍摄短视频

本书第 7~8 章，介绍了各类短视频及短视频如何制作和拍摄，包括短视频的类型、短视频的制作流程、热门短视频平台、特效拍摄短视频等方面的知识及操作方法。

6. 短视频的推广及营销

本书第 9 章，介绍了短视频的推广及营销方法，主要包括基于用户需求提升关注度、使用妙招提升短视频推广效果、通过好内容赢得用户的更多点赞、快速传播内容引爆品牌营销、收割抖音流量抓住短视频红利、提高产品曝光度和打造口碑，使读者学习后，获得学以致用的效果，帮助读者快速掌握运营短视频的技巧。

本书由文杰书院李军组织编写，参与本书编写工作的有袁帅、文雪、崔晓贵、张春梅、蒋新丹等。

我们真切希望读者在阅读本书之后，可以开阔视野，增长实践操作技能，并从中学习和总结操作的经验和规律，达到灵活运用的水平。鉴于编者水平有限，书中纰漏和考虑不周之处在所难免，热忱欢迎读者予以批评、指正，以便我们日后能为您编写更好的图书。

编　者

目 录

第 1 章　微信公众号的规划与设计

　　微信公众平台的核心就是帮企业或个人自媒体打造自己的品牌。既然是打造品牌，企业微信公众号的运营一定要经过详细而周密的规划，然后步步为营，不可急于求成，也不能盲目跟风，因为企业微信公众号代表着企业的品牌形象，更是企业营销活动的重要一环，是企业不断提升品牌影响力，不断维护老客户、开拓新客户的法宝。

1.1 如何选择微信公众号

本节导读

在了解了什么是微信公众号，以及了解了微信公众号的价值之后，接下来应该了解如何选择微信公众号。随着订阅号数量越来越多，用户对于账号的选择会更加挑剔，所以每个账号必须有清晰明确的定位，且要名副其实，提供属于自己的独特的价值，这样才能吸引和留住用户。本节将详细介绍如何选择微信公众号的相关知识。

1.1.1 微信公众号的 3 种类型

微信公众号现在已分为订阅公众号、服务公众号和企业微信 3 种类型。每种公众号类型的功能和服务都会有一定的区别，下面将分别详细介绍这 3 种公众号。

1. 服务号

微信公众号中的服务号可为企业和组织提供更强大的业务服务与用户管理功能，主要偏向服务类交互(功能类似 12315、114、银行、提供绑定信息、服务交互)，适用人群为媒体、企业、政府或其他组织。群发次数：服务号 1 个月(按自然月)内可发送 4 条群发消息。服务号只能是企业或者组织才能够申请开通，个人是不允许开通的，如图 1-1 所示为微信公众平台对服务号的简介。服务号按照认证与否，可以分为认证服务号、未认证服务号两种。

2. 订阅号

订阅号可为媒体和个人提供一种新的信息传播方式，主要功能是在微信侧给用户传达资讯(功能类似报纸杂志，提供新闻信息或娱乐趣事)，适用人群为个人、媒体、企业、政府或其他组织。群发次数：订阅号(认证用户、非认证用户)1 天内可群发 1 条消息。如图 1-2 所示为微信公众平台对订阅号的简介。

3. 企业微信

企业微信(原企业号)是一个面向企业级市场的产品，是一个独立好用的基础办公沟通工具，拥有最基础和最实用的功能服务，专门提供给企业使用的 IM 产品。适用于企业、政府、事业单位或其他组织。如图 1-3 所示为微信公众平台对企业微信的简介。

服务号

给企业和组织提供更强大的业务服务
与用户管理能力，帮助企业快速实现
全新的公众号服务平台。

图 1-1

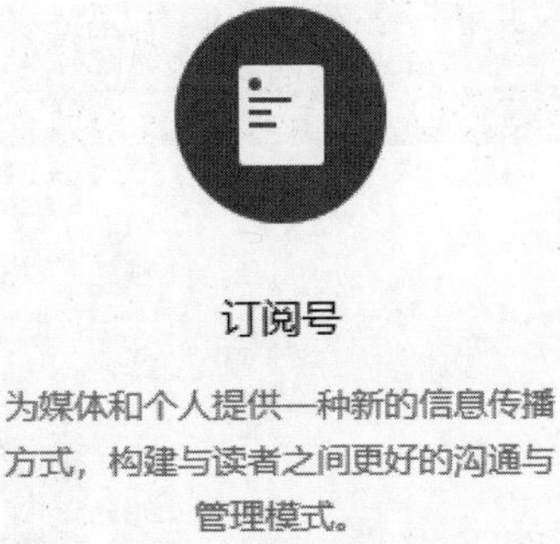

订阅号

为媒体和个人提供一种新的信息传播
方式，构建与读者之间更好的沟通与
管理模式。

图 1-2

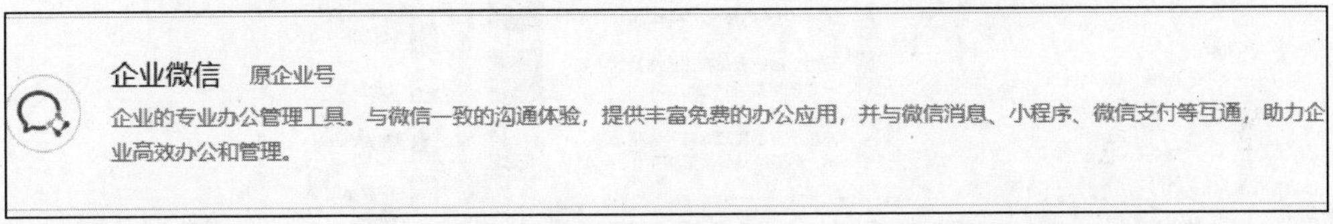

 企业微信 原企业号
企业的专业办公管理工具。与微信一致的沟通体验，提供丰富免费的办公应用，并与微信消息、小程序、微信支付等互通，助力企业高效办公和管理。

图 1-3

　　如果想简单地发送消息，达到宣传目的，建议选择订阅号；如果想用公众号获得更多的功能，例如开通微信支付功能，建议选择服务号；如果想用来管理内部企业员工、团队，对内使用，可申请企业微信；订阅号不支持变更为服务号，同样，服务号也不可变更为订阅号。各种类型公众号的功能权限，如图 1-4 所示。

功能权限	普通订阅号	微信认证订阅号	普通服务号	微信认证服务号
消息直接显示在好友对话列表中			✓	✓
消息显示在"订阅号"文件夹中	✓	✓		
每天可以群发1条消息	✓	✓		
每个月可以群发4条消息			✓	✓
无限制群发				
保障消息禁止转发				
关注时验证身份				
基本的消息接收/运营接口	✓	✓	✓	✓
聊天界面底部，自定义菜单	✓	✓	✓	✓
定制应用				
高级接口能力		部分支持		✓
微信支付-商户功能		部分支持		✓

图 1-4

服务号、订阅号以及企业微信的图例说明，如图 1-5 所示。

图 1-5

1.1.2 微信双号和多号及矩阵战略

自 2013 年 8 月 5 日正式在苹果 App Store 上架以来,微信让企业微信公众号面临新的选择,是放弃每天一条的发布指标选择升级为服务号,还是"被折叠"在订阅号中继续每天发布。在面对鱼与熊掌的两难选择之下,部分微信开始试水双号运行。在这里我们要说的就是企业微信双号运营一定要让两者的定位和风格差异化,这样用户才有兴趣关注,要不然最终就会竹篮打水一场空。

在这里,需要强调一点,对企业来说,无论是发布信息还是提供服务,都应该考虑利用所有可以利用的平台,但是这时考虑一个问题:多开一个公众号,运营的成本也相应增加,而且未必能收到很好的效果。除非你的内容能引起用户的注意,否则你还是实实在在地为客户提供一些服务。

1. 公众号双号战略

双号战略是指企业既开通服务号,又开通订阅号。

订阅号每天都可以发布一条消息,适合进行新顾客的开拓、培养新顾客、促销产品,为企业创造利润。服务号每个月只能发一次消息,适合用来服务好老顾客。老顾客已经体验过产品的好处,只要做好服务,他们就会重复购买,不需要推送大量的促销信息,一个月推送一次就足够了。

初期,企业需要一个订阅号来进行宣传,每天都可以推送一条信息,这对于企业发展新顾客是非常有利的。因为在潜在顾客购买企业的产品之前，需要长期地跟潜在顾客进行沟通，并想办法让顾客相信企业能够帮助他们，最终使其购买企业的产品。

　　企业还可以尝试双号并用，订阅号负责宣传和挖掘新的顾客，服务号负责维系老顾客，并不定时地宣传活动信息。这样既不影响推广，又可以很好地维持与已有客户的关系。

2. 多号战略

　　多号战略是指企业既开通服务号，又开通订阅号，甚至某些企业还开通个人微信号，这三类账号同时使用，互相补充，尽可能地传播品牌价值。当然，需要提醒的是，采取多号战略也会存在一定的问题，如品牌的混淆、运营成本的增加、粉丝对官号的迷惑等。所以务必先把各个号的定位搞清楚了，然后再考虑多号战略。

　　在这里不得不提到的一点是，对于中小企业而言，不需要服务上百万、上千万的顾客，而只需要服务一部分高质量的目标客户即可。利用个人微信号可以快速锁定顾客，1 个微信号锁定 1 万目标客户，10 个微信号就能锁定 10 万目标客户，当然还可以放大到 50 万目标客户。锁定 10 万目标客户，对于中小企业来说，就能为企业创造大量利润。另外，个人微信号还有一个优势是可以利用"附近的人"功能，做本地O2O 电商。中小企业除了重视服务号与订阅号之外，必须重视个人微信号。

3. 微信矩阵模式

　　与微博账号的营销矩阵类似，大平台也会根据不同的营销需求构建不同的营销账号，构建企业微信矩阵，具体可以参考微博营销矩阵的集权式、蒲公英式、HUB式、双子星式、蜂巢式等方式，只是现在还不成熟，需要更多地尝试和探索。举例来说，在微信公众账号输入"搜狗"后会出现搜狗壁纸、搜狗语音助手、搜狗输入法等产品相应的微信账号，用户可以根据自己的需要选取。这其实就是一种微信矩阵。

1.1.3 微信公众号矩阵运营策略

　　对于大型企业来说，只用一个微信账号进行宣传营销是不够的，服务号与订阅号的区分就让我们可以明白其中的道理。对企业来说，企业的微信公众账号承担着品牌宣传、客户管理等职责，而这就需要在每天的内容中加入企业新闻等信息。毫无疑问，这样就增加了信息的总量。如果减少即时信息会造成用户体验不好的后果，但每日信息数量过多又会让一部分粉丝反感，而另一部分粉丝则不能尽可能多地获得他们想要的信息。建立合理的微信矩阵，不仅可以满足不同用户的需求，而且可以有效精准地辐射用户群体，扩大企业微信的影响。但是，微信矩阵的建立并非随心所欲，而是要遵循一定的规律与技巧。企业必须根据自身需求，考虑好如何建立微信矩阵，有效地展开广告宣传。一般可以从以下几个方面来考虑。

1. 针对性：按品牌与子品牌区别划分

企业就像一棵树，由不同的枝和叶组成，一个企业往往不会只有一个品牌，倘若企业只建立一个品牌的微信，那样必然会显得势单力薄，更为重要的是，不同的消费者有不同的产品需求，而企业也是根据不同的需求来生产不同的产品。所以对于企业来说，枝有枝的好处，叶有叶的好处，重要的是要定位分明。也就是说，企业建立多个品牌的微信可以有针对性地展开有效的广告宣传，让产品信息有的放矢地传递给消费者。

另外，世界上没有两片相同的叶子，对于企业来讲，同一品牌不同职能定位的子微信，应该在广告宣传中尽量保持微信头像、昵称、装修风格一致，给粉丝留下一个统一的视觉印象，这样有利于企业 CIS 品牌形象的建立。除此之外，微信内容主要是依据其功能或需求来制定的，所以微信内容应各有侧重和特色，面向不同的目标用户，彼此相关的微信内容可以适当地进行转发、互动。

2. 区域性：按区域划分

因为每个企业的经销商、代理商或者分公司分布不同，消费群体不同，更重要的是风俗习惯与消费意识也不同，所以企业在展开广告宣传时必须考虑不同地区消费者分布对产品销售的影响，从而来进行矩阵的划分。值得一提的是，为了便于区域化管理，现在不少企业微信分别开通了不同城市的微信站点。

3. 业务需求型：按业务需求划分

企业的管理者、营销部门通常会根据业务的不同分门别类地了解客户的需求，进而对微信矩阵的分布进行划分。尤其是企业根据业务的不同开通不同的子微信，比如凡客在微信平台共有"凡客诚品""凡客诚品特卖商城""凡客达人""如风达"四个公众账号，各账号用户数均达到万级以上。不同消费群体的网络购买模式不一样，如果只建立一个微信公众账号，就不能很好地把不同消费群体区分开，势必会造成拥挤和混乱，让有传统购物思维的消费者在这里止步，让希望有更多低价和打折服务的消费者感到无所适从。因此只有按不同业务建立不同的子微信，方能在微信里游刃有余地展开营销活动。

4. 功能需求型：按功能定位划分

功能需求是指企业根据对用户的调查分析，将需求按功能划分，然后满足用户的需求。比如在关注一家护肤品公司微信公众账号的用户中，有 60% 的人关注面膜，有 20% 的人关注防晒，这时企业就要根据用户的诉求来划分。另外，企业也要根据不同的账号划分制定不同的内容策略，比如涉及公司的重要新闻，内容要偏于严肃、认真，而与粉丝互动则需要一些"幽默风趣"式的关怀。由于每个账号功能的不同会直接导致内容、语言、风格不同，因而企业微信公众账号要把这些体现出来，否则容易造成微信账号身份"混乱"，给粉丝带来定位不清的感觉。

5. 用户需求型：按官方账号与子账号划分

用户需求是指用户要通过微信公众账号得到什么。企业必须划分清楚用户需求，最重要的是，除了官方账号与子账号，还需要一个小号。所谓的小号是指跟自己企业相关的匿名账号，比如调味品企业可以建立一个名为巧媳妇、厨房达人或私房菜之类的账号，与粉丝分享烹饪的技巧。总之，小号脱离于产品，但又是企业的理念升华，要上升到一定的高度，保持中立姿态，润物细无声地影响用户。

6. 按办事处划分

如果感觉上述五种方法有些烦琐，企业可以根据办事处来划分账号。通过各个办事处的微信互动，形成影响力。对于企业来讲，这种方式一是简单，二是企业利用这些矩阵开展广告宣传、事件营销、公关活动，只要引爆其中一个点就极容易形成链式反应，威力巨大。同时，企业应进行舆情监测，分析营销活动产生的影响，评估其价值，总结成绩，发现不足，进而优化和完善微信矩阵。

综上所述，企业建立微信矩阵比较常见的模式主要有三种。一是散点式，适合具有很多子品牌的大企业。二是铺开式，由一个核心账号统领各分属账号，互相是平等关系，信息由核心账号推送给分属账号，分属账号之间信息并不进行交互，这是一种适合地方分公司比较多并且为当地服务的业务模式。三是哑铃式，企业老板的一个账号很有影响力，公司官方的一个账号也很有影响力，形成互动。如果企业拥有过硬的产品和服务，就应该建立微信矩阵，通过布点、连线、成面、引爆、监测五步策略来不断优化。以这种方式排兵布阵，可使企业在微信世界中有更多的曝光机会，也有助于留住用户。

1.2　规划与设计微信公众号

本节导读　越来越多的企业开始认识到微信对于企业的重要性，于是有越来越多的企业希望利用微信来为自己创造价值。现在微信各方面的功能都发生了新的变化与改进，这样更有助于企业通过微信营销来发展自己，本节将详细介绍规划与设计微信公众号的相关知识。

1.2.1　微信公众号规划策略

有些公司盲目跟风开通了微信公众号，可是运营数月却收效甚微，原因一是方向就没有定好，偶尔有一些促销活动引来了粉丝，但却体现不出微信营销的价值；二是粉丝无互动。其实，心急吃不了热豆腐，无论任何企业运营微信公众号，首先运营者自己要有清晰的定位，这一点至关重要。选择大于努力，思路对了，接下来运营起来就顺利多了。简单来说，就是要在微信中找到属于自己的位置。下面详细介绍应该如何规划微信公众账号。

1. 统筹布局：运筹帷幄

企业在确定好自己的微信账号定位之后，就要根据自己的定位确立品牌形象、目标人群。以小米公司为例，小米公司微信公众账号定位就很清晰：做发烧友喜爱的手机，专注手机玩家。接下来就要为公众号取名、描述功能、选择公众类型、设计二维码，以及设置账号头像等，完善认证环节，这些准备工作虽然看起来不重要，但这是外界对你的第一印象，这代表着你的企业的品牌形象。俗话说，"万丈高楼平地起"，当你做好这些基础工作之后，才能进入下面的工作环节。企业要切记，要先拟好要取的公众号名称，因为名称一旦注册成功是不能自行修改的。

2. 团队建设：招兵买马

接下来就是微信内容和功能的建设工作了。首先应将微信内容划分成三块，第一块是内容方面，企业需要知道每周应向粉丝推送什么样的内容，是单图文消息还是多图文消息，是推送有趣或者有价值的内容来吸引用户，还是推送满足用户需求(包括休闲娱乐需求、生活服务类的应用需求、解决用户问题的实用需求等)的消息。在这里一定要意识到，企业希望推送的信息应高度尊重订阅用户的意愿。第二块是功能建设，比如企业简介、企业商城和企业提供的服务。第三块就是对用户进行分类。

当然这种工作过程是个烦琐的过程，企业通常有两种处理形式：一种是外包，另一种是自己招兵买马，组建团队。如果是组建团队那就需要招兵买马了。

3. 兴师动众：调兵遣将

微信运营涉及市场推广、销售、售前售后、物流查询、财务等环节，因此，微信团队的理想搭建模式是以市场为导向，各部门配合，共同做好运营。企业微信运营团队至少要配备五个人，他们分别承担不同的工作职责。

- 新媒体策划人员。工作职能：活动策划、内容策划，主要包括策划粉丝感兴趣的话题，从而与用户互动，使用户产生对公众号的黏性。
- 美编。工作职能：主要负责图文编排、内容的文字版式设计及图片的美工。
- 推广人员。工作职能：负责线上线下企业微信的推广。
- 内容编辑。工作职能：负责内容的撰写与收集粉丝对内容的反馈，方便策划人员制定出更好的内容策划策略。
- 客服人员。工作职能：负责收集粉丝的反馈意见，提供微信客服支持，比如语音聊天、语音问候、解答问题等。除此之外，还需要公司每周安排会议进行数据分析汇总，进行总结、归纳和分析。

4. 步步为营：稳扎稳打

紧接下来就是制定每月甚至每周的目标，策划并执行。微信公众账号主要是用来维护客户和增强客户关系的营销平台，用户对企业或产品有一定认识后才会关注它，所以接下来最重要的就是先把老客户加进来，稳定了这部分老客户之后，再去开拓新的客户，不断地增加粉丝。这里就需要活动与各种营销手段的配合，从而打造出企业微信公众账号在某个领域的影响力。

其实，微信公众账号的规划说难不难，说简单也不简单，关键的一点在于：一切从用户的角度出发，以满足用户的需求为目标。接下来我们会详细阐述，以便让你更好地运营微信公众账号。

1.2.2　公众号的定位

企业微信定位是一个企业微信公众账号建设和发展的核心。要想做好、做大、做强，一个微信公众账号必须制定一个适合自身发展以及符合自身建设的策略，明晰自己的定位，以形成品牌效应来辐射受众。而定位可以基于以下三个方面的前提假设：战略目标假设——我们想做什么；外部环境假设——我们可以做什么；内部实力假设——我们能做什么。只有找到适合企业的富有特色的定位，才可以彰显微信公众平台这一新兴媒体与众不同的个性风格，增强其不可替代性，进而形成市场优势——差异化优势、成本领先优势、目标聚焦优势。

1. 明确定位：服务客户，不是营销工具

在找准定位之后，你接下来思考的就是你要做什么了。在这里我们强调一点：多做些服务，客户会更爱你。当然服务这个词比较宽泛，你可以理解为一切为用户着想的都是服务。事实上，微信营销只不过是微信公众账号的一个属性而已，你必须开阔视野，别把营销当成是公众账号。在这里我们不得不提到招商银行公众号，它的各种服务方面的体验无愧于招行的名声和地位。招商银行公众号很少群发，当我绑定后每次刷卡，招行都会用公众号信息提醒代替以前的短信，还提醒我可以随时查余额、账单等，真的很棒。在招行公众号中用户直接回复相关关键词就能获得想要的信息。除此之外，艺龙旅行、南方航空等服务性行业企业也获得更好经营效果，他们把微信作为一种服务用户的工具，让用户主动地体验服务，方便快捷。

2. 因地制宜：量体裁衣找准定位

确立定位就是确立目标市场，就是确立战略取向。而企业微信如何定位，最主要的就是解决一个核心问题：你是谁，你要做什么。举个例子，假如你是经营化妆品的经销商，你的定位目标就是化妆品，而不要跨越到别的品类或者垂直行业，因为你更擅长这个领域。假如你是做美容的，你的定位就是美容，而不要去做保健品。在此，

我强调一点，你的市场目标一定要明确。

3. 一步到位：锁定目标找客户

我们知道人们可以通过微信的"摇一摇""漂流瓶"等功能非常方便、迅速地让信息像病毒一样传播出去，这使企业微信营销成为可能。随着营销效果的进一步凸显，微信营销必将深入到每个人的生活中。但是在这里我们要注意一点，微信营销做不好同样也会产生负面效应，如果只是一味发布繁多的打折促销信息，会让用户以为是垃圾信息，引起用户的反感。所以，企业不能只是简单、盲目地开通微信运营业务，一定要先考虑好自己的目标人群或潜在顾客在哪里，否则不如不用。

其中最主要的就是优化特色，创建品牌风格。这里主要从三个方面进行审察和优化特色。第一是"独有特色"，就是要在自己的企业微信公众账号中突出"人无我有"。第二是"相对特色"，就是在企业微信公众账号形成"人有我特"的差异性。比如官方微信在运营中注重题材的选择，注重形式的转化，注重理性的分析，注重信息"碎片"的整合，注重采集各界的声音，在阐述中有深度、有广度，在探讨中有思想、有观点，形成新的观察视角，彰显企业的特点和风格。第三是"错位特色"，就是要在同类型的企业中形成自己的特色。总之，只有从这三个方面深化，才能让企业的微信定位更新颖、更活泼、更睿智、更独特，更受欢迎。

1.2.3　公众号取名技巧

微信公众账号的名字非常重要，倘若你能取个吸引人的名字，那么你就容易受到关注。其实也可以再简单地理解为，你想吸引什么样的客户群体，你就应该起与这个客户群体相关的名字。比如，你是从事教育培训行业的，在运作微信的时候，就定位在培训方面。在这里需要重申一点：企业微信公众号名称最好不要是某某品牌官方微信，这样给人感觉和企业官网一样，让大家感觉没有什么可看性；最好是单品牌名或品牌名加行业词，如果你的品牌知名度不是很高，可以用品牌名加行业词的方式命名，例如某某品牌服装批发，这样用户搜索"服装批发"就能找到你，有不少账号通过这样的方式获得了数千人关注。

另外，微信的名字及 ID 一旦确定就没法更改，并且该名称最好与已获得认证的腾讯微博名称相同，公众号粉丝过 500 后可以自助认证。而名字又对你的公众号以后的自然流量增长以及用户心目中你的产品的定位很重要，所以取名一定要慎重。

通常在手机微信客户端用户搜索公众账号有两条途径，一是通过微信号直接搜索，二是通过账号名称搜索。由于微信号通常是英文字符加数字等组合，可记忆性不强，因而通过中文搜索公众账号是一条重要途径，因为企业公众账号中文名称的辨识度更高，可搜索性更强。比如佳泰杭州西湖店这个百货商店，正常会取名为"佳泰杭州西湖店"，但实际上本地用户习惯称之为"西湖佳泰"，那么公众账号名称就建议取"西湖佳泰店",把杭州两个字去掉。商家在宣传时可以直接用中文,用户搜索时无论是搜"西湖佳泰""西湖""佳泰"该公众账号都有机会出来,微信的搜索排名规则现在还不是很清楚,但是可以预见的是未来这会是 SEO 的一个方向。

在这里不得不说一个例子,那就是公众账号"美剧英语每日一句"。你不管搜索"美剧"还是"英语",它都在前几位,这样哪怕不推广,每天也会有比较稳定的用户增长。但是后来它并没有选择"美剧英语"或者"每日一句"。因为一是名字更短传播效果更好,二是如果叫"每日一句"而有一天没推送,就会有一堆用户发消息来问:"怎么今天没有每日一句啊?我不听每日一句睡不着觉啊!"

值得一提的是,如果实在想不到好的名字,就百度一下你想要的名字的指数,百度指数越高,就容易在公众号中搜索到。最典型的好名字是所属行业和你所要发布内容的行业统称。比如,很多企业的微信直接打上"某某网××行业"的名称,不少企业和个人的微信也直接以公司名称和行业名字作为微信公众账号名称,如此所发布的信息分量就颇具权威性了,更能引起关注。

1.2.4　微信外链

提到微信外链,不得不谈网站的外链,因为两者有异曲同工之妙。网站外链是指从别的网站导入到自己网站的链接。导入链接对于网站优化来说是非常重要的一个过程。

而微信外链则是指通过微信的分享,让更多的人看到。比如利用朋友圈分享,或者通过腾讯空间、日志或者微博分享你的微信账号或者内容等。在这里要注意:分享或者转发得越多,你的微信运营效果就越明显,越会被更多的人认识并有机会让他们成为你的忠实粉丝。

1.2.5　微信开发接口

微信开发接口的开放计企业微信实现了个性化的菜单定制,计微信的玩法多样,让公众账号的功能得到强化。当然不仅仅是消息推送与回复,企业可以实现查单词、查地铁、预约最近的门店,还可以发送指令获得商家提供的优惠券等。现有的例子有骑行西藏、音乐小店、景点打折门票、印象笔记、微团购等。这些个性化的服务让我们可以看到用接口模式可以更好地完善官方微信的功能,实现趣味性、个性化、舒适化、方便化。在这里需要强调一点,企业利用开发接口提供的功能要充分考虑目标人群的需求,符合用户需求,比如学校的微信公众号有翻译功能,制造业的微信公众号有股票查询功能等。另外就是设置和自己息息相关的个性化功能,比如招商银行的余额查询功能,南航微信开通办理登机牌功能,联通公司的业务查询功能等,这对于自身品牌的推广效果有巨大的作用。

1.3 注册微信公众号

本节导读

　　在了解了微信公众号基本的理论知识后，接下来介绍如何申请一个属于自己的微信公众号，通过实际操作才能够更好地掌握微信公众号的运营技巧。本节将详细介绍注册微信公众号的相关知识。

1.3.1 注册个人主体公众号需准备的资料

　　运营者在注册个人主体微信公众平台时，首先要弄清楚注册过程中该平台所需要的资料，并将这些资料准备好。微信公众平台运营者需要准备好 5 种资料，具体如图 1-6 所示。

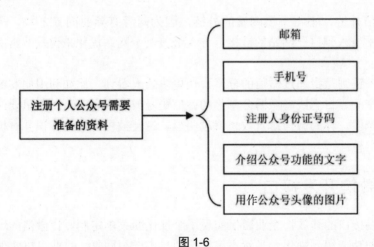

图 1-6

1. 邮箱

　　运营者在注册微信公众平台的账号之前，需要准备一个邮箱。同时需要注意的是，用来注册的邮箱必须是未被微信公众平台注册、未被微信开发平台注册、未被个人微信号绑定的邮箱。

2. 手机号

　　运营者在注册微信公众平台时，必须填写手机号，用于接收平台发送的验证码，所以运营者要提前准备好一个使用中的手机号码。

3. 注册人身份证号码

运营者在注册微信公众平台时，必须填写自己的身份证号码，所以运营者要提前准备好自己的身份证。

4. 介绍公众号功能的文字

运营者在申请微信公众号时，需要写一段文字介绍自己公众号的功能。因此，运营者还需要准备好与公众号简介文字相关的资料。

填写微信公众号的功能介绍，它相当于运营者对自己的微信公众平台定位进行文字描述，能够让订阅者在看见公众平台时就清楚平台所要传递的内容和方向。

因为公众号介绍一个月只能修改 5 次，所以运营者在写这段文字之前就应该提前准备好，避免到时候仓促填写。公众号功能介绍的文字字数要控制在 4~120 个字之间。因此，运营者在准备的过程中就要注重文字的精简，但同时要突出公众号的特色。

5. 用作公众号头像的图片

公众号头像图片也是运营者在申请微信公众号时必须准备的一项资料。微信公众号头像图片在一定程度上代表了公众号的形象，它能在第一时间给公众号订阅者留下视觉上的印象，吸引读者、粉丝的眼球。

微信公众号的头像一旦确定了，建议大家不到万不得已不要更换。因为现在大部分微信用户关注的公众号数量都非常多，可能订阅者好不容易通过公众号头像记住了你的微信公众号，你一换头像，那么可能会导致订阅者一时找不到你的公众号，从而将你的公众号遗忘。

因此，运营者为了确保自己设置的公众号头像图片能长久不换，就一定要提前准备好。建议运营者可以使用以下 3 种图片作为自己公众号的头像，如图 1-7 所示。

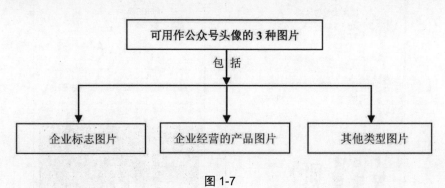

图 1-7

1) 企业标志图片

对于企业微信公众号来说，选择使用自己企业的标志图片作为公众号头像是一个很不错的选择。这样能够让读者每次看见公众号的时候就能够看见企业的标志，能够加深企业在读者心中的印象，对企业的传播度是有好处的。

如图 1-8 所示，是一个以企业标志图片作头像的微信公众号——"腾讯视频VIP"和"百度"。

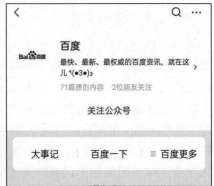

图 1-8

2)　企业经营的产品图片

除了可以使用企业的标志作微信公众号的头像之外，还可以选择采用企业或者个人经营的产品图片来作微信公众号头像。使用产品图片作公众号头像可以使产品能更频繁地出现在广大微信用户的眼中，增加产品的曝光率，从而达到宣传、推广产品的目的。如图 1-9 所示，是以企业经营的产品图片作头像的微信公众号——"晨博士植物牙膏"和"PFR面膜"。

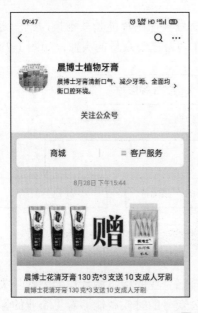

图 1-9

3)　其他类型图片

对于那些自媒体人的微信公众号来说，他们可能没有自己的公司标志，也没有自己经营的产品。那么，这些人在设置自己公众号头像的时候就可以选择其他类型的图片，如自己的照片、各种与公众号有关联的照片等。如图 1-10 所示，就是以其他类型的图片作为头像的公众号——"影视怪蜀黍"和"丹尼尔先生"。

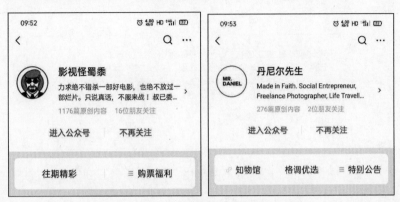

图 1-10

1.3.2　注册企业主体公众号需准备的资料

运营者如果打算注册企业主体的微信公众号，需要准备的注册资料相对于注册个人主体的微信公众号更多，具体有以下 6 种，如图 1-11 所示。

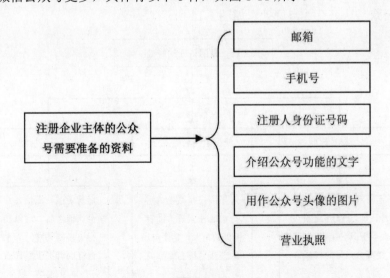

图 1-11

运营者在注册企业主体的微信公众号时，邮箱、手机号、注册人身份证号码等要求与注册个人主体的微信公众号一样。但是，注册企业主体微信公众号的不同之处是多了营业执照这一项。运营者在注册时，需要输入企业的营业执照注册号或者社会信用代码号。

此外，如果运营者注册的是企业号下的企业主体微信公众号，那么运营者还需要准备营业执照扫描件或者营业执照的数码照，并且照片大小不能超过 5M，具体要求如图 1-12 所示。

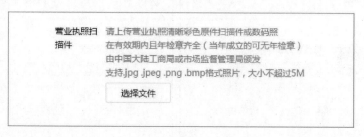

图 1-12

1.3.3 公众号认证前的资料准备

很多运营者开通了微信公众号之后，接下来要做的事情就是微信公众号认证。这一点千万不可忽略，因为运营者进行微信公众号认证是很有必要的，尤其是对于那些品牌企业，这种重要性更为突出。

如果运营者决定运行微信公众号营销，那么最好尽快完成公众号的认证。运营者进行微信公众号认证有 3 点好处，如图 1-13 所示。

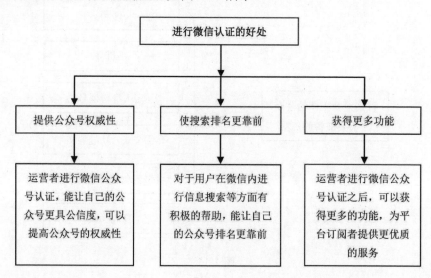

图 1-13

运营者在清楚了进行微信认证的好处之后，还需要清楚认证的类型。就目前而言，只有订阅号和服务号支持认证，在这两种公众号中可以进行认证的主体又有 4 种，如图 1-14 所示。

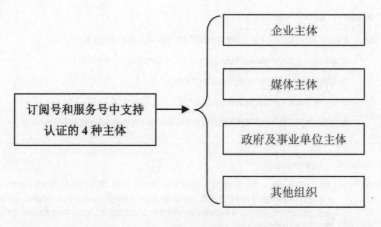

图 1-14

这几种类型的微信公众号在进行认证的时候，还需要具备以下两个条件，具体如图 1-15 所示。

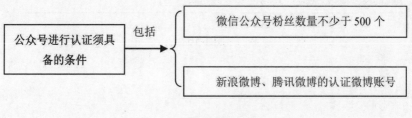

图 1-15

运营者在清楚了认证的作用和条件之后，还需要清楚每种主体认证所需要的资料，这样才可以提前将所需资料准备好，为认证节省时间。如图 1-16 所示，是各种类型的认证主体在认证时所需要提交的材料。

各类型认证主体需要提交的资质材料

包括但不限于以下材料：

企业法人：《组织机构代码证》《企业工商营业执照》

个体工商户：《个体工商营业执照》

媒体：《组织机构代码证》《企业工商营业执照副本》或《事业单位法人证书》

　　　广播电视应上传《广播电视播出机构许可证》或《广播电视频道许可证》

　　　报纸须上传《中华人民共和国报纸出版许可证》

　　　杂志须有《中华人民共和国期刊出版许可证》

　　　网络媒体需要提供《互联网新闻信息服务许可证》或《信息网络传播视听节目许可证》

政府及事业单位：《组织机构代码证》

其他组织-免费：《组织机构代码证》；相关登记证书、批文或证明等；基金会应上传《基金会法人登记证书》，外地常设
　　　机构应上传其驻在地政府主管部门的批文，外国驻华机构应上传国家有关主管部门的批文或证明，居民委
　　　员会、村民委员会、社区委员会等其他组织应上传主管部门的批文或证明，独立核算的附属机构应上传主
　　　管部门的基本存款账户开户许可证和批文

社会团体：《组织机构代码证》《社会团体登记证证书》；如果是宗教团体还需要提供宗教事务管理部门的批文或证明

民办非企业：《组织机构代码证》《民办非企业登记证书》；非事业单位的培训教育机构，需要提交其自身所有权的《办
　　　学许可证》。非事业单位的医疗机构包括美容，需要提交其自身所有权的《医疗机构执业许可证》等

其他盈利组织：《组织机构代码证》；相关登记证书、批文或证明等

图 1-16

第 2 章　高效管理微信公众号

　　本章将主要介绍设置公众号、管理素材、消息管理、功能应用、设置账号功能和统计功能方面的知识与技巧，同时还讲解了如何排版与美化公众号的方法。通过本章的学习，读者可以熟练掌握如何使用微信公众号，为深入学习微信公众号•短视频线上运营与推广知识奠定基础。

2.1 设置账号信息

本节导读　　在微信公众号运营之初和运营的过程中，账号的各种信息、功能设置是否稳妥，将会对后期的工作产生非常大的影响，如引流吸粉、安全操作和运营推广等，本节将详细介绍设置微信公众账号的相关知识及操作方法。

2.1.1 设置公众号头像

微信公众号申请好以后，一般要设置一个自己的独有的头像，公众号头像尺寸、大小并没有限制规定，都由用户自行设置。作为一个微信公众账号，目的就是更好地宣传自己和吸引用户，选择合适、清晰、辨识度高的头像是运营的基础要点之一，一般公众号头像在资料页面显示"圆形"图标，而在微信消息列表页面却显示"正方形"的图标。下面详细介绍设置公众号头像的操作方法。

第①步　登录微信公众账号后，进入微信公众账号后台管理界面，在左侧的菜单栏最下面找到"公众号设置"并单击，如图 2-1 所示。

图 2-1

第②步　进入【公众号设置】界面，在【公开信息】区域右侧，将鼠标指针移动到"头像"位置，"头像"上面会出现一个"照相机"图标，单击该区域。注意每个月修改头像是有次数限制的，次数用完，再想修改就得等到一个月后了，如图 2-2 所示。

图 2-2

第3步 弹出【修改头像】对话框，单击【选择图片】按钮，注意这里要求图片的大小不超过 2M，否则就会提示错误，大家可用 PhotoShop 软件修改图片，将大小控制在 2M 之内，如图 2-3 所示。

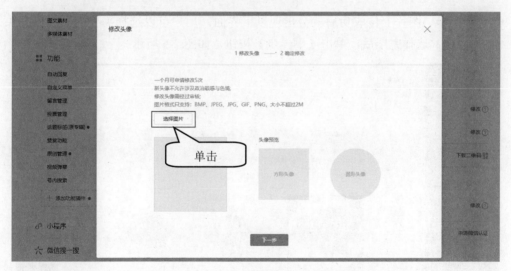

图 2-3

第4步 弹出【打开】对话框，*1.* 选择准备作为公众号头像的图片，*2.* 单击【打开】按钮，如图 2-4 所示。

图 2-4

第 5 步 图片上传成功后就会出现以下界面，用户可以选择需要的图像作为头像，选择完毕后，单击【下一步】按钮，如图 2-5 所示。

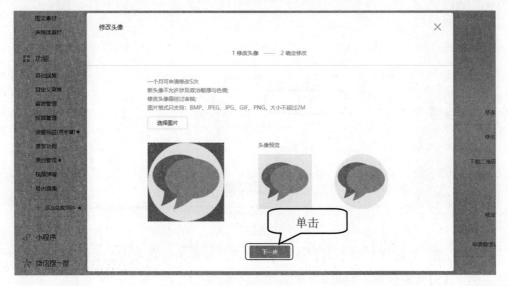

图 2-5

第 6 步 进入【确定修改】界面，系统会在资料页面显示"圆形"的图标样式，以及在微信消息列表页面显示"正方形"的图标样式，确认无误后单击【确定】按钮，如图 2-6 所示。

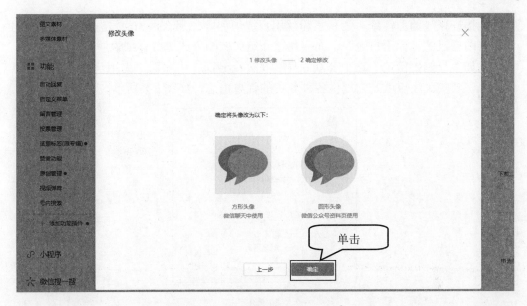

图 2-6

第 7 步　返回【公众号设置】界面，在【公开信息】区域，可以看到已经将公
众号头像修改为选择的图片样式，这样即可完成设置公众号头像的操作，如
图 2-7 所示。

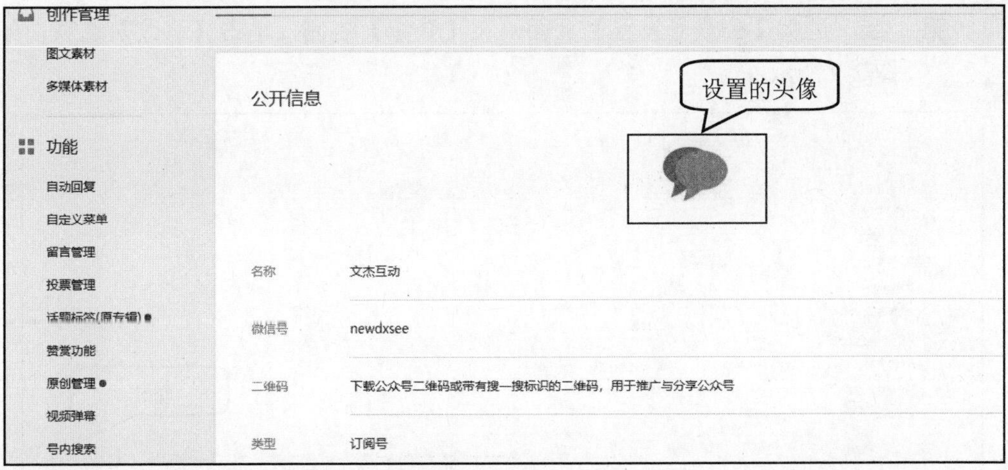

图 2-7

2.1.2　如何填写公众号简介

公众号简介出现在微信用户关注公众号时介绍的界面。微信公众账号的关注界
面，除了可以看到头像，还可以看到公众账号的简介，因此好的公众号简介，能够大

幅度地提升账号的关注率，为积累粉丝用户提供保障。那么，如何设置可靠的介绍词才能打动自己的目标用户呢？下面将通过介绍案例的方式进行详细说明。

例如"券妈妈精选"这个公众账号，在公众号简介中写明"为用户精选各种优惠信息"，其实关注点就是它提供各种免费的优惠信息，如图2-8所示。

图 2-8

功能介绍就是我们对自己账号的卖点，进行深度的提炼。例如，如果你运营的是一个瘦身账号，那么就可以在功能介绍上写"据说关注本账号的女生最后都瘦了"，总而言之，功能介绍需要寻找并牢牢抓住用户的痛点，再把解决方式写上去。

下面详细介绍如何填写账号功能介绍。

第1步 进入【公众号设置】页面，在【介绍】右侧，单击【修改】选项，如图2-9所示。

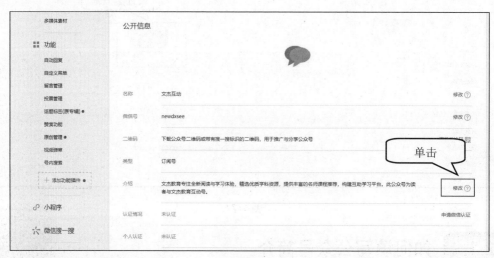

图 2-9

第2步 进入【修改功能介绍】页面，1. 在【请输入功能介绍】文本框中，输入准备修改的功能介绍内容，**2.** 单击【下一步】按钮，如图 2-10 所示。

图 2-10

第③步　进入【确定修改】界面，系统会提示是否确认修改，单击【确定】按
钮，如图 2-11 所示。

图 2-11

第④步　返回【公众号设置】页面，可以看到在【介绍】区域中，已经将功能
介绍内容修改为刚刚填写的内容，这样即可完成填写账号功能介绍的操作，
如图 2-12 所示。

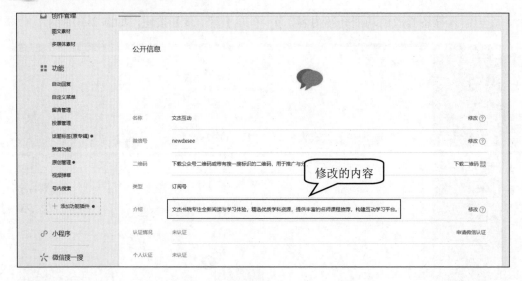

图 2-12

2.1.3 修改公众号名称

　　注册微信公众账号一段时间后，如果发现自己的账号名称写错了，影响了粉丝数量的增加，那么就需要重新设置公众号名称了。目前，个人类型公众号一年内可修改两次名称，企业/媒体/政府/其他组织可以在微信认证过程中有一次重新提交命名的机会。微信认证审核费用 300 元/次，认证的名称必须符合微信认证命名规则。下面详细介绍如何重新设置公众号名称。

　　第1步　进入【公众号设置】页面，在【名称】区域右侧，单击【修改】选项，如图 2-13 所示。

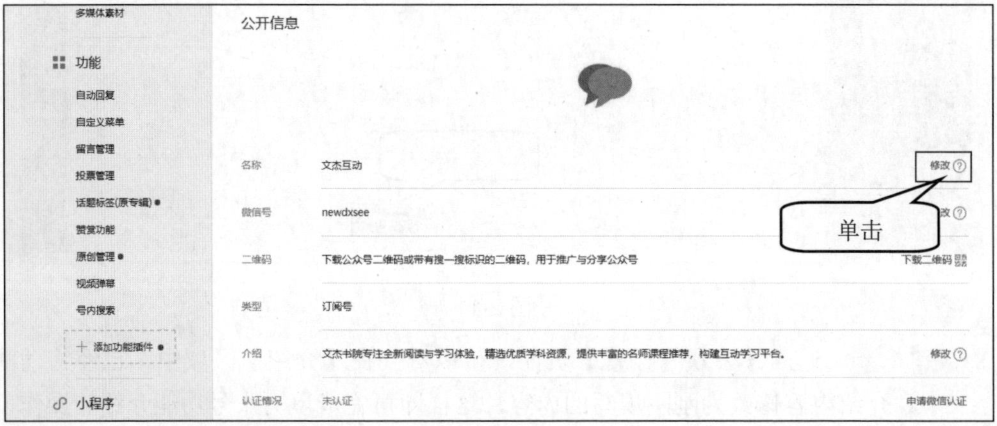

图 2-13

第 2 步　弹出【修改名称】对话框，进入【验证身份】界面，用户需要使用账号主体微信扫描页面中的二维码验证身份，如图 2-14 所示。

第 3 步　扫描二维码后，在手机中的【微信验证】界面，单击【确定】按钮，如图 2-15 所示。

图 2-14

图 2-15

第 4 步　返回【验证身份】界面，系统会提示"身份验证成功"，单击【下一步】按钮，如图 2-16 所示。

第 5 步　进入【同意协议】界面，仔细阅读相关说明，单击【同意并进入下一步】按钮，如图 2-17 所示。

图 2-16

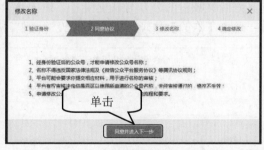

图 2-17

第 6 步　进入【修改名称】界面，*1.* 在【账号名称】文本框中输入准备应用的名字，*2.* 单击【确定】按钮，如图 2-18 所示。

第 7 步　进入【确定修改】界面，系统会提示"确定修改公众号名称吗？"，并显示修改前和修改后的名称，单击【确定】按钮，即可完成重新设置公众号名称的操作，如图 2-19 所示。

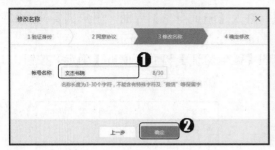

图 2-18　　　　　　　　　　　　　　图 2-19

2.1.4 设置微信号

　　刚注册的微信公众账号，是没有微信号的，需要在微信公众平台中自行设置。一个好的微信号，能够让用户迅速记住并找到你。微信号需要以字母开头，最低 6 个字母或者数字。需要注意的是，微信号是唯一的，个人微信号和公众号的微信号都是同一个规则，当微信全球用户达到一定数量之后，容易记的微信号基本都被抢注。

　　所以如果你的公众号名字还不错，注意要第一时间去设置好微信号，微信官方提供了微信号检测的功能，方便查询和设置。当然，在没有好的想法之前，也可以暂时不设置微信号，不过这样用户就无法通过微信号搜索到公众号，而只能通过名称来搜索。如果名称比较大众化，那么通过搜索获得的流量就要小很多。

　　所以设置好的名称和微信号是一个搜索优化的技巧，全球的微信用户，每天发生大量的自然搜索，比如"美食""免费""段子"等关键词，而有这些关键词的账号无疑会获得巨大的免费流量和用户关注。再配上诱人的头像和诱人的介绍，一个既好吃又好看又吸粉的公众号就诞生了。进入【公众号设置】页面，在【微信号】区域右侧，单击【修改】选项，即可进行设置微信号的相关操作，如图 2-20 所示。

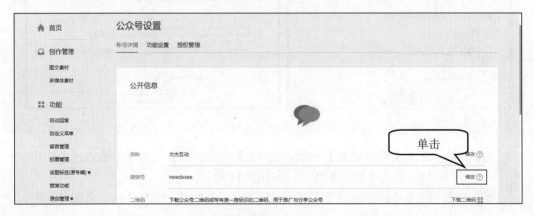

图 2-20

2.2　管理素材

本节导读　运营者经常使用的图文消息等都在创作管理中进行编辑，订阅号消息分成图文消息、图片库、语音和视频等素材内容，本节将详细介绍管理素材的一些基本操作方法，帮助用户熟练掌握各类素材的应用和设置技巧。

2.2.1　编辑预览和发布图文信息

在创作管理中新建图文消息是最主要的内容，在此将重点介绍编辑预览和发布图文信息的相关知识。

当运营者进入后台管理页面后，在左侧【创作管理】区域下方，选择【图文素材】栏目，即可进入【图文素材】页面，将鼠标指针移动到某一图文消息时，就会在图文消息上显示出 3 个按钮，分别是【删除】按钮、【编辑】按钮和【群发】按钮，单击相应的按钮即可进行删除、编辑和群发等操作，并且用户可以单击图文消息下方的标题链接，如图 2-21 所示，即可预览该篇图文消息。

图 2-21

2.2.2　图片管理

在素材管理中，【图片】的设置同样很重要。当然，图片的设置大体上与其他素材相似，在此主要介绍其不同于其他素材的设置方式。

1. 上传图片

这里的"上传"特指图片的上传，操作非常简单，下面详细介绍其操作方法。

第 1 步 进入后台管理页面后，在左侧的【创作管理】区域下，选择【多媒体素材】选项，然后单击右侧的【上传】按钮，如图 2-22 所示。

图 2-22

第 2 步 弹出【打开】对话框，**1.** 选择准备上传的图片，**2.** 单击右下角的【打开】按钮，如图 2-23 所示。

图 2-23

第 3 步 返回【创作管理】的【多媒体素材】页面，如果页面中出现刚刚选择的图片，就说明该图片上传成功了，如图 2-24 所示。

图 2-24

2. 分组图片

在【多媒体素材】的【图片】页面中，显示了一些已有的分组信息。除此之外，在右侧还有一个【新建】按钮，单击该按钮，在弹出的页面中输入分组名称，然后单击【确定】按钮即可新建分组图片，如图 2-25 所示。

图 2-25

将鼠标指针移至图片上，会在图片的右侧出现 ⋯ 图标，单击该图标，在弹出的下拉列表中选择【移动分组】选项，如图 2-26 所示。

执行操作后，弹出相应页面，单击相应分组名称，再单击【确定】按钮，如图 2-27 所示，即可完成图片的分组操作。

图 2-26

图 2-27

2.2.3 音频管理

在【音频】页面，每一个音频素材都可以进行下载、编辑和删除等操作，先将鼠标指针移动到音频素材上方，系统会弹出一个 ⋯ 图标，单击该图标，即可弹出一个下拉列表框，用户可以在其中进行相应的操作，如图 2-28 所示。

音频素材对于公众号的创作作品来讲，也是十分重要的，可以丰富升华作品，下面详细介绍添加音频素材的操作方法。

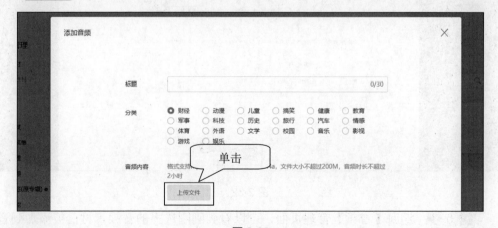

图 2-28

第 1 步 进入【音频】管理页面，单击【添加音频】按钮，如图 2-29 所示。

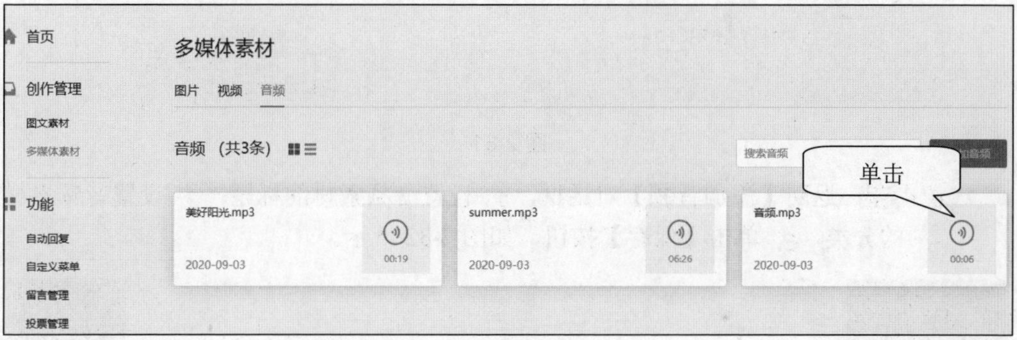

图 2-29

第 2 步 弹出【添加音频】对话框，单击【上传文件】按钮，如图 2-30 所示。

图 2-30

第 3 步 弹出【打开】对话框，*1.* 选择准备上传的音频素材，*2.* 单击右下角的

【打开】按钮，如图 2-31 所示。

图 2-31

第**4**步 返回【添加音频】对话框，**1.** 设置音频素材的标题，**2.** 设置音频素材的分类，**3.** 单击【保存】按钮，如图 2-32 所示。

图 2-32

第**5**步 返回【音频】管理页面，可以看到刚刚选择的音频素材已被添加到音频素材库中，这样即可完成添加音频素材的操作，如图 2-33 所示。

图 2-33

2.2.4 视频管理

在视频素材的管理中，对现有视频素材的编辑页面与添加新的视频素材的页面相似，因此，下面以添加视频素材为例进行介绍。

第 1 步 进入【视频】管理页面，单击【添加】按钮，如图 2-34 所示。

图 2-34

第 2 步 进入【添加视频】页面，单击【上传视频】按钮，如图 2-35 所示。

图 2-35

第3步 弹出【打开】对话框，*1.* 选择准备添加的视频文件，*2.* 单击【打开】按钮，如图 2-36 所示。

图 2-36

第4步 返回【添加视频】页面，可以进行设置视频封面、标题、分类和视频介绍等操作，如图 2-37 所示。

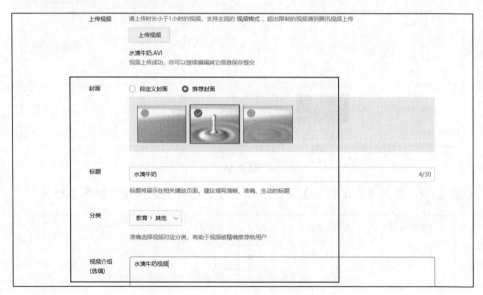

图 2-37

第5步 在【添加视频】页面，*1.* 可以继续设置视频标签、声明是否原创、开启留言、开启弹幕功能以及弹幕设置，*2.* 然后选择【我已阅读并同意《公共平台视频上传服务规则》】复选框，*3.* 单击【保存】按钮，即可完成添加视频素材的操作，如图 2-38 所示。

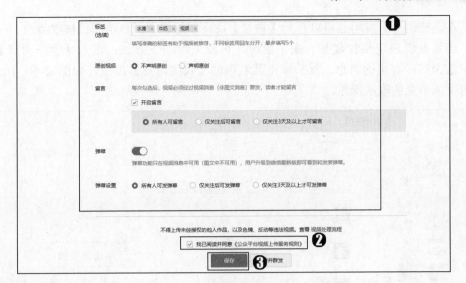

图 2-38

2.3 消息管理

本节导读

　　微信公众后台的消息管理用于接收用户对公众号发送的消息，可以看到用户对该公众号发的消息，有些是已经回复的，有些是没有回复的，实现与用户的互动，本节将详细介绍消息管理的相关知识及操作方法。

2.3.1 消息收藏

　　在【消息管理】页面，有一个选项是【已收藏的消息】，选择单击该选项，就可以查看已收藏的消息，如图 2-39 所示。

图 2-39

在这些消息右侧明显可以看到【星号】图标，这就表示该消息已被收藏。

当运营者决定要收藏某一条消息时，可以采用如下方法：进入【全部消息】页面，选择某一有用的消息，然后单击其右侧的【收藏消息】按钮，如图 2-40 所示，即可完成消息的收藏操作。

图 2-40

2.3.2 快捷回复

在如图 2-40 所示的页面中，【收藏消息】按钮右侧还有一个按钮，那就是【快捷回复】按钮，单击该按钮，即可显示回复的文本框，如图 2-41 所示，在文本框中输入回复信息，然后单击【发送】按钮，即可完成快捷回复的操作。

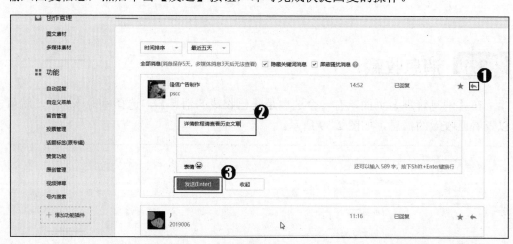

图 2-41

运营者要注意的是,【消息管理】页面显示的最多只能是 5 天内的消息,且能主动回复并发送消息给用户的只能是 48 小时内的消息,因此,运营者要注意及时查看消息并进行回复,参与互动。

智慧锦囊

2.3.3　素材保存

当用户发送的消息中有多媒体文件时,例如图片,就可以单击【保存为素材】按钮或者【下载】按钮,进行"保存为素材"或"下载"操作,如图 2-42 所示。

图 2-42

单击【保存为素材】按钮后,即可弹出【填写素材名字】对话框,在文本框中输入素材名称,然后单击【确认】按钮,如图 2-43 所示,即可完成保存为素材的操作。

图 2-43

单击【下载】按钮后，即可弹出【新建下载任务】对话框，在其中设置名称和保存位置，然后单击【下载】按钮，即可完成下载素材的操作，如图 2-44 所示。

图 2-44

2.3.4 隐藏信息

对用户进行高效管理是微信公众号管理工作中的一项重要内容，运营得好，才能更好地使用用户资料库。消息显示的最多是 5 天以内的，因此运营者还可以对消息显示进行设置，在【全部消息】页面上方有【隐藏关键词消息】和【屏蔽骚扰消息】两个复选框，将它们进行选中，如图 2-45 所示。那么平台能自动回复的关键词消息和一些骚扰消息将不会显示在【全部消息】页面中。

图 2-45

2.3.5 分类管理用户

对于运营者来说，用户与用户之间都是有相同点和不同点的，按照一定的方法进行分类，才能更系统化地管理好用户，而要进行用户分类操作，首先要在微信公众号后台新建用户标签，下面详细介绍其操作方法。

第1步 进入微信公众平台后台，在【管理】区域下方，单击【用户管理】选项，如图 2-46 所示。

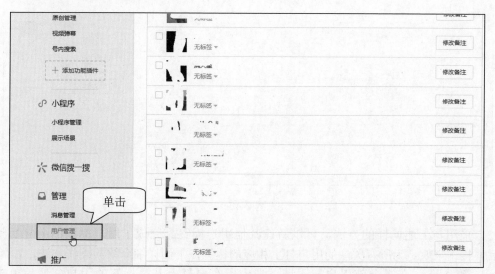

图 2-46

第2步 进入【用户管理】页面，*1.* 在【已关注】选项页面的右侧单击【新建标签】按钮，*2.* 即可弹出一个对话框，在文本框中输入标签名称，*3.* 单击【确定】按钮，如图 2-47 所示。

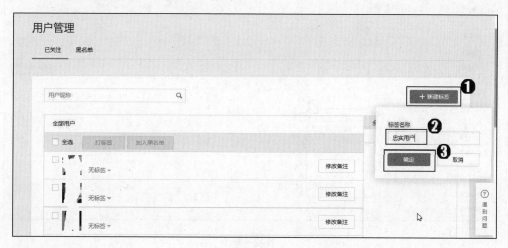

图 2-47

第3步 在【已关注】选项页面的右侧，可以看到已经新建了一个用户标签，这样即可完成新建用户标签的操作，如图 2-48 所示。

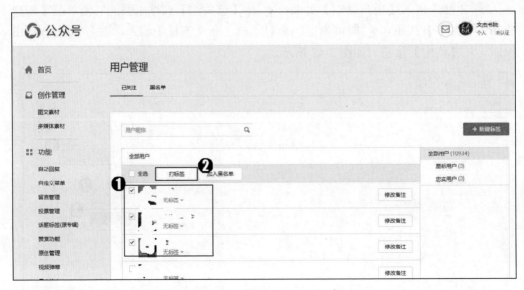

图 2-48

采用与上述同样的方法，可以新建其他用户标签。完成了用户标签的新建步骤后，接下来就是为所有关注的用户打上相应的标签，下面详细介绍其操作方法。

第 1 步 在【全部用户】区域，选中所有要打上某一标签的用户，然后单击【打标签】按钮，如图 2-49 所示。

图 2-49

第 2 步 弹出一个对话框，选中需要打上标签的用户，然后单击【确定】按钮，如图 2-50 所示。

图 2-50

第 3 步 可以看到选中的用户已被打上所选择的标签，这样即可完成为用户打
上标签的操作，如图 2-51 所示。

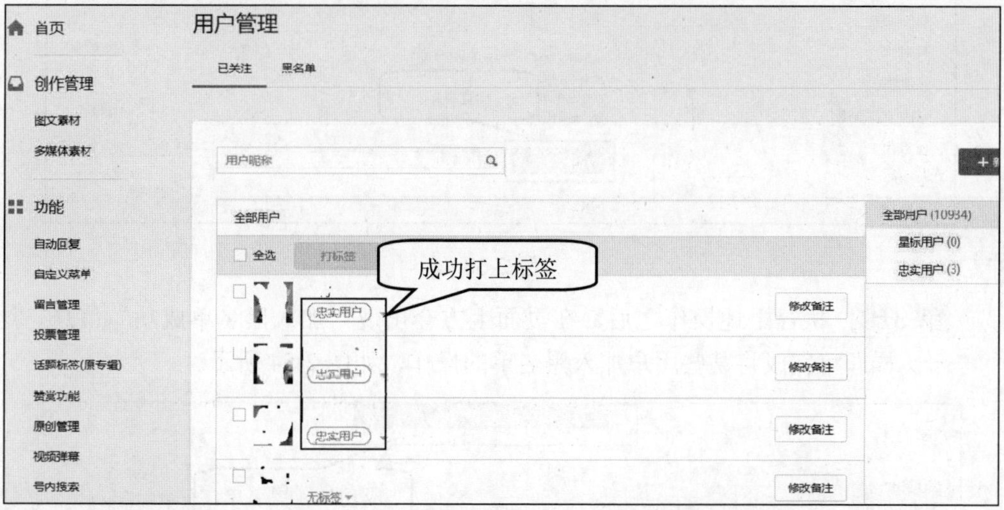

图 2-51

2.3.6 使用黑名单

如果用户在微信公众号中发表不文明的言论，运营者可以通过加入黑名单的方
式，让其失去在公众号内发表言论的资格，下面详细介绍操作方法。

第1步 在【已关注】页面，选择需要加入黑名单的用户，然后单击【加入黑名单】按钮，如图 2-52 所示。

图 2-52

第2步 弹出一个提示对话框，单击【确定】按钮，如图 2-53 所示。

图 2-53

第3步 执行上述操作之后，在页面上方会出现"加入黑名单成功"信息，这样即可完成将某些用户加入黑名单的操作，如图 2-54 所示。

图 2-54

　　如果因为某些原因，运营者想将用户从黑名单移出，也是非常简单的，下面详细
介绍其操作方法。

第①步　在【黑名单】页面，选中要移出黑名单的用户，然后单击【移出黑名
　　　　单】按钮，如图 2-55 所示。

第②步　系统会弹出一个对话框，单击【确定】按钮，如图 2-56 所示。

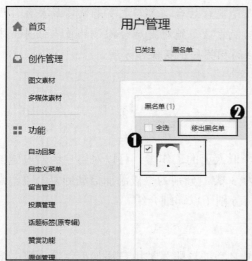

图 2-55

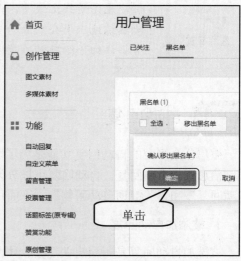

图 2-56

第③步　执行上述操作之后，在页面上方会出现 "移出黑名单成功"信息，这
　　　　样即可完成将用户移出黑名单的操作，如图 2-57 所示。

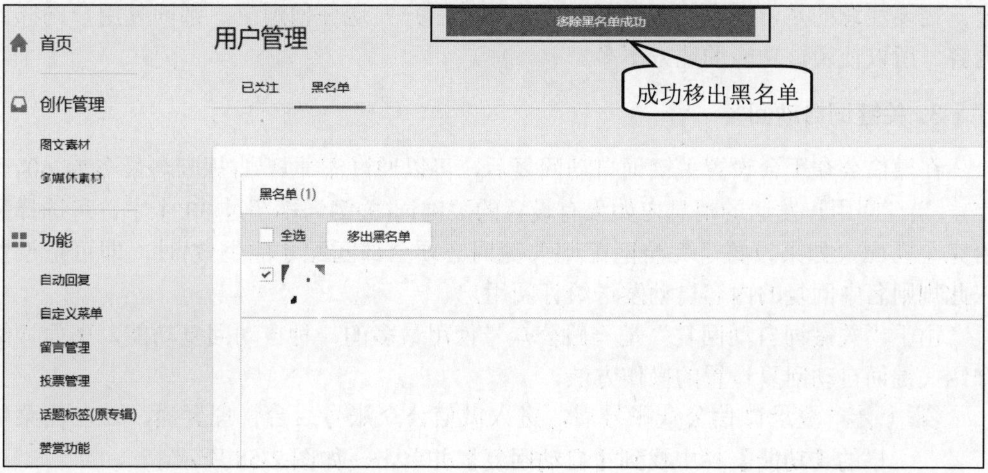

图 2-57

2.4 功能应用

本节导读　　　　当微信公众号开通后，进入微信公众账号后台管理界面，在左侧可以看到一个"功能"栏，它在后台管理中占据了非常重要的地位，无论是线上线下，还是前台后台，都与之有着紧密的关系，因此熟练地应用公众号的功能管理，绝对是后台操作的重点任务，本节将详细介绍应用功能栏的相关知识及操作方法。

2.4.1 自动回复

微信公众平台的自动回复功能是为了降低人工的工作量，可以对用户经常发送的文字信息进行自动回复。自动回复可以分为 3 类，分别为"被添加自动回复""消息自动回复"和"关键词自动回复"，下面将分别予以详细介绍。

1. 被添加自动回复

被添加自动回复是指用户关注公众账号之后即该账号被用户添加后，公众账号对用户的关注自动回复，可以设置文字、语言、图片、视频为被添加的自动回复内容。

2. 消息自动回复

在用户给你发送微信消息时，会自动回复设置的文字、语言、图片、视频给用户。需要注意的是，这个回复比较单一，无论用户发送任何消息，都回复用户同样的内容，所以使用该功能的地方不多。

3. 关键词自动回复

在微信公众平台设置关键词自动回复后，可以通过添加规则(规则名最多为 60 个字)，当订阅用户发送的消息内如果有设置的关键词(关键词不超过 30 个字，可选择是否完全匹配，如果设置了完全匹配则关键词必须全部匹配才能生效)时，即可把设置在此规则名中回复的内容自动发送给订阅用户。

由于"关键词自动回复"是一般公众号使用最多的一种自动回复功能，下面详细介绍关键词自动回复设置的操作方法。

第1步　登录微信公众账号后，进入微信公众账号后台管理界面，在左侧菜单栏的【功能】栏中找到【自动回复】并单击，如图 2-58 所示。

第2步　打开【自动回复】页面，选择【关键词回复】栏目，进入【关键词回复】页面，然后单击【添加回复】按钮，如图 2-59 所示。

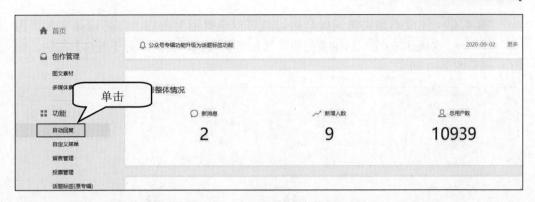

图 2-58

图 2-59

第③步 开启【新建规则】页面，**1.** 在【规则名称】文本框中输入规则名称，
2. 在【关键词】文本框中输入准备添加的关键词，可以添加多个关键词，
按下键盘上的 Enter 键进行间隔，会自动显示，如图 2-60 所示。

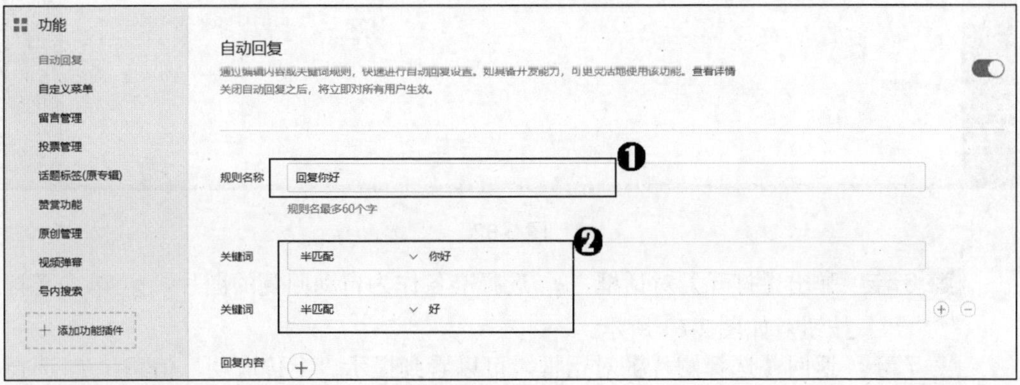

图 2-60

第4步 完成添加关键词操作后，就可以选择回复内容了，可以是文字、图片、视频和图文，这里首先单击【加号】按钮，然后单击【图片】按钮，如图 2-61 所示。

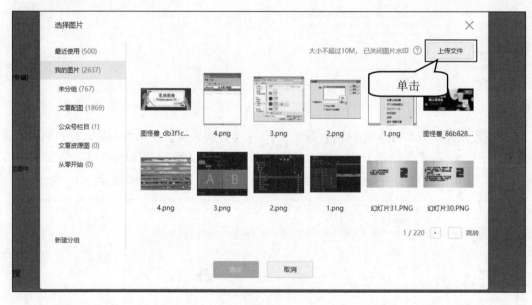

话题标签(原专辑)	规则名称	回复你好
赞赏功能		规则名最多60个字
原创管理		
视频弹幕	关键词	半匹配 ∨ 你好
号内搜索		
┼ 添加功能插件	关键词	半匹配 ∨ 好
♫ 小程序	回复内容	┼ ❶ ▢ 图文消息 T 文字 ▨ 图片 ❷ ◉ 音频 ▢ 视频
小程序管理	回复方式	○ 回复全部 ● 随机回复一条
展示场景		

图 2-61

第5步 弹出【选择图片】对话框，单击【上传文件】按钮，如图 2-62 所示。

图 2-62

第6步 弹出【打开】对话框，*1.* 选择准备作为自动回复的图片，*2.* 单击【打开】按钮，如图 2-63 所示。

第7步 返回【选择图片】对话框，可以看到提示"上传成功"信息，*1.* 选择刚刚上传的图片，*2.* 单击【确定】按钮，如图 2-64 所示。

图 2-63

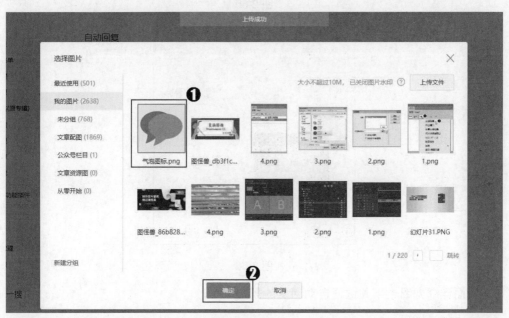

图 2-64

第 8 步　返回【新建规则】页面，可以看到已经显示了刚刚选择的进行自动回复的图片，单击【保存】按钮，如图 2-65 所示。

第 9 步　此时，就可以使用微信给该公众号发送"你好"等关键词，系统就可以自动回复刚刚选择的图片了，如图 2-66 所示。

图 2-65

图 2-66

下面详细介绍一下关键词自动回复的规则。

1. 字数限制

微信公众平台认证与非认证用户的关键词自动回复设置，规则上限为 200 条规则 (每条规则名，最多可设置 60 个汉字)，每条规则内最多可设置 10 条关键词(每条关键词，最多可设置 30 个汉字)、5 条回复(每条回复，最多可设置 300 个汉字)。

2. 规则设置

可以通过微信公众平台设置多个关键字，如订阅用户发送的信息中含有您设置的关键词，则系统会自己回复。

同一规则中可设置 5 条回复内容，如果设置了"回复全部"，当用户发送信息中含有设置的关键词时，会将设置的多条回复全部发送给用户，若未设置"回复全部"，则会随机回复。

3. 关键词设置

(1) 每个规则里可设置 10 个关键词，若设置了相同的关键词，但回复内容不同，系统会随机回复。

(2) 每个规则里可设置 5 条回复内容，若设置了多个回复内容(没有设置"回复全部")，系统会随机回复。

(3) 多条回复设置方法：进入编辑模式，单击关键词自动回复→添加规则→输入关键词匹配内容后，再添加内容，然后选择"回复全部"即可。

2.4.2　自定义菜单

微信公众账号可以在会话界面底部设置自定义菜单，菜单项可按需设定，并可为其设置响应动作。用户可以通过点击菜单项，收到你设定的响应，如收取消息、跳转链接等，如图 2-67 所示。

图 2-67

下面详细介绍一下微信公众平台自定义菜单设置方法。

第 1 步　进入微信公众账号后台管理界面，*1.* 在左侧的菜单栏中找到【自定义菜单】并单击，进入【菜单编辑】界面，*2.* 在【菜单名称】文本框中输入主菜单名称，**3.** 单击界面底部的【加号】按钮，如图 2-68 所示。

图 2-68

第 2 步 系统会自动创建一个子菜单，**1.** 在【子菜单名称】文本框中输入子菜单名称，**2.** 在【子菜单内容】选项组中选择准备应用的内容，这里选择【发送消息】单选按钮，**3.** 单击【自建图文】选项，如图 2-69 所示。

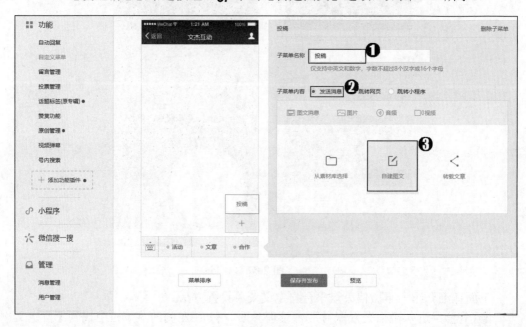

图 2-69

第 3 步　打开【新建图文消息】页面，**1.** 用户可以在该页面中编辑点击【投稿】子菜单项后推送相应的图文消息，**2.** 然后单击【保存】按钮，如图 2-70 所示。

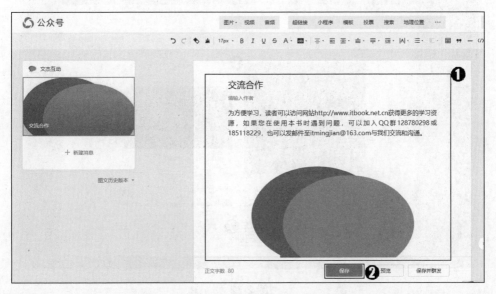

图 2-70

第 4 步　返回【菜单编辑】界面，单击【从素材库选择】选项，如图 2-71 所示。

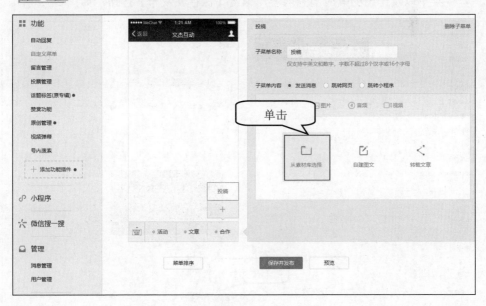

图 2-71

第⑤步 弹出【选择素材】对话框，*1.* 选择刚刚编辑的图文素材，*2.* 单击【确定】按钮，如图 2-72 所示。

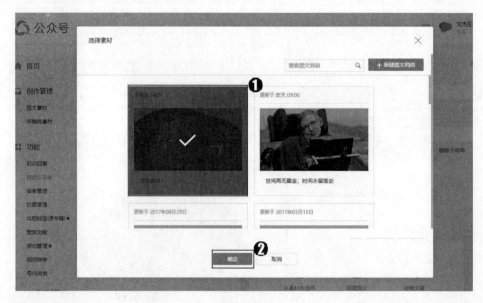

图 2-72

第⑥步 返回【菜单编辑】界面，可以看到已经显示了刚刚编辑的主菜单、子菜单以及作出的响应消息内容，单击【保存并发布】按钮，如图 2-73 所示。

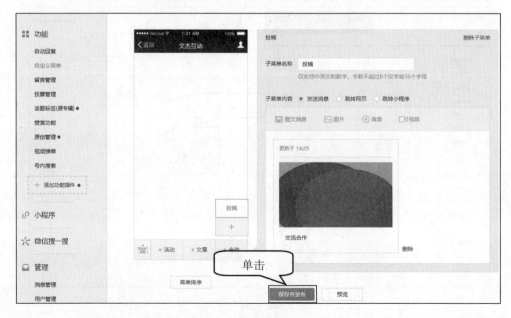

图 2-73

第7步 弹出【温馨提示】对话框，提示是否确认发布，单击【确定】按钮，如图 2-74 所示。

第8步 此时用户就可以使用微信单击该公众号的【合作】→【投稿】菜单项，系统就可以自动显示刚刚编辑的图文消息了，如图 2-75 所示。

图 2-74

图 2-75

使用微信公众平台设置自定义菜单时，需要注意以下事项。

- 最多创建 3 个一级菜单，一级菜单名称名字不多于 4 个汉字或 8 个字母。
- 每个一级菜单下的子菜单最多可创建 5 个，子菜单名称名字不多于 8 个汉字或 16 个字母。
- 在子菜单下可设置动作。
- 发送信息：可发送信息类型包括文字、图片、语音、视频和图文消息等。但未认证订阅号暂时不支持文字类型。
- 跳转到网页：所有公众账号均可在自定义菜单中直接选择素材库中的图文消息作为跳转到网页的对象。认证订阅和服务号还可直接输入网址。

智慧锦囊 编辑中的菜单不会马上被用户看到，发布后，会在 24 小时后在手机端同步显示，用户不会收到更新提示，若多次编辑，以最后一次保存为准。

2.4.3 投票管理

　　微信投票作为微信后台自带的一项新功能，其特有的性质也吸引了无数微信运营人员，这个功能看似简单，但只要用好，就能够给大家带来巨量的粉丝用户。下面详细介绍应用投票管理的相关操作方法。

　　第①步　进入微信公众账号后台管理界面，在左侧的菜单栏找到"投票管理"并单击，进入【投票管理】界面，单击【新建投票】按钮，如图2-76所示。

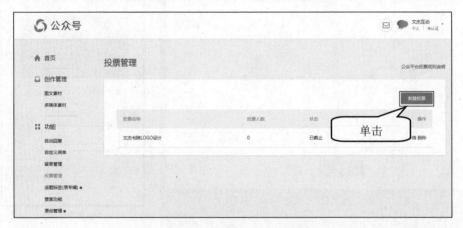

图 2-76

　　第②步　进入【新建投票】页面，在这里需要详细地设置相关的图文消息、截止时间、投票权限等，如图2-77所示。

图 2-77

第 3 步　设置完相关的投票内容后，单击【保存并发布】按钮，如图 2-78 所示。

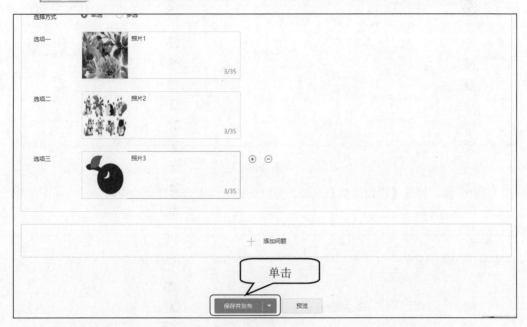

图 2-78

第 4 步　弹出【发布投票】对话框，单击【发布】按钮，如图 2-79 所示。

图 2-79

第 5 步　如果想查看详细的投票信息，可以在【投票管理】界面中，找到想要查看的投票名称，单击【详情】选项，如图 2-80 所示。

图 2-80

第⑥步 打开【投票详情】页面，可以在该页面中查看详细的投票信息，如图 2-81 所示。

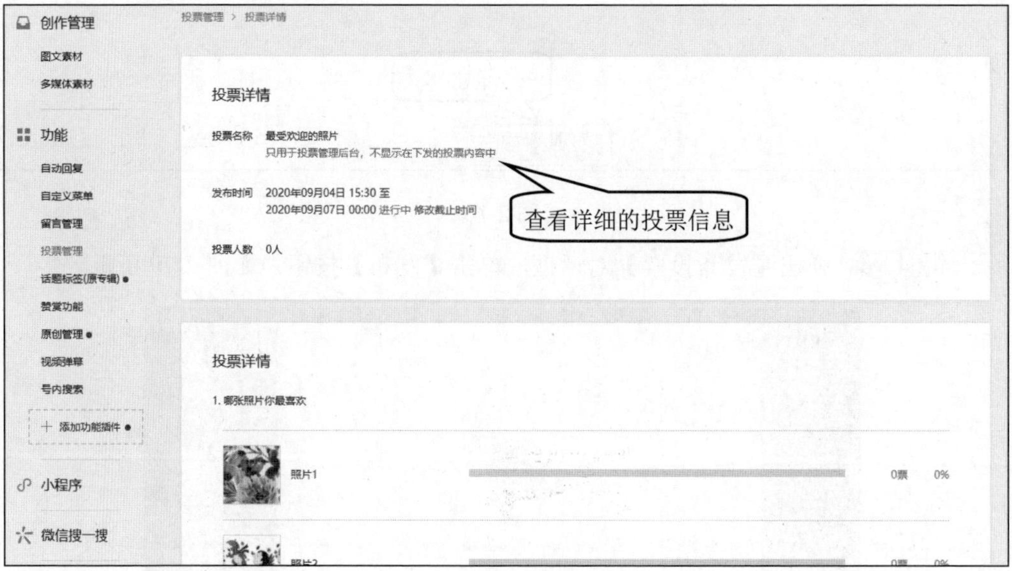

图 2-81

第⑦步 如果准备群发给用户，可以进入【新建图文消息】页面，单击右侧的 【投票】按钮，选择刚刚编辑好的投票内容，然后编辑好图文消息，单击 【保存并群发】按钮就可以群发给用户了，如图 2-82 所示。

图 2-82

2.4.4 留言管理

对于微信公众号而言，如果用户想要与平台沟通，可以在平台留言。而运营者可以通过微信公众平台后台对这些留言进行管理，下面详细介绍留言管理功能的具体操作方法。

第 1 步 进入微信公众账号后台管理界面，在左侧的菜单栏找到【留言管理】并单击，进入【留言管理】界面，将鼠标指针移动至一条留言的右侧，可以看到在留言的右侧会出现几个图标，分别表示【精选】【置顶】和【回复】等，单击【精选】图标，即可进行精选操作，如图 2-83 所示。

图 2-83

第 2 步 执行操作之后，即可将该留言精选。成功设置网友留言精选之后，在留言右侧的【操作】栏的下方，就会出现一个点亮的【精选】图标，表示该留言已精选，如图 2-84 所示。当然，如果不小心点错了或者是要将已加入精选的留言撤销，可以单击点亮的【精选】图标将其撤销。

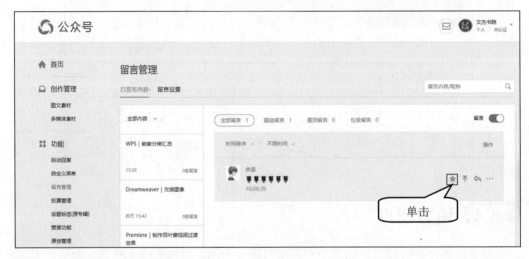

图 2-84

除了可以精选留言外，还可以将留言置顶或删除。另外，用户想要查看留言，有时会觉得太多、太复杂，可以通过该界面留言上方的选项加以筛选，如图 2-85 所示，还可以通过右上角的搜索框进行搜索。

图 2-85

2.4.5 话题标签

公众号话题标签功能是由原专辑(原页面模板)模块升级而来的功能，它是微信公众平台提供给内容创作者，管理历史内容的功能。

微信公众号可以在话题内添加相同主题的内容，方便用户连续浏览，并支持创建图文、视频和音频类型话题，如图 2-86 所示。

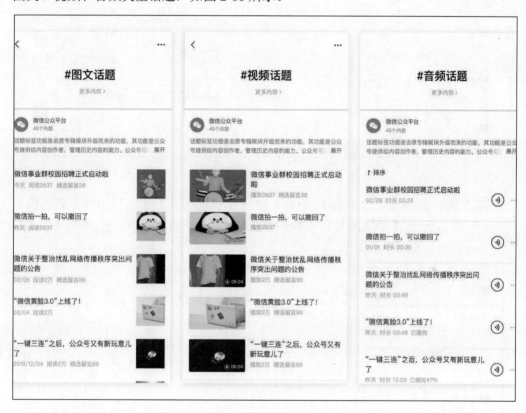

图 2-86

下面详细介绍如何使用话题标签的操作方法。

第1步 登录微信公众平台，单击左侧功能菜单中的【话题标签(原专辑)】栏，可以看到，【话题标签】的主页。该功能面向所有公众号，无门槛。话题功能上，支持三种，分别是图文话题、视频话题、音频话题。这里以图文话题为例，制作一个迷你教程的话题页面。单击【创建话题】下拉按钮，然后选择【图文话题】选项，如图 2-87 所示。

图 2-87

第2步 进入【图文话题】页面，*1.* 在【话题名称】文本框中输入话题的名称，*2.* 在【话题简介】文本框中输入该话题的简介内容，*3.* 单击【添加】按钮，如图 2-88 所示。

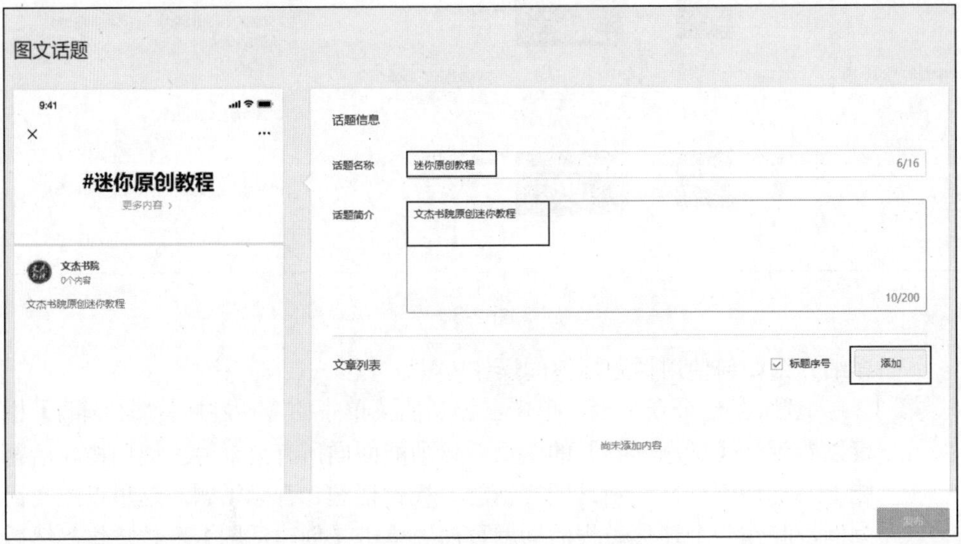

图 2-88

第3步 弹出【选择原创文章】对话框，*1.* 勾选已发布的原创文章作为话题标签内容，*2.* 单击【确定】按钮，如图 2-89 所示。

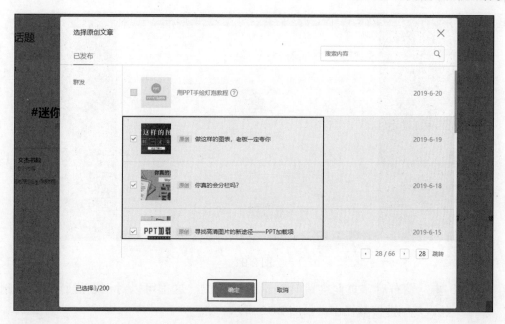

图 2-89

第④步　返回【图文话题】页面，*1.* 可以勾选【倒序】和【标题序号】复选框，以进行排序操作，*2.* 单击【发布】按钮，如图 2-90 所示。

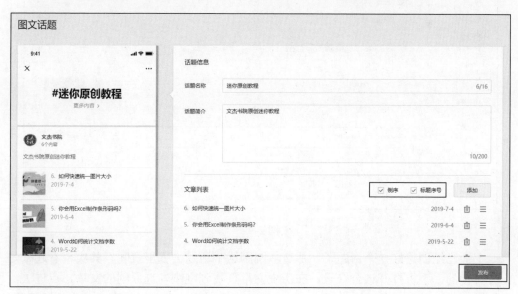

图 2-90

第⑤步　弹出一个对话框，提示"话题名称每天至少修改一次"信息，单击【确定】按钮，如图 2-91 所示。

图 2-91

第6步 发布后，页面会跳转到话题列表页，这里可以对话题进行编辑、删除、复制链接等操作，如图 2-92 所示。

图 2-92

上面已经创建好一个话题了，那么，刚刚这个话题去哪里看呢？其实查看起来是十分方便的，手机打开该公众号，在历史文章页找到刚刚勾选原创的文章，点进去，就能看到不一样的地方了，如图 2-93 所示，可以看到该文章顶部出现"收录于话题#迷你原创教程"。

实际上就是将该文章归类到该话题下。订阅者看到该文章时，点击该话题进去，就可以看到相同主题的内容列表(即话题页)，如图 2-94 所示。

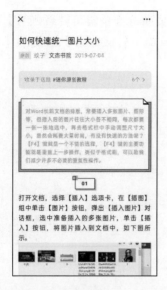

图 2-93

图 2-94

2.4.6 原创管理

在微信公众平台上，如果推送的是自己原创的文章，那么运营者应该在文章中声明原创，以保护自身权益，并且运营者可以对自己的原创文章进行相关的管理操作，如设置转载权限，下面详细介绍其操作方法。

第 1 步 登录微信公众平台后，选择功能栏中的【原创管理】选项，进入相应的页面。这里以【原创图文】为例，可以看到在右侧有【转载设置】和【转载数据】两个选项，单击【转载设置】按钮，如图 2-95 所示。

图 2-95

第 2 步 进入【原创图文管理】页面，该页面有【单篇可转载账号】和【全局可转载账号】两个选项，这里单击【单篇可转载账号】右侧的【添加】按钮，如图 2-96 所示。

图 2-96

第 3 步 弹出【添加转载权限】对话框，在搜索框中搜索并选择要设置转载权限的公众号，如图 2-97 所示。

图 2-97

第 4 步 执行完上述操作之后，进入【设置转载权限】页面。该页面显示有【转

载文章时可以修改】选项和【转载文章时可以不展示来源】选项，这里选中
【转载文章时可以修改】选项，然后单击【确定】按钮，如图 2-98 所示。

图 2-98

第 5 步　返回公众号平台【原创图文管理】页面，就可以看到添加的可转载公
众号，如图 2-99 所示。

图 2-99

第 6 步　如果运营者想要取消该公众号的转载权限，可以单击页面右侧的【移
出】按钮，在弹出的对话框中，单击【移出】按钮即可，如图 2-100 所示。

图 2-100

2.5 设置账号功能

本节导读

在微信公众号后台的【公众号设置】页面，除了可以通过选择
【账号详情】进行设置外，还可以选择【功能设置】选项进行相关
操作，如开通账号可搜索功能、给图片添加水印等。

2.5.1 开通账号可搜索功能

在【功能设置】页面，排在第一位的就是【隐私设置】，这是管理者和运营者对
是否能通过名称搜索到自身公众号功能的设置。下面详细介绍其操作方法。

第 1 步 进入【功能设置】页面，单击【隐私设置】功能右侧的【设置】按
钮，如图 2-101 所示。

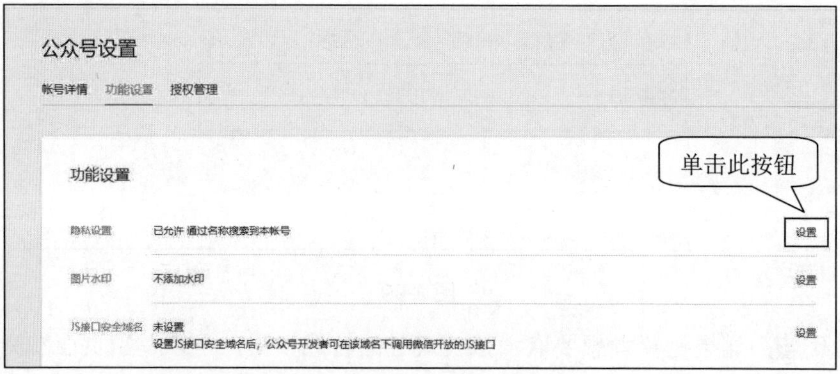

图 2-101

第 2 步　弹出【隐私设置】对话框，页面显示【是】和【否】两个单选按钮。选择【是】单选按钮，则是允许通过名称搜索到自身公众号；反之，则相反。在此选择【是】单选按钮，然后单击【确定】按钮，即可完成设置，如图 2-102 所示。

图 2-102

2.5.2　给图片添加水印

水印是指在图片上加设防止他人盗图的半透明 logo、图标。给微信公众号文章图片添加水印，能够防止盗版，这也是让我们的文章得到保护的一种方法。同样，这一操作也可以在【功能设置】中完成，下面详细介绍其操作方法。

第 1 步　进入【功能设置】页面，单击【图片水印】功能右侧的【设置】按钮，如图 2-103 所示。

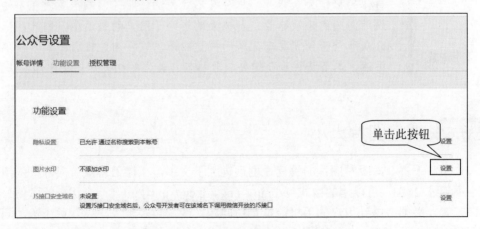

图 2-103

第②步 弹出【图片水印设置】对话框，图片水印的设置有【使用微信号】【使用名称】和【不添加】3 种形式，这里选中【使用名称】单选按钮，然后单击【确定】按钮，如图 2-104 所示。

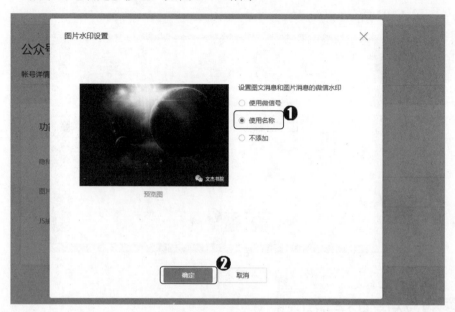

图 2-104

2.6 公众号的排版与美化

本节导读　　人类天生喜欢美好的事物，当微信用户打开一个内容优质且设计得体的微信公众账号，总会忍不住关注该账号，而很多内容不错但设计简陋的公众账号，却极大地影响了用户的关注率。因此，微信公众账号营销需要有优质的视觉输出，这样才能吸引更多的粉丝来关注，本节将详细介绍公众号排版与美化的相关知识及操作方法。

2.6.1 调整图片大小

一图胜千言，人眼对图片的解读速度远远大于文字，在微信公众号内，单张图片大小不超过 2MB，可以用的格式有 bmp、png、jpeg、jpg、gif。一个优秀的微信公众号运营者，必须考虑到用户的手机流量费用问题，图片越多越大，越耗费流量，同时在网速有限的条件下，对图片的加载速度就越慢。在很多手机 App 文章里，可以看到

"多图慎点"的温馨提示。在手机微信的使用场景中，不少用户白天无法使用 WiFi，尤其是上下班高峰，也是阅读高峰，有 WiFi 情况更是少见，因此白天发布的内容，大多需要对图片多少和图片大小做出取舍。而晚间发布的内容，由于大部分用户家中有 WiFi(这又和该微信公众号的定位有关)，所以晚间发布的内容图片多少和大小可以放宽。

遇到必须调整图片大小的情形时，大部分修图软件都可以自定义保存图片的精度，将图片画质调低，图片大小就能变小，下面将详细介绍使用 Windows 10 系统里自带的画图软件快速修改图片大小尺寸的操作方法。

第 1 步 找到准备调整大小的图片，**1.** 使用鼠标右键单击该图片，**2.** 在弹出的快捷菜单中选择【打开方式】菜单项，**3.** 选择【画图】子菜单项，如图 2-105 所示。

图 2-105

第 2 步 系统会以画图程序打开该图片，单击画图工具左上角的【重新调整大小】按钮，如图 2-106 所示。

图 2-106

第 3 步 弹出【调整大小和扭曲】对话框，**1.** 选中【百分比】单选按钮，**2.** 选择【保持纵横比】复选框，**3.** 设置"百分比"参数，如设置为 50，**4.** 单击【确定】按钮，如图 2-107 所示。

第 4 步 返回主界面中，此时可以明显地看出来图片变小了，单击【保存】按钮，将该图片保存即可完成调整图片大小的操作，如图 2-108 所示。

图 2-107

图 2-108

2.6.2 文字长度

在使用微信发布图文消息的功能时，最多能够发布不超过 20000 字的内容，而普通人的正常阅读速度是 300～600 字/每分钟，20000 字大概需要 40 分钟才能读完。随着很多人碎片化阅读习惯的养成，一般人很难静下心来读大段的文字，因此微信图文信息的长度应控制在能够让读者 5 分钟内读完为宜。也就是大概 1500～3000 个文字量，这样既不费脑也不费眼。

长篇大论的文章，更多建议在晚上 10 点以后发布，这样让读者能够有充分的时间来领会文章的精髓，从而获得我们想要的效果。

综上所述，虽然知道图片能比文字更好地表达我们的主张，但是考虑到用户的手机流量，不得不在文章中放多少图片上做取舍，不得不在文章长短内放清晰度多高的图片上做取舍。考虑到用户的阅读场景，不得不在文章长短上做取舍。一切取舍都只有一个目的——让我们的内容更好地被读者获取和传播。

2.6.3 后台的排版设计

很多初学者的第一次排版就是在微信公众号后台自带编辑器中进行的，虽然自带的编辑功能极为简单，但是这是排版的第一步，也是排版的基础。

1. 解决文章中的"白带"

微信公众号的底色并不是白色，很多微信公众账号运营者，从其他网页复制内容到微信公众号编辑后台，让用户手机上能看到粘白底痕迹，这种"白带"文章，会让用户体验下降。解决的方法非常简单，就是把内容复制在 Word 上，选择"清除格式"命令，或者直接在后台自带编辑器中，单击【清除格式】按钮即可，如图 2-109 所示。

图 2-109

2. 第三方平台辅助排版

微信公众账号编辑后台只给运营者提供了基础的排版功能，并没有提供 html 代码编辑功能。而在很多情况下，我们需要更多的美化功能来让内容更抓住读者眼球。在平常也在很多微信公众号中看到不少精美的格式和排版，这些公众账号大多采用了第三方的在线富文本编辑功能来获得这些效果。

目前在网上有很多第三方辅助编辑平台，为广大的微信从业者提供了极大的便利，而且大部分平台基础功能都是免费的，在这里以秀米网为例，介绍第三方平台辅助排版的方法。

首先输入网址"http://xiumi.us"，进入秀米网主界面，如图 2-110 所示。

在【图文排版】区域下方有【挑选风格排版】【图文新手指南】和【新建一个图文】3 个版块，其中【挑选风格排版】版块，会给用户提供一些设计师已经设计完成的模板，用户可以付费或免费使用；而【图文新手指南】会介绍用户使用秀米进行排版的一些基础知识和使用方法。这里选择【新建一个图文】，即可进入【图文排版】页面，该页面大致可分为 4 部分，如图 2-111 所示。

中间这个版块是最主要的图文编辑区，版块的上半部分是编辑标题和文章摘要的地方，放置图片的地方可以放置封面图片。版块的下半部分就是编辑文章正文的地方了，可以对文字进行很多操作，如图 2-112 所示。

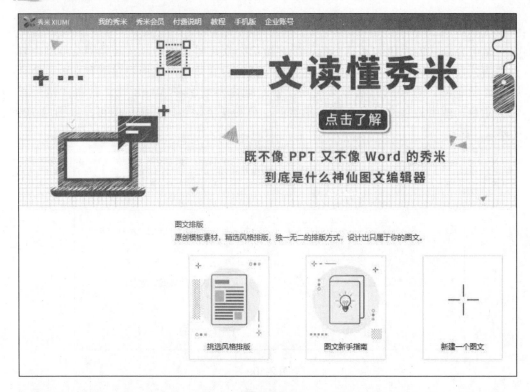

图 2-110

图 2-111

　　页面左边是一大片模板、布局和图片的大本营，所以叫作素材区，如图 2-113 所示。"系统模板"里有各式各样的模板，当找到自己想要的模板后，直接用鼠标左键单击，即可添加至中间的编辑区了。"我的图库"里就是自己收藏模板、布局等工具的地方。"剪贴板"既可将文字内容复制到剪贴板，又可将其单击或拖动到编辑区，不太常用。"我的图库"就是上传图片的地方，上传图片后，单击图片，图片就会自动添加至编辑区。

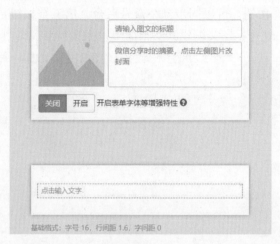

图 2-112

　　页面右侧区域最常用的就是"撤销"功能了，当你编辑的时候不小心按错了地方，就可以用"撤销"恢复到之前的状态。"重做"就是重新编辑，不太常用，如图 2-114 所示。

图 2-113

图 2-114

　　如果图文编辑完成，页面最顶端的部分就能派上用场了，如图 2-115 所示。第一个按钮是"快速打开一个文件"。第二个按钮是"预览"，即可以在这里预览所编辑图文最终的样子。第三个按钮是"保存"，建议一边编辑一边保存。第四个按钮有两种情况，当你的账号未绑定公众号时，他就是"全选"按钮；当账号绑定了公众号时，它就是"同步"按钮，可以同步到公众号后台。第五个按钮是"其他操作"，包括另存为、导入 Word 等。图文编辑其实很简单，大家需要多练习。

图 2-115

第 3 章　图文内容创作

　　当下是一个多媒体的时代，微信作为一项重要的通信工具被广泛应用，在此基础上，微信公众号开始被越来越多的人关注，无论是作为传播媒介，还是获利手段，目前微信公众号的运营已成为人们的热门话题。本章将详细介绍图文内容创作的相关知识，主要包括拟定文章标题、巧妙运用图片、公众号文章写作技巧等。

3.1 拟定文章标题

本节导读　微信公众号，本质上是一个靠朋友圈与微信群分享文章来获取流量和粉丝的媒体。如果想要刷爆朋友圈，一个好的标题是必不可少的。读者在朋友圈先看到的是标题，根据标题在短时间内决定是否点开文章。本节将详细介绍拟定文章标题的相关知识。

3.1.1 拟定标题的窍门

在快餐般翻阅公众号文章的今天，一篇文章的打开率，很大程度上取决于标题。标题是否有趣、是否有料、是否必须，就成了关键。标题命名不可随意，需要了解熟知读者的阅读心理。在标题上使用一些技巧，可以获得事半功倍的效果。一般来说，创作好标题有 4 个窍门，即价值型、实用型、趣味型和紧迫型。

1. 价值型

价值型标题靠输出价值取胜。碎片化阅读时代已经到来，读者越来越关注文章的价值性，有价值的文章才值得点开阅读。例如标题"人在单位三惜三忌三注意(值得收藏)"，该标题非常干脆，对于工作的人来说，大多数都会想：是哪"三惜三忌三注意"？我得去看看。当然，如果仅仅是标题党，内文没有说出子丑寅卯，那么感觉受骗的读者不仅不会买你的账，还会"因爱生恨"产生副作用。因此，在公众号内容运营过程中，我们唯有提供真正有价值的干货，才能让读者关注，在读者关注干货之前，也要让读者从标题看出"内有干货"。

2. 实用型

实用包括理论层面和实践层面，前者指的是能够解决读者在理论中遇到的难题，后者指的是指导实践的方法或技巧。

在这个快节奏的社会中，人们行为的目的也变得更强，就阅读来说，如果能解决自己的某一个困惑或难题，读者打开文章并关注微信公众号的概率就会增加。

读者面对一篇文章的时候，会通过文章的标题反问自己能从中得到什么。运营者在创作实用型标题的时候应该换位思考，这样创作出来的标题才能更契合读者的需求。例如标题"无须洗牙，教你 5 分钟消除牙垢！太实用了""学会这几种方法，闭着眼睛也能选对房""生个女儿，这么穿，让她从小美到大！"这些标题都有一个共同点，那就是在标题中呈现了较强的实用性。直接在标题中用"学会""方法""实用"等字眼，能展示出强烈的实用性。另外，这几个标题也有着明确的指向性。

通过为读者答疑解惑的标题，让读者对隐藏在标题之下的内容产生好奇心和信任感，这就是实用性标题的魅力所在。从分析过程可以归纳出创作实用型标题的 3 个步骤，如图 3-1 所示。

图 3-1

公众号运营是针对读者而言的，因此，其标题的实用性与否也是由读者决定的。要保证标题具有使用性，前提是要保证标题能契合读者的需求；要契合读者的需求，首先要了解读者的需求；要了解读者的需求，可以从公众号的特点、读者的画像等角度来分析。公众号的特点决定了它所吸引到的读者的特点。长远考虑的话，与公众号特点不相符的读者，我们应该拒绝，因为这样的读者很难培养为忠实粉丝。

时代背景是读者生活的基础，也是公众号运营的基础。脱离了这一基础，也就难以保证分析结果的准确性和有效性。相反，结合时代背景对读者的需求进行分析，会使分析结果更加深入，更加准确，也可为创作具有实用价值的标题奠定坚实的基础。

有了以上分析结果作为前提条件，就可以开始创作标题了，用恰当的文字按分析结果表达出来，一个具有实用性、能打动读者的公众号标题就诞生了。

3. 趣味型

标题创作的第三大原则就是趣味型原则，即让读者看到标题后，就会产生愉悦感、放松感，有继续往下阅读文章的动力。公众号运营高手往往非常重视这一标题创作原则，也非常善于利用这一原则来取悦读者，拉近与读者之间的距离。

对于公众号运营者来说，践行趣味性原则的做法就是尽可能为标题赋予趣味性元素，使其能够感染读者，让读者看完标题后能有身心愉悦之感。例如标题"那些分分钟把女生惹炸毛的句子，慎用！"，所谓锦上添花形容的就是这种效果。总而言之，如果不能做到让读者为之一震，就应极力做到让读者为之一乐。

4. 紧迫型

公众号运营高手在标题创作上还有一个秘诀，那就是为读者制造紧迫感。仅仅让读者对标题产生兴趣，或者仅仅引起读者的注意，是远远不够的。我们所需要的点击量是指读者查看了文章，而不是想看文章。因此，文章标题还应该具有敦促读者立刻点击查看的作用，也就是紧迫感。这是标题创作的第四大原则。

之所以要再次强调紧迫感，是因为评价公众号运营结果的数据必须是真实存在的。如果只是让读者产生了想要阅读的念头而没有阅读，这种效果是没有人会承认的。因此，运营者不得不想方设法让读者做出实际的阅读行为来。这个时候，紧迫感是最有力的驱动因素，它会让读者觉得越快查看该内容越好。

例如顺丰公众号的一篇文章标题《"对象"病了，怎么办？》，众所周知，顺丰速运是一家主要经营国际、国内快递业务的快递企业。但是看文章标题，读者会想：快递企业怎么会关心起人家搞对象的事情来了，心里会有些好奇，对于恋爱中的男女来说，如果自己的对象生病了，应该怎么办？这是一个很棘手的问题。在具体情境中，紧迫感就会呈现。公众号运营者可以通过标题来引导读者的行为，让读者朝着运营者预设的方向行动。由此可见，要想创作出一个能让读者产生紧迫感的标题，运营者还需要对读者的心理有所了解，要善于运用心理学的有关知识。

当然，不管运营者使用哪种类型的标题来吸引读者，都应该保证隐藏在标题之下的正文的质量。如果仅有光鲜的标题，没有充实的内容与之相配的话，只会让读者觉得金玉其外败絮其中，会导致读者流失。公众号运营高手之所以能成为高手就是因为能做到标题和内容兼顾。

3.1.2 巧妙运用标题符号

每一位公众号运营者都希望自己的粉丝能多一些，公众号运营高手也不例外。只是公众号运营高手往往能将这种希望变成现实。其实，他们在标题中使用了一些特殊的、简单有效的、吸引眼球的符号。通过大量优质公众号文章标题的研究，我们可以归纳出公众号运营高手经常使用的四种符号，即疑问型、数字字符、推荐字符、如何体。

1. 疑问型

在标题中加上问号变成疑问句，能引发读者的思考，使读者对答案产生好奇心理。这是公众号运营者常用的一种标题命名方式。

疑问型标题不是真的要询问读者，而是以疑问的方式引起读者的注意，让读者产生阅读正文的兴趣，问题的答案往往会在正文中呈现。我们将疑问型标题又称作设问式标题，毕竟它既有问题又有答案。在众多优质公众号文章中，有一篇《你的女朋友，是不是这样追到手的？》的文章，就是疑问型标题。从这篇文章最终收获了众多阅读量来看，就能知道疑问型标题的优势所在。从符号学的角度来看，问号本身就有强调、提醒的作用。运营者在标题中使用这一符号也是基于它的这一功能。同样的一层意思，运用疑问句表达出来更具有吸引力，更能引发读者的好奇心，进而增强彼此之间的互动性。如果将《你的女朋友，是不是这样追到手的？》修改为《你的女朋友一定是这样追到手的》，后者明显就失去了吸引力。

2. 数字型

第二种能增强标题吸引眼球效果的是数字型标题，即在标题中使用数字。一般情况下，数字指的是阿拉伯数字。在纯文字标题中使用数字，能给人一种耳目一新的感觉，从而吸引读者的注意力。相对于纯文字内容，简单干脆的数字反而能给人更加清晰的感觉。一些工具类的公众号推送的文章较为实用，例如用"某某的 5 种方法""6 条关于某某的建议""使用某某的 3 种快捷方法"之类的标题，无疑能大大为之加分。

3. 推荐字符

使用推荐词汇搭配特殊醒目的形式，也是增强标题吸引力的一种方法。推荐词汇用类似"【】"括起来，就为标题加上了一个特殊的标志，使标题重点更加突出，读者的注意力也就更容易被吸引，这种方法不仅仅在公众号的标题中被广泛使用，在微博、新闻等信息展示中也会经常使用。经过实践证明，这的确是一种效果较为明显的方法。在如今这个信息泛滥的时代，信息生产者都试图以标题来吸引人，这就导致了标题的趋同现象。因此，为了应对这种情况，也为了让自己的标题更醒目，使用推荐字符就应运而生了。事实上，推荐词汇型标题并不意味着都要使用"【】"这种形式，能起到强调作用的特殊符号都可以使用。

4. 如何体

在公众号运营高手发布的推文中，还有一种较为常见的标题形式，就是"如何体"。具体来说，就是标题以"如何"二字开头，获得一种发问的效果，从而引起读者注意。为了解答读者的疑惑，运营者通常会继续在文中介绍有关解决所提问题的方法。这也是如何体标题与疑问型标题的一个不同之处。另一个不同之处就是如何体没有问号。尽管两者有一些不同之处，但是其使用效果都是非常好的。

3.1.3　拟定标题的方法

万物互联。对于人人自媒体来说，每个人都是一个信息源，我们生活在一个信息爆炸且极度碎片化的世界。信息便利的同时也常常给我们带来很多困扰，以至于我们不得不选择性地查看自己想要了解的讯息。因此，我们在一个平台一篇文章上停留的时间迅速减少，所以一篇文章的标题命名是否妥当就直接决定了这篇文章的流量大小，转化就退而求其次了。以下 6 点可以让你拟定更适合自己文章的标题。

1. ……悬念+利益引诱

善用省略号拟标题可以给读者设置一个悬念，人性中有一种天然的好奇、猎奇心理。设置悬念可以让读者有更多的想象空间，本能地有一个自己的判断，引诱读者自然地点击确认一下与自己的猜想是否一致？

另外，通过设置悬念还能对读者产生一种利益诱惑力，当然这需要巧妙地在标题中设置利益点，让用户渴望看完文章后能得到什么样的信息。如果没有确切引诱的利益点，单纯地去谈制造悬念，无疑是徒劳的。毕竟，读者点击你的文章就是为了获取有价值的信息。该类文章标题的例子如：《最近我在读 1 本书，思考了 5 个问题……》《天猫双 12 攻势强烈，获益最大的竟然是他们……》《真正宠你的男人，会这样对你……》《长相中等的姑娘如何进阶到"美"》《男人会不会出轨，看这两点》。

2. 目标指向性

目标指向性是指在标题中直接向目标用户喊话，这些人就会不由自主地认为"是在说我吗？"，他们会情不自禁地去点击查看这家伙到底要说我什么坏话？这家伙怎么知道我有这个问题？作者怎么解决正在困扰我的这个问题？你就一下子站在了受众读者的立场上，跟他一道去解决问题，所以你的文章也就写到了读者心坎里，这样指向性显明的文章标题用一次开心一次。

例如：《那些整天熬夜加班的人注意了》《敬那些正在默默减肥的人》《写给那些被英语困扰了很久的人》《要考四六级的小伙伴看过来了》《家里有不吃青菜的小朋友的家长看过来》《喜欢喝黑咖啡的人注意了……》。以上几个标题都有很明确的目标指向性，假如你是上述群体中的一个，有一样的困惑，会不会忍不住点开文章想看到答案呢？这个方法正是站在受众的立场上指出了受众群体的一个痛点，他会觉得你在帮他出点子想办法，点击自然而然就来了。

3. 灵活运用具体数据

非常简单，在拟定的标题中加入具象化的数据可以给读者更直观、更量化的感受，有时候数字还能带给人很权威很专业的感觉，增加可信度。读者都很现实，看了你的文章总是要想有点收获的，具象化的标题比抽象表达的标题更加简单有效，用强有力的数据替代华美的辞藻可以让读者放下心中的疑虑。

比如抽象表达：本店菜品非常有人气。具体表达：1 天卖出 100 份以上。本店人气菜品抽象表达：随时支援你的需求。具体表达：只要 1 个电话马上赶到，24 时为你服务。这两组语言表达你更青睐哪一个，肯定是给你安全感，可靠性最大的那个。

例如：《99%的人都猜错了这支广告》《草根创业秘诀：如何在 3 个月内单月出货 10 万元》《连续做出 10w+爆文后，他总结出这 3 条写作经验》《恋爱时，男人最烦女人这 8 种行为》《逃离小程序：60%用户回归 App，70%开发者欲放弃开发》。看了以上几个标题，你会很自然地觉得作者肯定花了很多精力去做这件事情，数据摆得很清楚嘛，这样的文章肯定有值得阅读的内容，首先从标题上就肯定了你。数据可以帮助读者掌握各种各样的信息，以获得精神或者现实的某种利益满足，因此标题中的数据可以满足读者的得益心理。

4. 巧用对比，制造反差

巧用对比法拟定标题往往能获得意想不到的效果。有时候作者为了突出某一主题，利用强烈的对比，让读者清晰地看到正反两种结果，从而获得一种显著的反差效果，简单明了又切中要害，立马就能让读者了解文章要表达的意图。如果读者发现立场相似会不自觉地转发分享，反差效果带来很大的流量。

例如，《月薪 3000 与月薪 30000 的文案区别》《看看人家的食堂，你吃的简直是翔》《受青睐的简历和让人没耐心看下去的简历》《吃过这枚凤梨酥，其他的都是将就》《看完这 10 条文案，就甘愿再胖 10 斤》。对比的标题句式风格多变，通过放大描述对象的某方面特点，制造反差，看上去似乎有点夸张但也不那么浮夸，节省笔墨又有效，用户很乐意点击阅览，尤其是那类幽默有趣的标题。

5. 挑战常识，逆向思维

在我们大多数人的认知里，基于我们受到的教育，我们往往对某类问题保持着一贯的看法，认为怎样才是正常的、应该的。但是这样的标题写法就是要打破这种常识，让读者觉得诧异、不可能。

挑战常识，逆向思维的命题方式偏偏就冲破了读者一贯的思维定式，另辟蹊径带给读者意料之外的结果：颠覆、奇葩、怪异、惊讶、新鲜……不按常理出牌却造成了独有的亮点，给早已审美疲劳的读者带来认知冲击，从而激发了他们的阅读兴趣。往往这样命题的人会给你一些出乎意料的内容，有些甚至可以称得上惊世骇俗。

例如，《我的意中人是个神经病》《倒霉的女孩，运气都不会太差》《会败家的女人更幸福》《7×7≠49？》。上面几个标题都打破了我们惯常的认知，无论你是否认同作者提出的一些观点，标题已经带给你一些冲击了，让你忍不住地点进去一探究竟或者说要跟他"唇枪舌剑"辩论一番。这其实都是作者有意无意地在制造一些隐性或显性的矛盾，让标题和读者习惯性认知发生冲突和对峙，从而诱发点击阅读。

6. 感同身受，引发共鸣

感同身受的目的其实还是与读者站在同样的立场上看问题，作者要表达的主旨就是我这么做是为了你好，所以拟定的标题中最好要有读者能直观感受到的好处或利益点。从读者立场下笔，站在他们的角度上看问题能引发双方感情共鸣。

其实，每行每业每个人都有不同的情感经历，有些显露有些则隐藏至深。所以，若能用标题与读者内心深处的情感产生共鸣，无疑是成功的标题。

例如，《为什么你铺天盖地地打广告，顾客却无动于衷？》《每次点上这道菜，那个坚持减肥的女同事也忍不住动了筷子》《为什么新媒体要会这么多技能，薪资却这么低？》《文案这行的辛酸，走过的路都是泪》《做牛做马，别做乙方！》。上面的标题在某种层面上都触发了受众的共鸣，一下子让读者意识到"对，就是这样子的，我就是这么苦逼""对对对，我就是文章里面那个乙方"……看到这样的标题仿佛就看到了自己，非常认同作者的观点，那些有着相同遭遇的读者们来不及感动，就会迫不及待地按着转发分享键了。

3.2　巧妙运用图片

本节导读　图片承载了文章的颜值，它决定了文章的美观度，能给读者提供精神与视觉的享受。因此，运营者要慎重对待。本章将为大家介绍在公众号和新媒体平台上使用图片的相关技巧，从而让自己公众号上的图片变得更吸引人，获得一图胜却千言万语的效果，引爆读者眼球。

3.2.1　图片颜色

运营者想要让自己文章中的图片吸引读者的眼球，那么所选图片的颜色搭配要合适。图片的颜色搭配合适就能够给读者一种顺眼、耐看的感觉，一张图片颜色搭配要合适需要做到以下两点。

1. 色彩明亮

在没有特殊情况下，微信公众号的图片要尽量选择色彩明亮的图片，因为这样的图片能给文章带来更多点击量。这主要是因为色彩明亮的图片，能让读者眼前一亮，从而基于好奇心阅读相关文章，直接提高文章的点击率。

一般人在阅读文章的时候都希望能有一个舒适的阅读环境，在压抑的环境里阅读不仅会使用户感到不舒适，也会对公众号形象产生影响。而色彩明亮的图片就不会给读者一种压抑、沉闷的感觉，所以图片要尽量选择色彩明亮的。

2. 与内容相适宜

微信公众号在选择图片的时候需要考虑到是否与发表的文章的内容相适宜。如果文章推送的内容是比较悲沉、严谨的，那就可以选择颜色与内容相适应的图片，而不可使用太过跳跃的颜色，因为这样会使整体感觉不搭。

3.2.2　图片尺寸和规格

运营者要选择尺寸大小合适的图片做文章的主图。因此，在选择微信公众号的每一张图片的时候都要经过仔细斟酌。

运营者在选择图片尺寸大小的时候，需要清楚的是，图片格式的选择是多样的，运营者在选择图片的时候，应该尽量将单张图片的容量大小控制在 1.5～2M 之间为最佳，在这个容量限制下运营者可以从所有的图片格式中选取效果最佳的格式进行图片制作。

同时，运营者还可以根据自己公众号读者的阅读习惯而对图片的大小进行调整。如果运营者要在一点资讯等新媒体平台发布文章的话，那么也可以根据一点资讯平台读者的阅读习惯、平台对图片大小的要求调整图片的大小。

之所以说要选择合适的图片大小，就是从给读者阅读体验出发的，不想让过大的图片在耗费读者大量流量的同时还要耗费图片加载的时间。

如果运营者发现自己平台的读者习惯晚上八九点阅读文章，而这个时间段基本上人们都是待在家里的，读者可以使用 WiFi 打开公众号进行阅读，不用担心读者的流量耗费也不用担心图片加载过慢，那么运营者就可以适当地将图片的容量放大一些，给读者提供最清晰的图片，让读者拥有最好的阅读体验。

但是，如果运营者发现自己平台的读者大部分习惯在早上七八点钟阅读文章，那么读者使用手机流量上网的可能性就会比较大。这时候如果运营者发送文章的话，就需要将图片的容量控制在上面所说的 1.5～2M 之间，在为读者节省流量的同时也可节省图片加载时间。

3.2.3　图片数量

数量合适是指图片的多少，它可以从以下两个方面来理解。

1. 排版所用图片的多少

每个公众号都有属于自己的特色，有的公众号在文章内容排版的时候会选择使用多图片的形式。如图 3-2 所示是微信公众号"天天趣图"推送的多图片排版文章的部分内容展示。

图 3-2

但是，有的微信公众号在进行文章内容排版的时候，它排版就只会选择使用 1 张图片。如图 3-3 所示为微信公众号"罗辑思维"中的一篇文章，在该文章中便只使用了 1 张图片。

2. 推送图文消息的多少

推送图文消息的多少是指一个公众号每天推送文章的多少。细心的读者会发现，有的公众号每天会发送好几篇文章，如图 3-4 所示的微信公众号"视觉志"；而有的公众号每天只会推送 1 篇文章，如图 3-5 所示的微信公众号"大地聊电影"。

公众号推送的图文消息越多，所用的侧图就会越多；推送的图文消息越少，所用的侧图也就越少。

图 3-3

图 3-4

图 3-5

3.2.4 修饰图片

运营者在进行微信公众号运营的时候是离不开图片的。图片是让公众号文章内容变得生动的一个重要武器，会影响到读者点开文章的阅读量。因此，运营者在使用图片给文章增色的时候也可以给图片"化妆"，让图片更有特色，从而吸引到更多的读者。

运营者给自己的图片 PS(即使用 Photoshop 处理)，可以让原本单调的图片变得更加鲜活起来。运营者要给图片 PS，可以通过两个方法着手进行，具体如下所述。

1. 拍摄图片时 PS

微信公众号使用的照片，其来源是很广泛的，有的公众号使用的图片是企业或者个人自己拍摄的，有的是从专业的摄影师或者其他地方购买的，还有的是从其他渠道免费得到的。

对自己拍摄图片的企业或者个人这一类微信公众号运营者来说，只要在拍摄图片时，注意拍照技巧的运用，以及拍摄场地布局、照片比例布局等，就能获得给图片"化妆"的效果。

2. 照片后期 PS

微信公众号运营者在拍完照片后，如果对图片还是觉得不太满意，还可以选择通过后期处理来给图片"化妆"，或者是微信公众号运营者从其他地方得到的图片不满意的话，也可以选择后期处理"化妆"。

现在用于图片后期处理的软件有很多，如强大的 Photoshop、众所周知的美图秀秀等，微信公众号文章编辑可以根据自己的实际技能水平选择图片后期软件，通过软件让图片变得更加夺人眼球。

一张图片有没有加后期，效果差距是非常大的，如图 3-6 所示，就是同一张照片没加光效后期(左边)跟加了光效后期(右边)的效果对比。

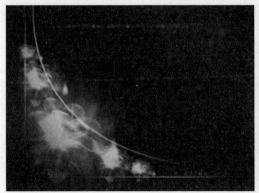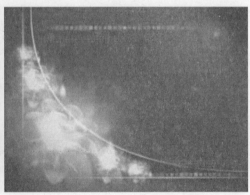

图 3-6

3.2.5 多彩二维码的运用

在现实生活中，随处都布满了二维码的身影，二维码营销已经成为一种很常见的营销方式。二维码对微信公众平台来说也是非常重要的一种吸引读者的图片，同时它也是微信公众平台的电子名片。

运营者在运营自己的平台时，可以制作多种类型的二维码进行平台推广与宣传，吸引不同审美类型的读者。将我们生活中见到的二维码进行分类，可以分为 5 种类型，即黑白二维码、指纹二维码、彩色二维码、Logo 二维码和动态二维码。

但是，在有的新媒体平台上，如今日头条、一点资讯，它们是不允许在平台上放二维码图片的，所以运营者在这些平台发文的时候，就要避免放二维码图片。下面将分别详细介绍上述 5 种二维码的相关知识。

图 3-7

1. 黑白二维码

在我们的日常生活中，比较常见的二维码都是黑白格子的，如图 3-7 所示。这种单一的形式已经不能够满足喜欢尝鲜、喜欢创新的消费者了。

2. 指纹二维码

相信很多人对于这种指纹二维码都不会感到陌生，这是之前很流行的一种二维码类型。它的特点是一张正常的普通的二维码旁边带一个指纹型的动图。相对于一般的二维码，它给人的感觉会比较有趣。如图 3-8 所示，是一张指纹二维码。

图 3-8

3. 彩色二维码

彩色二维码是一种非常有特色的二维码，它不同于黑白二维码那么单调、死板，它比较亮丽、有活力。这种二维码能够吸引大批追求新颖与特色的读者，能够使微信公众平台变得更有个性。如图 3-9 所示，就是一张彩色二维码。

4. LOGO 二维码

LOGO 二维码是指企业将自己公司的 LOGO 设计到二维码中，使读者在扫码或者阅读时能够看到自己企业的 LOGO 形象，以加深读者对自己企业的印象，并达到提升企业知名度的目的。

这种类型的二维码是企业型运营者进行微信营销与推广很常用的一种二维码，其效果也是很不错的。如图 3-10 所示，就是一张 LOGO 二维码。

图 3-9　　　　　　　　　　　　　　图 3-10

5. 动态二维码

动态二维码也是微信公众平台运用非常广泛的一种二维码类型，它相对于静态二维码来说能够带给读者更多动感，能给看见的人留下非常深刻的印象。一张动态微信公众号二维码就是一张动态名片。如图 3-11 所示，就是动态二维码。

图 3-11

3.2.6　长图文的视觉效果

长图文也是使微信公众平台的图片获得更高关注度的一种好方法。长图文将文字与图片融合在一起，借文字描述图片内容的同时用图片使所要表达的意思更生动、形象，两者相辅相成，配合在一起，能够使文章的阅读量达到不可思议的效益。

有一个叫作"伟大的安妮"的微信公众号，它的平台上发布的文章都是采用长图文的形式，以图片加文字的漫画形式描述内容，其发布的文章阅读量都非常高。接下来我们就欣赏一下该公众平台上的某篇文章的部分内容，如图 3-12 所示。

图 3-12

3.2.7 使用动态图片

很多微信公众号在放图片的时候都会采用动图的形式。这种动起来的图片确实能为公众号吸引不少读者。

动图会让图片更有动感，相对于传统的静态图，它的表达能力会更强大。静态图片只能定格某一瞬间，而一张动图则可以演示一个动作的整个过程，自然而然其效果会更好。

如图 3-13 所示，是微信公众号"她刊"发布的一篇动图文章，图片内容非常生动。如图 3-14 所示，是微信公众号"动图污就酱"发布的一篇动图文章。

图 3-13

图 3-14

3.2.8 图片加水印

要想让图片引爆读者的眼球，给图片打个标签也是微信公众运营者需要注意的一个问题。运营者可以尝试给图片印上公众号的标志，让图片具有独特性。给图片印上公众号的标志通常有两种方式：一是在正文前方的图片中展示公众号的特色；二是给文中的图片打上公众号的水印。如图 3-15 所示为公众号"手机摄影构图大全"的相关界面，其图片便综合运用了这两种方式。

可以看到，在左侧图片中，正文前方便插入了一张标有"摄影构图专家"字样的图片，而在图片中更是用"1000 多种构图技法+1000 多种场景实拍+10000 多张作品展示"对该公众号的主特色进行了介绍，这样一来，读者一看到该图片，便可以从一定程度上了解该公众号的基本属性。

而右侧的图片则是在右下角标上了公众号名称的水印。这一做法不仅可以让发布的图片直接带上公众号的属性，更能起到宣示主权的作用，让读者一看图片就能知道来源，避免他人盗用图片。但是，在一点资讯平台等大部分新媒体平台上，运营者使用的图片如果加水印，可能会影响推荐量。因此，在粉丝数量不多的时候，运营者在这些新媒体平台上发文时要注意。

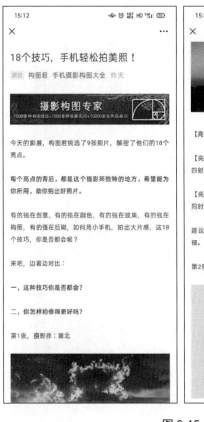
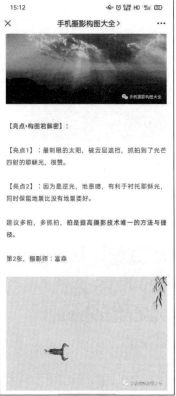

图 3-15

运营者除了可以使用微信公众平台后台自带的功能给图片设置水印之外，还可以采用其他方法设置水印，如美图秀秀、Photoshop 等。

智慧锦囊

3.3 公众号文章写作

正文是评判文章水平的重要因素，也是运营者吸引粉丝的重要武器之一，所以运营者需要用心对待正文。本小节将为大家介绍在公众号平台上通用的正文写作技巧，以帮助大家更好地掌握公众号文章的写作技巧。

本节导读

3.3.1 不同形式的文章

运营者在运营一个微信公众号的时候，有一点是一定要花费大量精力去做好的，那就是平台的内容。对微信公众平台运营者来说，内容就是绝对的主角。因为平台内容的好坏、有价值与否，它关系着平台粉丝的数量，从而影响了平台盈利的多少，所以做好平台内容的把关是每一个运营者都要重视的。

运营者在撰写公众平台文章的时候，其编辑文章内容的形式可以是多样的。而且，这些内容形式每一种都拥有独属于自己的特点。因此，运营者要将每种方式内容的特点都掌握，从而让自己平台上的内容更具吸引力。下面将为大家介绍微信公众平台上 6 种类型的文章。

1. 文字式

文字式微信公众平台内容指的是那些整篇文章下来，除了运营者在文章中嵌入的邀请读者关注该公众号的图片或者是文章尾部的该微信公众号的二维码图片之外，文章要表达的内容都是用文字进行描述，没有嵌入一张图片的文章。

在微信公众平台上，有这种形式的文章存在，但不是特别常见。因为这种形式的文章，如果它的字数很多，篇幅很长，那么就非常容易引起读者的阅读疲劳以及读者的抵触心理。因此，微信公众平台经营者在推送文章的时候，可以少用这种形式来传递内容。文字式的文章具有以下两个方面的特点，如图 3-16 所示。

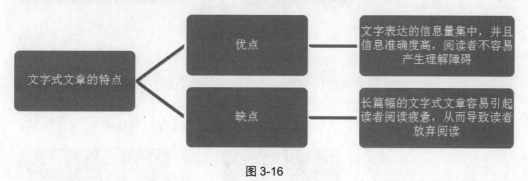

图 3-16

2. 图片式

微信公众平台推送的图片形式文章是指在整篇文章中，其内容都是以图片表达的，没有文字或者文字已经包含在图片里面了。微信公众平台上图片式文章具有以下两方面的特点，如图 3-17 所示。

3. 图文式

图文式文章，其实就是指图片跟文字相结合，一篇文章中既有图片也有文字。这种内容的呈现形式，可以是一篇文章只放一张图，也可以放多张图。如果运营者推送的是一张图的图文式文章，那么读者在这篇文章中从头到尾就只能看见一张图和文字。如果运营者推送的是多张图的图文式内容，那么读者看见的就是一篇文章中配了多张图片和文字。微信公众平台上的图文式文章具有以下两个方面的特点，如图 3-18 所示。

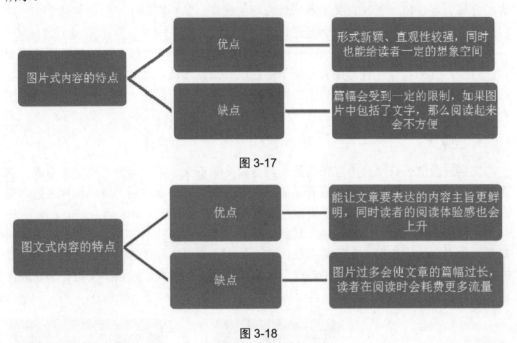

图 3-17

图 3-18

4. 语音式

语音式文章指的是运营者将自己要向读者传递的信息通过语音的方式发送到公众平台上。如微信公众平台"罗辑思维"，其特色就是每天推送一条 60 秒的语音式文章。微信公众平台上的语音式文章具有以下两个特点，如图 3-19 所示。

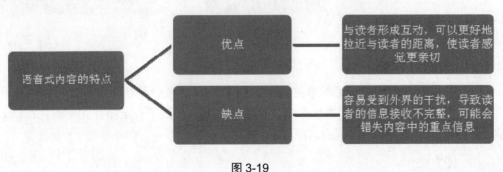

图 3-19

5. 视频式

视频式文章是指运营者可以把自己要向读者表达的信息拍摄成视频，发送给广大用户群。例如，微信公众平台一条旗下的"美食台"，其就会在自己的平台上经常推送视频式文章。微信公众平台上的视频式文章具有以下两个特点，如图 3-20 所示。

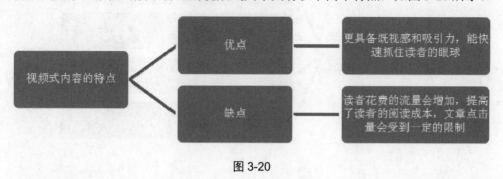

图 3-20

6. 混搭式

顾名思义混搭式内容，就是运营者将上述的 5 种形式中的一部分综合起来，运用在一篇文章里。需要注意的是，以混搭式向读者传递信息并不是指在一篇文章中要运用所有的方式，而是只要包含 3 种或者 3 种以上的形式，那么就可以被称为是混搭式文章。微信公众平台上的混搭式文章具有以下两个特点，如图 3-21 所示。

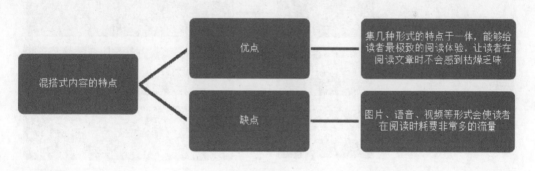

图 3-21

3.3.2 丰富文章内容

在平台进行文章编辑之前，需要做哪些准备工作呢？下面为大家详细介绍平台文章编辑前的准备工作。

1. 素材网站

对微信公众平台来说，不可能每一条微信图文消息都是原创的，那样既浪费时间又浪费精力，因此微信公众平台运营者必须了解几个适宜的素材来源网站。以下总结了以下几个素材来源网站，具体如图 3-22 所示。

图 3-22

2. 内容提供者

运营者在编辑平台文章之前需要先弄清楚平台文章内容有哪些信息提供者。弄清楚这个，运营者就能够清楚向哪些人群收集平台的内容。文章的内容可以从以下 3 类人群着手收集，具体如图 3-23 所示。

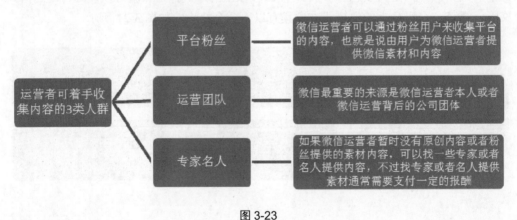

图 3-23

3. 收集技巧

很多运营者在微信公众平台运营过程中都会碰到一个棘手的问题，那就是微信内容。从市面上已经在运营的微信公众号来看，很多运营者对公众号的运营就是建个账号、发点新闻或者搞笑段子而已，而通常这种纯广告式的微信公众平台是没有什么价值的，用户的关注度也不高。

那么，什么样的内容比较容易吸引用户呢？当然是那些建立在满足用户需求上的内容更加吸引人。因此，运营者只有使自己推送的微信内容与用户需求信息保持一致，才能获得预想的效果。那么平台内容收集有哪些技巧呢？具体有以下 5 个技巧。

- 从用户感受着手。
- 从用户需求着手。
- 提升自身专业素养。
- 为用户提供优惠。
- 善于运用资源。

3.3.3 文章开篇带入写作

对微信公众平台上的文章来说，文章的开头对于一篇文章是很重要的，决定了读者对这篇文章的第一印象，因此对它要极为重视。

微信公众平台上，一篇优秀的文章，在撰写文章开头时一定要做到以下 4 点。

- 紧扣文章主题。
- 语言风格吸引人。
- 陈述部分事实。
- 内容有创意。

一个好的文章开头的重要性相信大家都很清楚了。下面将为大家逐一介绍文章开头的 5 种写作技巧，让运营者能够用一个好开头赢得读者对公众号的喜爱，从而吸引到大批粉丝。

1. 想象型

公众平台的编辑在写想象类型的文章开头时，可以稍稍运用一些夸张的写法，但不要太过夸张，基本上还是倾向于写实或拟人。能让读者在看到文字第一眼的同时就能够展开丰富的联想，猜测在接下来的文章中会发生什么，从而产生强烈的继续阅读文章的欲望。

在使用想象类型文章开头的时候，要注意的就是开头必须设置一些悬念，留给读者一定的想象空间，最好可以引导读者进行思考。

2. 叙述型

叙述型也被叫作平铺直叙型，表现为在撰写文章开头时，把一件事情或者故事有头有尾、一气呵成地说出来。平铺直叙，也有人把这样的方式叫作流水账，其实也不过分。

叙述型的方式，文章中使用得并不多，更多地还是存在于媒体发布的新闻稿中。但是，在微信公众平台文章的开头也可以选择合适的内容使用这种类型的写作方法。例如重大事件或者名人明星的介绍，通过文章本身表现出来的强大吸引力来吸引读者继续阅读。

3. 直白型

直白类型的文章开头，需要作者在文章的首段就将自己想要表达的东西都写出来，不隐藏而是干脆爽快。微信公众平台的文章编辑在使用这种方法进行文章开头创作的时候，可以使用朴实、简洁的语言，直接将自己想要表达的东西写出来，不用故作玄虚。

在使用这种直白类型做文章开头的时候，需要注意的是文章的主题或者事件必须足够吸引人。如果主题或者要表达的事件没办法快速地吸引读者的注意力，那么这样的方法最好还是不要使用。

4. 幽默型

幽默感是与他人之间沟通时最好的武器，能够快速搭建自己与对方之间的桥梁，拉近彼此之间的距离。幽默的特点就是令人高兴、愉悦。微信公众平台文章的编辑如果能够将这一方法使用到文章的开头写作中，将会取得不错的效果。

在微信平台上，很多运营者会选择在文章中通过一些幽默、有趣的故事做开头，以吸引读者的注意力。相信没人会不喜欢看可以带来快乐的东西，这就是幽默型文章开头的存在意义。

5. 名人型

在写公众平台文章时，使用名言名句开头的文章，一般会更容易吸引受众的眼球。因此，公众平台编辑在写公众号文章的时候，可以多搜索一些跟文章主题相关的名人名言，或者经典语录。

在公众平台文章的开头，编辑如果能够用一些既简单精练又深扣文章主题并且意蕴丰厚的语句，或者使用名人说过的话语、民间谚语、诗词歌赋等语句，这样就能够使文章看起来更有内涵。而且这种写法更能吸引读者，可以提高公众平台文章的可读性，以及更好地凸显文章的主旨和情感。

除了用名言名句，还可以使用一些蕴含哲理的故事作为文章的开头。小故事一般都简短但是有吸引力，能很好地激发读者的阅读兴趣。

3.3.4　文章行文的写作

一篇微信公众平台的文章，常规的写作方法有以下几种。这些写作方法虽然常规，但是只要写好了其作用却不可忽视。接下来，将逐一介绍这几种常规的写作方法。

1. 情感型

情感的抒发和表达已经成为公众平台营销的主要方法。一篇有情感价值的文章往往能够与很多消费者产生共鸣，从而提高消费者对品牌的归属感、认同感和依赖感。

　　情感消费和消费者的情绪挂钩，一篇好的公众平台文章，主要是通过对文字、图片的组合，打造出一篇动人的故事，再通过故事激发读者的消费欲望。

　　可以说，情感消费是一种基于个人主观想法的消费方式。这部分消费者最关注自己以下两个方面的需求，一是精神需求，二是情感需求。因此，写情感型的文章需要富有感染力，尽量起到以下几方面的作用，如图 3-24 所示。

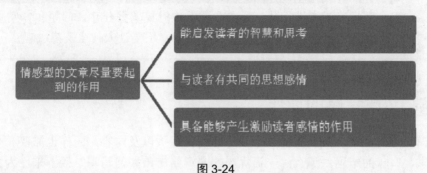

图 3-24

2. 故事型

　　故事型的公众平台文章是一种容易被用户所接受的文章题材。一篇好的故事文章很容易让读者记忆深刻，拉近品牌与用户之间的距离。生动的故事容易让读者产生代入感，对故事中的情节和人物也会产生向往之情。运营者如果能写出一篇好的故事型文章，就会很容易找到潜在客户和提高运营者的信誉度。

　　对文章运营者来说，如何打造一篇完美的故事文章呢？首先需要确定的是产品的特色，将产品关键词提炼出来；然后将产品关键词放到故事线索中，贯穿全文，让读者读完之后印象深刻。同时，故事型的文章写作最好满足合理性和艺术性两个要点。

3. 技巧型

　　所谓技巧型文章，是指文章以向读者普及一些有用的小知识、小技巧为中心主题。对很多行业的运营者来说都非常适合用技巧式文章来进行宣传、推广，如某类软件使用方法、生活中某类需要掌握的小知识等。

　　一般来说，技巧型文章好写又好用，在网络上随处可见，它内容简短，写作时候耗费得少，实用性高，所以很受运营者的追捧。

4. 悬念型

　　所谓悬念，就是人们常说的"卖关子"。作者通过悬念的设置，可以激发读者丰富的想象和阅读兴趣，从而达到写作的目的。

　　文章的悬念型布局方式，指的是在文章中，当故事情节、人物命运写到关键时设置疑团，不及时作答，而是在后面的情节发展中慢慢解开，或是在描述某一奇怪现象时不急于说出产生这种现象的原因。这种方式能使读者产生急切的期盼心理。

也就是说，悬念式文章就是将悬念设置好，然后将其嵌入情节发展中，让读者自己去猜测，去关注，等到吸引了受众的注意力后，再将答案公布出来。制造悬念通常有 3 种常用方法，即设疑、倒序和隔断。

智慧锦囊　运营者在进行悬念型文章的写作时要掌握分寸，问题和答案也要符合常识，不能让人一看就觉得很假，不要让人产生反感心理。

3.3.5 文章结尾的创作

一篇优秀的文章，不仅需要一个好的标题、开头以及内容，同样也需要一个符合读者需求、口味的结尾。那么，一篇优秀的文章结尾该如何写呢？接下来，为大家介绍几种实用的文章结尾的写作方法。

1. 抒情型

使用抒情型手法为文章收尾，通常较常用于写人、记事、描述的微信公众平台文章的结尾中。

运营者在用抒情型手法进行文章收尾的时候，一定要将自己心中的真实情感释放出来，这样才能激起读者情感的波澜，引起读者的共鸣。

2. 祝福型

祝福型手法是很多微信公众平台文章编辑在文章结尾时使用的一种方法。因为，这种祝福型的文章写作手法，能够给读者传递一份温暖，让读者在阅读完文章后，感受到运营者对自己的关心与爱护。这也是非常能够打动读者内心的一种文章结尾方法。

3. 号召型

运营者如果想让读者参与某项活动，就经常会使用号召型手法对文章进行结尾。同时很多公益性文章也会使用这种方法进行结尾。

使用号召型手法结尾的文章能够在读者阅读完文章内容后，使读者的思想情感与文章的内容产生共鸣，从而更有兴趣加入文章发起的活动中去。

3.4　如何写一篇好文章

本节导读　经常会听到有人说，我文笔不好，我不会写作。这里有一个很大的误区，会不会写作，跟文笔没有很大的关系。那些写出 10 万+的作者们，大多是掌握了一些重要的写作原则，并反复不断地练习。本节将教会大家如何写好一篇微信公众号文章。

3.4.1　什么样的内容才是好内容

微信公众号文章最重要的就是内容了，精彩的内容是读者能够认真看下去的必要条件，也是传达作者理念和营销效果最大化的必备条件。同时也是留住读者，以及后续回访者的基础条件。

内容是文章的核心、灵魂。所以好的微信公众号推文最重要的就是好内容，好的文章内容有三个特点，即实用、创意、易懂。

所谓实用就是写出的文章对读者来说有价值、有用处，能够对读者有所帮助。文章不必追求华丽的辞藻，关键是能够给读者带来价值。所谓创意就是文章内容比较新颖，让读者眼前一亮，这样容易引起读者的好奇心。所谓易懂就是文章内容不要太高深，让读者明白你的意思就行了。丰富的微信公众号推文内容，可以从以下几个方面来挖掘。

1. 产品功能故事化

微信公众号营销文章要学会写故事，更要学会把自己的产品功能写到故事中去。通过一些生动的故事情节，自然地让产品自己说话。

如何做到故事化？这需要运营者平日多留意身边的事情，以及老用户的反馈情况，凡是和产品有关的事，即使是一些鸡毛蒜皮的小事，只要能给产品带来正面的影响都可以写。如果你有足够的想象力，甚至可以编故事，当然这些故事一定要围绕着产品展开。

2. 产品形象情节化

当我们宣传自己的产品时，总会喊一些口号，这样做虽然也能获得一定的效果，但总不能使自己的产品深入人心，打动客户，感动客户。因此最好的方法就是把你对产品的赞美情节化，让人们通过感人的情节来感知和认知你的产品。这样客户记住了瞬间的情节，也就记住了你的产品。

3. 行业问题热点化

在微信公众号文章写作过程中，一定要抓住行业的热点，不断地挖掘热点，才能引起客户的关注，通过行业的比较，显示出自己产品的优势。要做到这些也就要求运营者平时多关注时事，关注同行。知己知彼，方能百战不殆。

4. 表现形式多样化

生动的文章表现形式会给人耳目一新的感觉，可以从不同的角度，不同的层次来展示产品，比如以拟人形式或者以童话的形式等。越有创意的写法，越能让读者耳目一新，也就记忆越深刻。

5. 产品推文系列化

这一点非常重要，微信公众号营销不是立竿见影的电子商务营销工具，需要长时间地坚持不懈。因此，在推文写作中，一定要坚持系列化，就像电视连续剧一样，不断有故事的发展，还要有高潮。只有这样推文影响力才更大，才能留住读者。

6. 推文字数精短化

微信公众号推文不同于传统媒体的文章，既要论点明确，论据充分，又要短小耐读；既要情节丰富感人至深，又不能花太多的阅读时间。所以，坚持短小精悍是推文营销的重要法则。

7. 推文内容有价值

微信公众号文章真正能起到营销作用在于文章能给予读者所需要的东西。微信公众号推文不仅要保证每篇文章带来应有的信息量，还要有知识含量、趣味性。另外，还要有经验的分享，让读者每每访问你的微信公众号都有所收获，这是黏住客户最好的方法。

3.4.2 好的原创内容是怎么产生的

生产原创内容是所有微信公众号运营者都会遇到的问题。原创最容易吸引粉丝关注，获得粉丝的喜爱。比如，荣获"微信年度优秀媒体公众号"称号的广西日报微信公众号，就是因为坚持内容原创与创新才获得广大粉丝的关注与支持。

首先，公众号运营者在自身有存货的前提下，可以把自己的经验和兴趣分享给大家。在自己擅长的领域，运营者一定积累了不少经验，即便是个还没有步入社会的大学生，对于自己的专业知识，所了解的也比社会上的大部分人多。比如，一个学装饰设计的北大学生可以把一些建筑装饰设计方面的小知识结合自己的专业分享给大家，很多对装饰设计感兴趣的人都会看。只要他坚持下去，持续地分享自己的经验与兴趣，就能打造一个不错的自媒体公众号，造就自己的影响力磁场。对于一些已经步入社会的公众号运营者，相关资源就更多了。运营者所从事的行业及有志于哪个行业的人，都是可以写的对象，除非运营者没有用心去研究这个行业。

其次，运营者可以分享自己对于社会热点问题的看法。在各个领域内，每天都会发生一些新闻，成为众人关注的热点。对于同一件事，不同的人就会有不同的看法。不管是赞成还是反对，或是补充，只要有自己的态度，就可以将这个态度扩展开来，创作成为一篇原创文章。比如，某自媒体人看到拍拍微店即将上线的新闻，随即写了一篇对于微店功能与淘宝对比的文章发布在公众号上，获得了高点击率。针对行业内热点事件发表评论，这样的题材非常容易找到。公众号运营者只要留心挖掘，就可以找到大量的可以创作的内容。

最后，很多业内人士每天都会发布自己的文章，表达自己的观点。如果你看到业内人士发表的一篇文章，对其有不同看法，或者有一些想要补充说明的东西，就可以借机发挥成一篇文章。当然，从业内人士的文章中得到灵感，不是抄袭，而是由别人的文章入手创作自己的内容。

3.4.3　微信公众号内容收集素材的技巧

很多企业在微信运营过程中都会碰到一个棘手的问题，那就是微信公众号内容。从市面上运营的微信公众号来看，很多商家就是建个账号、发点新闻或者搞笑段子，而通常这种纯广告式的微信是没有什么价值的，用户的关注度也不高。

什么样的内容比较容易吸引用户呢？当然是那些建立在满足用户需求基础上的内容更加吸引人，因此，企业只有使自己推送的微信内容与用户需求信息保持一致，才能获得预想的效果。那么，收集这些内容素材有哪些技巧呢？总结了以下几点。

1. 了解用户需求

商家要了解用户需求，解决用户的问题，就得倾听用户的心声。用户在说什么，通过微信搜索什么产品，甚至用户对竞争对手的关注，商家都必须高度留意，，通过一段时间的跟踪总结，把这些用户关注的问题进行分门别类地整理，然后针对这些问题设计微信内容。

2. 拓展信息讲解

通常，一段干巴巴的产品介绍、产品说明是无法吸引用户眼球的，这就要求商家对所推销的产品进行知识延展。用户喜欢带有知识性的信息，以酒业为例，商家如果要推销他们的酒，不能只介绍酒的成分、酒精度多少、口感如何等，这些固然重要，但是用户更喜欢了解关于酿酒方面的知识。关于酒的悠久历史，或是关于品酒的小技巧，又或是储存方法等，这些内容绝对受用户青睐。不少企业就熟练掌握了这一技巧，在微信内容编辑上获得了成功。

3. 听取用户心声

很多用户会通过微信表达他们的不满，也有很多用户通过微信表达赞美，商家千万不能忽视这个环节，完全可以大大加以利用。

4. 给用户送去优待

很多用户都是冲着折扣信息去关注品牌信息的。但是，把促销信息一窝蜂地发布出来，并不会获得显著的宣传效果。对于用户来说，这种微信内容就像街头路边散发的小广告，他们并不会过多关注，甚至会感到厌恶。

商家应该避免这种失误，设计一些专门为微信会员打造的营销活动或优惠活动，让他们获得一种不同于他人的优待感，这样，粉丝才会有一种被重视的感觉，对微信公众号也会越来越依赖和喜欢。

5. 通过分享增加平台的素材

微信公众号运营者还可以通过分享的方式来增加平台的素材，这种方式主要是通过分享其他网站的热点文章来实现推送。通常这类文章并非原创，而是类似于文摘。商家可以摘录一些经典的文章进行分享，或者收集最新最热的段子，以此迎合用户的喜好。值得注意的是，商家切记应当尊重他人的劳动成果，用时一定要注明原作出处。

3.4.4 微信公众号内容规划

很多人都在运营微信公众号，但只有少部分公众号成绩显著。失败的原因，不外乎内容没有竞争力，推广不到位等。对于一个自媒体本身来说，要想成功只有一条出路：内容为王，内容才是公众号成败的第一因素。笔者在这里提出一套适用于内容营销的"4P"策略。该理论重点强调内容营销计划及构建企业与消费者之间联系的每个阶段，可分为四个步骤，即计划(Plan)、制作(Produce)、推广(Promote)和完善(Perfect)。

要想让内容具有吸引力和竞争力，首先要做的就是对内容栏目进行规划，公众号内容栏目规划涉及的范围很广，包括自定义菜单设置、内容题材选取及内容写作风格等，这需要我们在进行内容营销之前就筹划好，具体操作办法如下所述。

1. 围绕"定位"展开

运营微信公众平台必须确定一个前提，即它是为哪个目的服务的。我们必须考虑：微信公众平台必须以某个定位为基准。千万不要受外界干扰，听谁说什么内容好，就改成那方面的内容；看到谁的公众号做得不错，就向他取经"什么内容别人最爱转发"，这些都是不可取的做法。任何企业的成功模式都是独一无二的，别的企业是学不会的，例如小米、苹果、海底捞、褚橙等。他们成功了，很多人都想学他们，甚至模仿他们，但最终都是"东施效颦"。原因很简单，这些企业都是独一无二的，是模仿不出来的，我们最多只能从中总结经验。同样，在微信进行内容营销也是一样，我们可以借鉴别人成功的经验，但所有的经验都必须围绕自己平台的"定位"展开。

如果一味地模仿别人，最后只会费力不讨好，因为别人公众号的粉丝喜欢的内容并不一定是你的公众号粉丝喜欢的内容。微信用户缺少的不是订阅号，而是适合他的、有定力的、高质量的订阅号。如果你跟别人的一样，那微信用户为什么要选择你，而不选择别人呢。

所以，千万不要受外界的干扰，一定要有定力，并且围绕"定位"组织内容，只要内容质量好，就能满足客户的需求。将内容做到极致，不仅仅是将内容品质做到极致，更要将内容满足目标客户的要求做到极致。

2. 围绕目标人群展开

做好内容营销的第一要务就是了解目标人群，制定迎合目标人群需求的内容策略。具体操作办法就是把公众号主及目标人群的需求作为发布内容的准则，同一行业公众号主属性、产品属性和目标人群属性不同，其内容规划也不一样。例如，有一家从事佛珠饰品批发销售的企业，就根据不同的目标人群设置了三个订阅号。第一个订阅号是关于佛珠配件的，其目标人群主要是配件批发商，对材质和价格比较敏感。因此，该订阅号设置的内容围绕佛珠材质知识展开；第二个订阅号是关于佛珠饰品的，其目标人群定位为佛珠玩家，其关注的内容除了佛珠材质鉴别之外，还有佛珠盘玩技巧、佛珠文玩市场、佛珠佩戴常识等；第三个订阅号是企业老板的个人订阅号，用于结识更多佛教信徒和佛学爱好者，内容大多与佛学、禅修、生活感悟等密切相关。

3. 做好内容分类

公众号的具体内容要根据企业目标、产品因素及服务对象的需求来确定，需求不同，内容推送定位也不一样，所以可能很多公众号涉及的内容会比较多。如湖南卫视的定位是打造娱乐性的电视传媒，当你订阅"湖南卫视"公众号之后，它会根据湖南卫视播放节目的内容推送"天天向上""快乐大本营""爸爸去哪儿""偶像来了"等湖南电视台主打的娱乐节目信息。同样，其他公众平台在推送内容之前，也应该规划内容的分类目录。

4. 内容尽量鲜活

在运营微信公众号的时候还容易犯一个错误，就是太正式严肃。我有一个朋友是做互联网营销的，每篇内容都介绍很多管理知识、营销经验，但缺少轻松与鲜活的生活类资讯，所以粉丝不是很多。后来他实在分析不出原因，就来找我帮忙。我给他的建议就是围绕管理、营销撰写内容没错，但是内容必须鲜活，表述也要鲜活，要尽可能撰写生活化的内容，而不是用老先生教学生一样的语言。在这方面有一个人做得不错，即大家熟悉的"鬼脚七"。

玩电商的人应该都知道"鬼脚七"，可以说他是互联网上大名鼎鼎的人物，而且现在他的自媒体也做得很好，几十万人每天都要关注一下他的微信自媒体平台。因为他的文章内容有"质量"，而且自媒体平台很鲜活。

3.4.5 模仿式写作步骤

提高写作水平的最佳方法是模仿。模仿是战略、是大方向。宏观宽泛的战略必有微观、详尽、更具操作性的战术作支撑。而模仿上不妨采用五部战略："选文—分析—记录—运用—修改"这5个步骤。

接下来我们来一起看看如何操作：模仿的第一步是找出一篇值得你模仿的文章。什么样的文章值得模仿呢？就是你喜欢的、你觉得写得好的文章。同时文章的文体最好是你当下正在学习的文体。从什么渠道挑选文章呢？线上：知乎、简书、微信公众号等内容平台；线下：你喜欢阅读的某本书。

在挑选文章的过程中，我们一定会遇到若干优质的范文，选择困难症此时可能就上来了，觉得这篇文章不错，那篇文章写得也很好，接着又会觉得第三篇文章更是字字珠玑、巧夺天工。因此犹豫了：我到底该选哪一篇文章模仿呢？与其在里面犹豫不决、朝秦暮楚，不如我们结合自己喜欢的风格，以及自己擅长的风格，去挑选和自己风格类似的，有借鉴意义的作品。面对选择困难症，解决之道就是分析清楚利弊，然后根据利弊进行抉择。同时，静下来听听自己内心的声音。

挑选出范文后，接下来就要对范文进行分析。可以从以下四个层次着手，即章法、段落、句子、词汇。章法是宏观视角，段落是中观视角，句子和词汇则是微观视角。

1. 章法

章法是什么？就是作者的写作思路、行文逻辑。如何摸清作者的写作思路？思考一下小学时是怎么上语文课的？还记得那时候，老师教我们总结文章的中心思想、总结段落大意、给文章分层、给段落分层。那时候年纪小，不懂得这样做有什么用。现在回想起来，各种"总结"和"归纳"的目的就是在找出文章的写作思路、行文逻辑、组织结构和各段落之间的关系。那应该如何摸清作者的写作思路呢？

(1) 通读全文，总结文章的中心思想，回答问题：作者的写作意图是什么？作者写这篇文章的目的是什么？

(2) 给文章分层，总结每一层的内容，回答问题：作者写这一层的目的是什么？

(3) 总结每一大层里的各个段落的内容，回答问题：作者写这一段的目的是什么？

(4) 将各个段落的内容和目的总结放在一起，分析层与层、段落与段落之间的关系，总结出写作思路。

相比于语文考试题是有标准答案的，是客观题，这里提出的 4 个问题却是没有标准答案的，是主观题。你认为作者的写作目的是什么都行，只要你能归纳出他的写作思路就可以了。

2. 段落

段落是文章的最基本单位，内容上它具有一个相对完整的意思。段是由句子组成的，在文章中用于体现作者的思路发展或全篇文章的层次。从什么角度分析段落呢？内容和形式。内容上，这段话想表达什么？组成这段话的几个句子分别表达的是什么？形式上，这段话的表达思路是怎样的？段落各句子之间是什么关系？

3. 句子

句子是语言运用的基本单位，由词语构成。分析句子也可从内容和形式两个层面入手。内容上：这句话表达的是什么意思？想说什么？目的是什么？在整个段落中起什么作用？形式上：是陈述句还是疑问句？用了什么写作技巧、句型？

4. 词汇

词汇是最小的语言单位了。分析词汇，从内容上，这个词汇是什么意思？从形式上，这个词汇是名词、形容词还是什么词？是两字词、三字词还是四字短语或成语？经过以上四个层面对范文的分析，我们对范文的理解已经加深了不少，同时也知道了大量的写作技巧和好词好句，接下来就应该把它们记录下来，以备后用。

记录的内容可分两部分：①好的文章思路、段落和句子的写作技巧；②把那些你觉得对你的写作很有启发的文章、段落、句子，还有用得好的词汇，都记下来。

注意，一定要记对你的写作有启发的文章、段落和句子，而不是你觉得写得很有文采、很优美的文章、段落和句子。做记录的目的是为了提高写作水平，前者对你的写作水平的提高是有直接作用的，因为你受到启发，所以学了就能用。而后者虽然写得很好，但你如果不能从中得到写作上的启发，那就只有间接的作用了，记下来也没多大用处。

以上的选文、分析和记录实际上就是输入，学了就要用，否则就是两脚书橱，不如不学，所以接下来就要大量地输出了。怎么输出呢？两种方法。

(1) 以掌握写作技巧为目的去写。比如，你知道了运用比喻可让文章更生动，你就可以进行比喻的专项练习。你在吃饭，你就可以想一下，吃饭可以比喻成什么？你躺在床上看到了空调，就可以想一下，空调可以比喻成什么？这种方法重在训练写作技巧，而不是写作。最好的方法是写一篇和范文目的类似的文章。比如你看了这篇"如何提高写作水平"，你就可以尝试着写一篇"如何……"的文章。由于目的类似，范文用到的写作技巧和词汇你都可以用到，这样的训练是最有效率的。

（2）在平时的写作中有意识地运用学到的技巧。比如，你今天写了一篇文章，写之前就可以把总结的写作技巧翻出来看看，思考接下来如何在写作中用到它们。由于不具有针对性和比较强的目的性，掌握写作技巧的速度可能会慢一些。你可以把两种方法结合起来。先用第一个方法短时间内培养对写作技巧的感觉，然后再在平时的写作中继续训练直到熟能生巧。写完之后，要对文章进行修改。

文章不厌百回改。好的文章不是一气呵成的，而是反复修改出来的。古往今来，凡有成就的作家，没有不重视文章修改的。曹雪芹写《红楼梦》就自言："批阅十载，增删五次。"丹麦物理学家玻尔写《光与生命》，反复修改 9 遍，一直到他认为每个字句都完全表达了自己的本意才正式发表。美国海明威把《老人与海》的手稿反复读过近 200 遍才最后付印。这样的例子还有很多很多。连著名作家都如此，何况是身为写作小白的你呢？那么，如何修改文章呢？

（1）自己修改。前面讲过分析文章的四个层次，我们同样可以在写完文章后，从四个层次对文章进行修改。修改文章的章法：我目前的写作思路是怎样的？有没有更好的写作思路？等等。修改文章的段落：有没有更好的段落思路？这个地方要不要举个例子？等等。修改文章的句子：有没有病句？是否通顺？修辞手法如何？用疑问句还是陈述句更好？句型如何？等等。修改文章的词汇：有没有更好地表达同样意思的词汇？某一句话能不能用四字短语表达？能不能把这句话改得更简练？

（2）请人修改。不识庐山真面目，只缘身在此山中。当局者迷，旁观者清。自己修改自己的文章可能会有难度。由于写作水平的限制，你不一定看得出来具体哪些地方需要修改。这个时候你就可以把你写的文章给身边的人看看，问他们看不看得懂、有没有说人话、文章是否有吸引力？如果你认认真真按照以上 5 个步骤一步一步来，经过几个循环，你的写作水平一定会很快提高。写文章很需要时间，修改、打磨成精品更需要时间。但为了写出一篇字字珠玑、令人叫好的文章不是我们应该做的吗？

可行，意味着能落地、可实践，知道了就能用；有效，意味着用了就有效果、有反馈；经济，意味着能以较少的投入获得较大且高质量的产出。你可以根据这几个标准，看看这些方法是否可行，有效，经济。

第4章　图文版式编辑与设计

　　版式是决定读者阅读体验感的一个重要因素。只有优质的排版才能给读者最完美的阅读体验。本章主要介绍了版式运营、封面和内文图片、文字格式设计要点、使用辅助图文做推广和使用编辑器编排一篇文章方面的知识与技巧。通过本章的学习，读者可以掌握图文板式编辑与设计方面的知识，为深入学习微信公众号•短视频线上运营与推广知识奠定基础。

4.1 版式运营

本节导读

如果运营者要进行微信公众平台运营，那么了解一些与版式相关的知识是非常有必要的。本节将详细介绍设置公众号的栏目、版式呈现效果、头尾版式的应用和第三方图文编辑器的相关知识。如何设置公众号的栏目是每一个运营者都需要掌握的知识，而其他三部分内容不论是运营者在运营公众号时，还是在其他新媒体平台时，都是能够用得上的知识。

4.1.1 设置公众号的栏目

运营者要设置公众号栏目，那么就需要先了解公众号栏目的重要性。公众号栏目的重要性主要体现在以下 4 个方面，即为订阅者提供方便、展示公众号的特色、带来更多的点击量、增加平台的主动性。

在清楚了公众平台栏目的重要性之后，运营者还需要弄清楚在公众平台上，哪些地方是要进行栏目设置的。在公众平台上，需要进行栏目设置的地方有自定义菜单栏、文章的分类栏两个方面。

在清楚了需要进行栏目设置的地方之后，运营者就需要掌握设置这两个方面栏目的方法。下面将为大家介绍这两个方面栏目设置的相关内容。

1. 设置自定义菜单栏

运营者在给自己的平台设置自定义菜单栏之前，首先需要清楚在公众平台上可以添加多少个菜单。根据现在的微信公众平台规定，一个公众号可以添加 3 个一级菜单，而一个菜单下最多可以添加 5 个子菜单。然后运营者就可以给自己的微信公众号添加菜单栏。设置自定义菜单栏的方法在本书的 2.4.2 节中已经介绍过了，详细的内容大家可以再回顾一下。

2. 文章的分类栏

运营者如果要在文章标题的最前面用文字对文章进行分类，那么就需要根据文章的具体内容总结出它是属于哪种文章的范畴，然后加上相应的分类就可以了。同时还可以用符号将标题最前面的分类隔开，使其显得更突出。

例如，在标题前设置一个定义为攻略分类栏，那么就可以采用"【攻略】+标题""攻略：+标题"等形式，运营者可以自由发挥想象，设置自己最满意的形式。

对运营者来说，该种文章分类方法虽有一定的好处，但也有不足之处，具体如

图 4-1 所示。

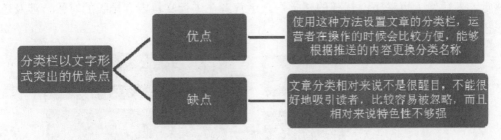

图 4-1

运营者还可以使用在文章推送列表的文章侧图的地方来进行文章的栏目分类。运营者在使用这种方法的时候，只要根据文章内容，给其配上相应的分类侧图就可以获得文章分类的效果。

需要注意的是，使用这种方法进行文章分类栏目设置，相对于在标题前用文字标出的方法更复杂一些，因为运营者要在图片中配上相应的文字。但是这种方法的好处是只要公众号每次推送的文章类型是固定的，那么就不用每次都制作图片分类标签。而且，它相对于前一种方法来说会更突出，读者更容易分辨，且能形成属于公众号的特色。

4.1.2　提升版式呈现效果

如果说文章中的内容是让作者与读者之间产生思想上的碰撞或共鸣的武器，那么作者对文章的格式布局与排版就是给读者提供一种视觉上的享受。

文章的排版对一篇文章有很重要的作用，它决定了读者是否能够舒适地看完整篇文章。这种重要程度对微信公众平台或者其他新媒体平台以电子文档形式传播信息来说更加明显。因此，运营者在给读者提供好内容的同时也要注意文章的排版，让读者拥有一种精神与视觉的双重体验。

接下来，将为大家介绍一些提升排版视觉效果的小技巧。对于这些排版方法，运营者不仅可以运用在微信公众平台上，同样也可以运用在搜狐公众平台、今日头条等新媒体平台上。在这里将主要以微信公众平台为例，为大家介绍这些版式方法。

1. 选好合适的排版风格

说到给微信公众平台上的文章内容排版，选择合适的排版风格是必不可少的，其意义表现在两个方面，具体如图 4-2 所示。

2. 搭配适宜的色彩

运营者在进行文章内容排版的时候，要特别注意色彩的搭配。人的眼睛对色彩非常敏感，不同的颜色给人的感觉不同。例如，人们经常说"红色给人以热情、奔放的感觉，蓝色给人以深沉、忧郁的感觉"。运营者在进行文章内容排版的时候，涉及色彩搭配的地方主要是文字和图片。

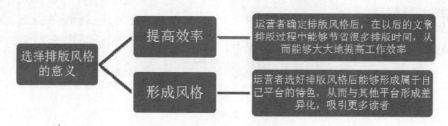

图 4-2

(1) 文字的色彩搭配。对大部分公众号文章而言，文字是一篇文章中的一个重要组成部分，它们是读者接受文章信息的重要渠道。

文章的文字颜色是可以随意设置的，并不只是单调的一种色彩。从读者的阅读效果出发，将文章中的文字颜色设置为最佳的颜色是非常有必要的。

文字的颜色搭配适宜是让文章获得吸引力的一个重要因素，因为它能够让读者在阅读文章时眼睛不疲劳，同时还能保持文章版式整体的特色，能够满足读者对阅读舒适感的需求，从而让文章获得更多阅读量。

运营者在进行字体颜色设置的时候，要以简单、清新为主，尽量不要在一篇文章中使用多种颜色的字体，这样会使整篇文章给读者一种调色盘的感觉。同时，文字的颜色要以清晰可见为主，不能使用亮黄色、荧光绿这类让读者看久了眼睛容易产生不舒适感的颜色，应尽量以黑色或者灰黑色的颜色为主。

(2) 图片的色彩搭配。图片同样也是微信公众号文章中的重要组成部分，有的微信公众号在推送的一篇文章中，就只有一张图片或者全篇都是图片。

图片色彩搭配适宜，主要需要做到以下几点。

● 图片清晰。

● 色彩饱和。

● 符合文章主题。

智慧锦囊　　　需要注意的是，微信公众号运营者如果要对文章中某一句话或者词进行特别提示，使读者能一眼就注意到的话，那么就可以使用一些其他颜色来对该文字进行特别标注，使其更显眼。

3. 控制好文字间的距离

在文字排版时，把握文字之间的距离很重要，尤其是对于用手机浏览文章的用户来说更是如此。控制好文字间的距离主要指的是文字 3 个方面的距离要适宜，即字符间距、行间距、段间距。

(1) 字符间距。字符间距指的是横向间的字与字的间距。字符间距宽与窄会影响到读者的阅读感受，也会影响到整篇文章篇幅的长短。

在微信公众号的后台，并没有可以调节字符间距的功能按钮。运营者如果想要对公众平台上的文字进行字符间距设置的话，可以先在其他编辑软件上编辑好，然后再复制粘贴到微信公众平台的文章编辑栏中。

文字的字符间距对微信公众平台上文章的排版是有一定影响的，并且会影响到读者的阅读体验。因此，微信公众平台的运营者一定要重视对文字间字符间距的排版。

(2) 行间距。行间距是指文字行与行之间的距离。行间距的多少决定了每行文字间纵向间的距离，行间距的宽窄也会影响到文章的篇幅。

在微信公众号后台图文编辑的页面中，共有 7 种行间距类型。通常，将行间距设置在 1.5 倍到 2 倍，其排版效果较好。

(3) 段间距。文字的段间距指的是段与段之间的距离。段间距的多少也同样决定了每段文字间纵向间的距离。

在微信公众号后台群发功能中，新建图文消息的图文编辑栏的段间距排版功能可分为段前距与段后距两种。这两种段间距功能都提供了 5、10、15、20、25 这 5 种间距选择功能。

运营者可以根据自己平台读者的喜好去选择合适的段间距。运营者要弄清楚读者喜好的段间距风格，可以采用给读者提供几种间距版式的文章让读者进行投票选择的方法来得到。

4. 选好文字的字体

给文章选择合适的字体，也是运营者排版工作中需要考虑到的一个事项。合适的字体能让读者在阅读文章时不用将手机离自己的眼睛隔得太近或太远，而且合适的字体能让版面看起来更和谐。

5. 段落首行缩进很重要

在微信公众号后台的群发功能中，新建图文消息的图文编辑栏设有首行缩进的功能。

关于段落首行缩进的秘密指的是，有时候运营者在编辑内容的时候，可能对一段文字在排版的时候已经设置了首行缩进，但是显示在手机上的时候，显示的却是向左对齐，这不免让人觉得很奇怪。其实这个问题是很容易解决的，运营者只要将编辑好的文字先"清除格式"，之后再进行"首行缩进"操作。这样就不会出现已经进行过首行缩进设置，显示在手机上的时候却依然是向左对齐的现象了。

6. 巧妙使用分割线

分割线是用于文章中将两部分内容分隔开来的一条线。虽说它叫分割线，但是它的形式不仅仅局限于线条这一种形式，它还可以是图片或者其他分割符号。分割线可以用于文章的开头部分，也可以用于文章的结尾部分。

在微信公众号后台群发功能中，新建图文消息的图文编辑栏设有分割线功能，但是它的分割线功能中提供的样式只有一种。运营者可以借助分割线将文章的内容分开来，这样能给读者提供一种提醒功能，同时也能增加文章排版的舒适感，给读者带去更好的阅读体验。对于微信公众平台提供的分割线样式少的问题，商家可以借助其他软件来设计更多的分割线类型。

7. 格式清除有必要

有时候运营者会在网上找自己想要的东西，看到合适内容后就会复制到微信公众平台的编辑栏中。但是需要注意的是，从网上复制内容的时候有的文章它会设有灰色底纹、蓝色底纹，而复制的时候运营者会将其原有的格式也复制过来，造成文章的整体底纹颜色不一样，这样会影响排版的视觉效果。

因此，当运营者从网上复制内容到公众平台的时候，就要进行"清除格式"的操作。在微信公众号后台群发功能的新建图文消息的图文编辑栏设有清除格式的功能。公众平台运营者单击"清除格式"按钮，就能清除复制痕迹。

8. 谨慎对待图文排版

虽然现在文章的内容形式有语音、视频等多种，但是大多数公众号的文章还是以图文结合为主。如果要说公众平台文章的排版，那就不得不提文章的图文排版。运营者在进行文章图文排版的时候，如果要想让版式看起来舒适就需要注意以下两点。

(1) 要整体统一。在同一篇文章中，使用的图片与版式要保持一致，这样给读者的感觉就会比较统一，有整体性。图片的版式一致指的是如果运营者在文章的前半部分用的是圆形图，那么后面的图片也应该用圆形图；同样，如果文章开始是矩形，后面的也都用矩形。

(2) 图文间距离。图文间的间距可以分为两种，一种是图片跟文字间要隔开一段距离，不能太紧凑。如果图片跟文字间距太小，会让版面显得很拥挤，给读者的阅读效果不佳。

另一种是图片跟图片之间不要太紧凑，要保持一定的距离。如果两张图片之间没距离，就会给读者是一张图的错觉。尤其是连续在一个地方放多张图片的时候，特别要注意图片之间的距离。

9. 实用的第三方编辑器

由于微信公众平台后台提供的编辑功能有限，只有最简单的文章排版功能，对使用微信公众平台的商家来说就难免显得太单调了，不能够吸引读者的眼球。

随着第三方编辑器的出现，很多运营者已不再使用微信公众平台自带的编辑功能，而是纷纷投入第三方编辑器的怀抱，因而微信公众平台上出现了各种各样版式的文章。

版式多样虽然能够吸引读者的注意力，但是如果在同一篇文章中使用过多的排版方式就会使版面显得很杂乱，反而会使读者在阅读文章的时候产生不适感。

因此，运营者在追求版式特色的同时也要注意版式的简洁，在一篇文章中不要使用太多排版方式。有时候简洁的版式反而会在众多杂乱的版式中自成一股清流，拥有自己的特色，吸引到更多读者。

10. 善于总结经验

运营者可以总结其他优秀公众号的排版经验，汲取它们中的优点，再根据自己的需要建立起属于自己的排版体系。

同时，在看见新颖、好看的排版版式的素材时，也可以将其收藏起来，建一个属于自己的素材库。这样不仅可以丰富版式资源，还可以节省很多寻找版式素材的时间，提高工作效率。

4.1.3 头尾版式的应用

在进行公众平台内容排版的时候，不仅要做好正文内容的排版，还要将文章开头、结尾的排版也做好。因为，有时候这些小细节也能给运营者的运营工作带来很不错的运营效果。下面就为大家分析一下开头、结尾版式的作用。

1. 开头增加关注

相信大部分人每天都会阅读微信公众平台推送的信息，那么大家注意到文章开头部分的排版有什么秘密吗？

每个微信平台上的文章，运营者都会在文章的开头处放上如图 4-3 所示的一段邀请读者关注公众号的话语或者图片。这段话、这张图片为什么要排在文章的开头呢？其实，把它排在开头的作用是为了让读者在点开文章的时候，就能够点击关注公众平台，以达到增加平台关注量的目的。

2. 结尾增加点击量

很多微信公众号，会在文章结尾处排版时留一个版面对平台之前已经推送过的文章进行推荐，以"人民网"公众号为例，它就是在文章结尾处排版时设置了"大家都在看"，如图 4-4 所示。

还有的公众号会在文章的最下面设置一个"阅读原文"的链接，如图 4-5 所示的公众号"辽宁联通"的一篇文章就是这样。这两种做法，都能给平台的运营者增加点击量。

图 4-3

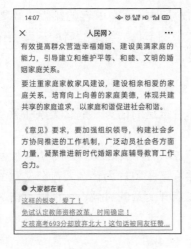 

图 4-4   图 4-5

4.1.4 第三方图文编辑器

对运营者来说，最常用的编辑器除了微信后台之外，还有秀米排版编辑器、135微信编辑器和 96 微信编辑器等，下面将分别予以详细介绍。

1. 秀米排版编辑器

秀米排版编辑器是一款优秀的内容编辑器，其官网网址为 http://xiumi.us/，用户进入秀米网站，就能看到秀米排版编辑器的首页，如图 4-6 所示。

图 4-6

2. 135 微信编辑器

135 微信编辑器(其官网网址为 http://www.135editor.com/)是一款提供微信公众号文章排版和内容编辑功能的在线工具，样式丰富，支持秒刷、收藏样式和颜色、图片素材编辑、图片水印、一键排版等操作，能轻松编辑微信公众号图文，如图 4-7 所示。

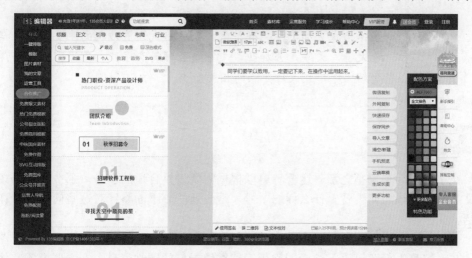

图 4-7

3. 96 微信编辑器

96 微信编辑器(其官网网址为 https://bj.96weixin.com/)是一款功能强大的微信公众平台在线编辑排版工具，提供手机预览功能，让用户在微信图文、文章、内容排版、文本编辑、素材编辑上更加方便，如图 4-8 所示。

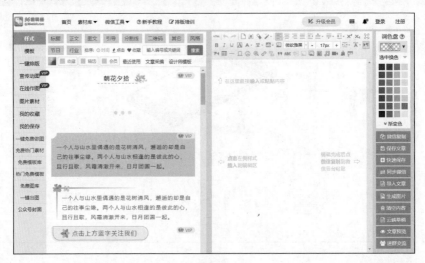

图 4-8

4.2 文字格式设计要点

本节导读　　运营者在微信后台编辑图文时，可以设置图文的字体格式，让字体格式更加美观、有特色。字体格式设置涉及的主要内容包括字号大小、文字是否加粗、文字是否倾斜和字体颜色等，本节将详细介绍文字格式设计要点的相关知识。

4.2.1 字号

文字字号，有大小之别，运营者可以根据需要设置合适的字号。那么图文消息中的文字字号应该如何设置？什么样的字号才是合适的？下面将针对这些问题进行详细介绍。

第①步　登录微信公众账号后，进入微信公众账号后台管理界面，单击【图文消息】后即可进入编辑图文页面，在编辑好的图文消息中选中要设置字体格式的文字，如图 4-9 所示。

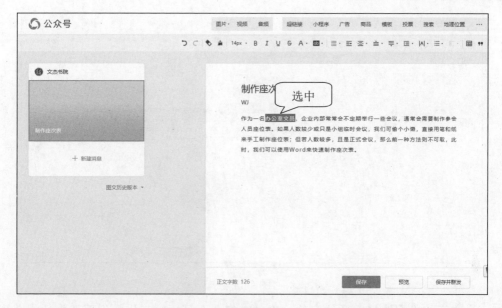

图 4-9

第 2 步　然后单击上方【字号】右侧的下拉按钮，执行操作之后，可以看见 8 种字号大小的选项，微信公众号后台的图文消息，字号大小一般默认为 16px，在这里将字号设置为 24，如图 4-10 所示。

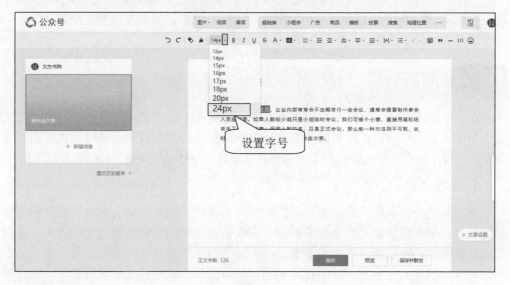

图 4-10

第 3 步　完成上述操作之后，选中的文字字体就会变成 24px，其效果如图 4-11 所示。

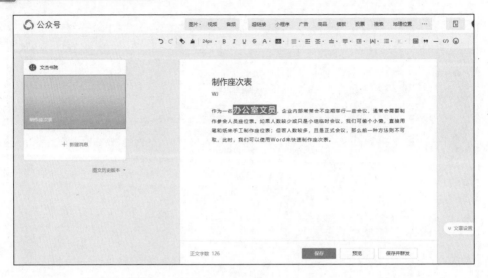

图 4-11

为文章的内容选择合适的字体，也是微信公众号排版工作中需要考虑的一个事项。合适的字体能让读者在阅读文章的时候，不用使手机离自己的眼睛太近或太远，而且合适的字体能让版面看起来更和谐。所以，一定要注意选择合适的文字字体，优化读者的阅读体验。

上面已经提及，微信公众平台提供了 8 种不同大小的字体设置选项，而 14px、16px、18px 和 20px 这几种字号的文字看起来比较舒服，因此在设置文字字体时，可以在这几种字号中选择。

4.2.2 间距

在文字排版时，文字间距的把握很重要，尤其对于用手机浏览文章的微信用户来说更是如此。字句决定了他们阅读的舒适度，而阅读舒适度对平台的引流也具有至关重要的作用。控制字句主要是指文字的距离要适宜，包括字符间距、行间距和段间距。

1. 字符间距

字符间距指的是横向间的字与字的间距，字符间距的宽与窄会影响到读者的阅读感觉，也会影响到整篇文章篇幅的长短，在微信公众号的后台并没有可以调节字符间距的功能按钮，所以运营者如果要对公众平台上的文字进行字符间距设置，可以先在其他的编辑软件上编辑好，然后再复制粘贴到微信公众平台的文章编辑栏中，文字的字符间距对微信公众平台上文章的排版是有一定影响力的，并且会影响到读者的阅读体验，所以微信公众平台的运营者一定要重视对文字间字符间距的排版。

在这里以 Word 为例来为大家介绍一下文字的字符间距。在 Word 中字符间距的标准有 3 种，分别是标准、加宽、紧缩。而这 3 种距离还可以根据个人的喜好进行调整。字符间距宽，同样字数的一段话，所占的行数就会多，反之则会少。

2. 行间距

行间距指的是文字行与行之间的距离，行间距的多少决定了每行文字纵向间的距离，行间距的宽窄也会影响到文章的篇幅长度。在微信公众号后台图文编辑的页面中，共有 7 种行间距类型，如图 4-12 所示。通常，将行间距设置在 1.5 至 2 倍之间的排版效果较好，视觉体验也会比较好，大家可以参考一下。

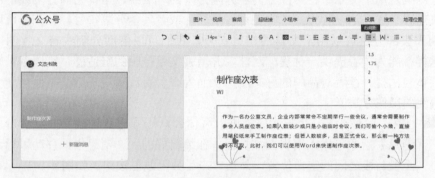

图 4-12

3. 段间距

文字的段间距指的是段与段之间的距离。段间距的多少也同样决定了每段文字间纵向的距离。在微信公众号后台，图文消息的段间距设置可分为段前间距和段后间距两种，这两种段间距功能都提供了 5、10、15、20、25 五种间距范围选择，如图 4-13 所示。

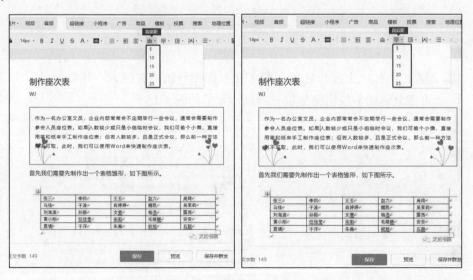

图 4-13

运营者可以根据自己平台读者的喜好去选择合适的段间距。运营者只要弄清楚读者喜好的段间距，就可以给读者提供几种间距版式的文章，让读者进行投票选择。从而得到读者喜好的版式。

4.2.3 使用分隔线引导视线

分割线是用于文章中将两部分内容分隔开来的一条线，虽说它叫分割线，但它却不仅仅局限于线条这一种格式，它还可以是图片或者其他分隔符号，分割线可以用于文章的开头部分也可以用于文章的结尾部分，我们可以借助分割线将文章的内容分开，这样就能为读者提供一种提醒功能，并增强文章排版的舒适感，给读者带来更好的阅读体验，提升读者对品牌的好感度，从而为平台引流奠定基础。下面详细介绍添加分隔线的操作方法。

第①步 登录微信公众账号后，进入微信公众账号后台管理界面，单击【图文消息】后即可进入编辑图文页面。在编辑好的图文消息中，移动鼠标，定位至段与段之间的空白位置，然后单击【分隔线】按钮，如图 4-14 所示。

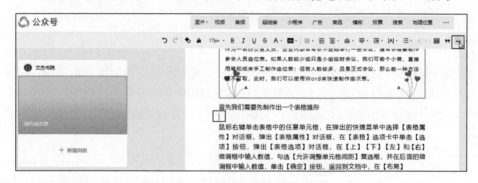

图 4-14

第②步 执行以上操作之后，即可在鼠标指针所在行插入一根分隔线，多次单击【分隔线】按钮会加粗分隔线，效果如图 4-15 所示。

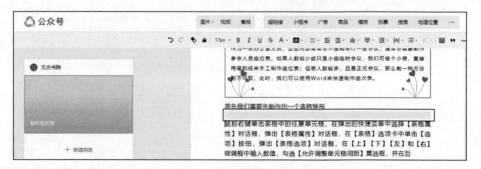

图 4-15

对于微信公众平台提供的分割线形式少的问题，运营者可以借助其他软件来设计更多类型，如图 4-16 所示为 135 微信编辑器提供的分割线样式。

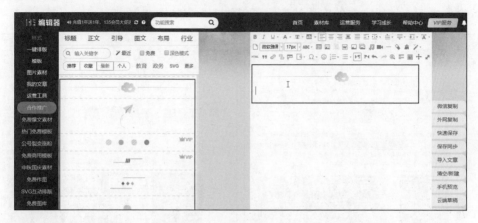

图 4-16

4.2.4 加粗显得更加醒目

运营者设置字号之后，还可以给字体设置是否加粗。下面介绍将字体加粗的操作方法。

第一步，运营者需要选中文字，第二步，单击上方的【加粗】按钮，如图 4-17 所示。执行操作之后，该段文字的字体就会被加粗，其效果如图 4-18 所示。

图 4-17   图 4-18

4.2.5 斜体能被注意到

设置完字体加粗后，运营者还可以将文字设置成斜体。下面详细介绍将一段文字设置成斜体的操作方法。

首先选中要设置斜体的文字，然后单击上方的【斜体】按钮，如图 4-19 所示。执行操作之后，该段文字的字体就变成了斜体，效果如图4-20所示。

图 4-19   图 4-20

4.2.6 颜色和谐才标准

如果有需要，运营者还可以为文字设置字体颜色，下面详细介绍设置颜色的操作方法。

第1步 首先选中准备添加颜色的文字，然后单击上方的【字体颜色】下拉按钮，系统会弹出一个颜色下拉列表框，选中准备应用的颜色。这里选择"#ff4c40"颜色色块，如图 4-21 所示。

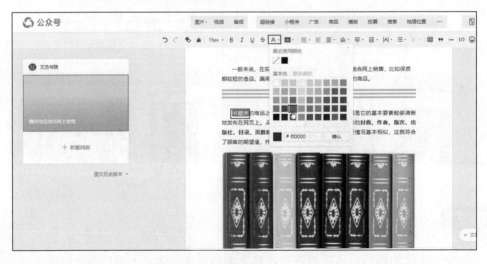

图 4-21

第 2 步　执行操作之后，可以看到选择的文字，已被应用上了选择的颜色，效果如图 4-22 所示。

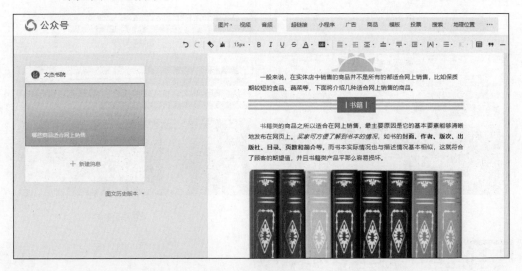

图 4-22

智慧锦囊　　上面提及的"#ff4c40"颜色色块，其实就是 RGB 表示法，只是这里采用的是十六进制颜色表示法，前二位(ff)表示红色，中间二位(4c)表示绿色，最后二位(40)表示蓝色。

4.2.7　让页面背景色更多彩

微信公众号后台默认的背景是白色的，如果运营者想为图文信息或其中的某一部分添加背景色，可以通过"背景色"功能按钮来设置，其操作方法与设置字体颜色的方法类似。

运营者要先选中内容。然后单击上方的【背景色】下拉按钮，就可以看到很多种颜色，这里选择"#0052ff"颜色色块，如图 4-23 所示。执行操作之后，这个颜色便会运用到选中的内容上，效果如图 4-24 所示。

从图 4-24 中可以看出，在微信公众号上设置背景色，其效果只会显示在有图文内容的部分，其他空白区域不会显示。如果运营者想要为整个版面添加底纹，可以先在 Word 文档中为内容添加底纹，然后再复制并粘贴到微信公众号后台上。当然，也可以通过其他编辑器设置好之后再同步到微信公众号上。

图 4-23   图 4-24

4.2.8 首行缩进使段落更鲜明

在图文排版中，设置首行缩进，可以让读者更清晰地辨别文章的段落。在微信公众号后台，是设有首行缩进功能的，如图 4-25 所示。

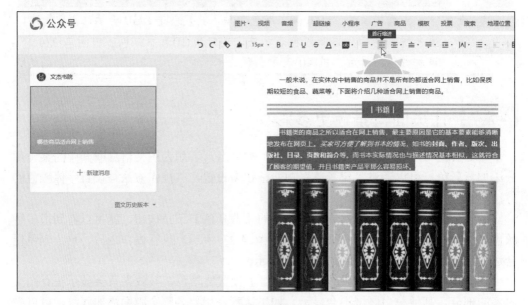

图 4-25

然而在运营过程中可以发现，在编辑内容时虽然为一段文字设置了首行缩进，但是在手机上显示却是左对齐，这不免让人觉得很奇怪。

其实这个问题很容易解决，运营者只要将在 Word 中编辑好的文本内容先"清除格式"，之后再进行"首行缩进"的设置操作，就不会出现已经进行过首行缩进设置而显示在手机上的时候却依然是左对齐的情形了。

4.2.9　内容直达用超链接

运营者在编辑图文消息的过程中，有时会提及前面推送的内容，一方面，从读者的角度来看，可以让他们便捷地了解更多内容；另一方面，从企业和商家的角度来看，也有利于消息的推广。

这时，就需要插入超链接，如果读者有兴趣和意向，就可以直接点击阅读了。下面详细介绍插入超链接的设置方法。

第 1 步　选中要设置超链接的内容，然后单击【超链接】按钮，如图 4-26 所示。

第 2 步　执行操作之后，弹出【编辑超链接】对话框，其中显示了输入超链接的两种方式，即"公众号文章"和"输入链接"。如果选择"输入链接"，则只要在下方的"链接网址"文本框中输入具体网址即可，这里我们选择【公众号文章】单选项，在当页如果有与链接内容相符的文章名称，则可以直接选中，如果没有，可以在【搜索框】中输入搜索内容，然后再选择相符的文章名称，最后单击【完成】按钮，如图 4-27 所示。

图 4-26

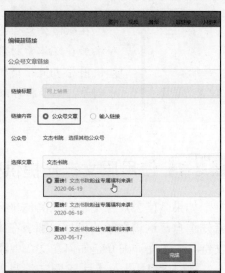

图 4-27

第 3 步　完成上述操作之后，即设置了插入超链接，其效果如图 4-28 所示。

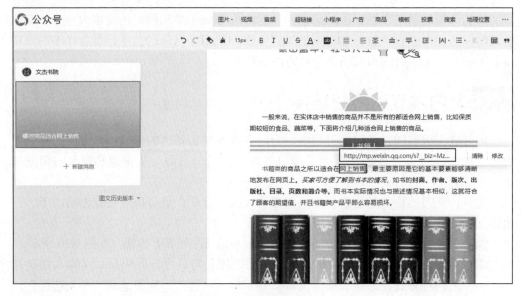

图 4-28

4.3 使用辅助图文做推广

本节导读

在微信公众号图文的编辑页面，除了可以进行文字格式的设置和添加多媒体素材外，还提供了多种功能辅助公众号运营和推广，如使用原文链接提供完整体验、使用留言功能实现互动交流和声明原创等，本节将详细介绍使用辅助图文推广的相关知识。

4.3.1 使用原文链接提供完整体验

如果微信公众号文章是从其他平台上转载或从某一本书中摘录的，运营者想要读者知道自己这篇文章的出处，那么在推送这篇文章之前，就可以选择在图文中添加原文链接。下面详细介绍如何在文章中添加原文链接的操作方法。

第 1 步 进入【新建图文消息】页面后，在该页面下方会出现一个【原文链接】复选框，选中该复选框，系统会出现相对应的输入框，在该输入框中输入该篇文章的出处网址，最后单击【确定】按钮，如图 4-29 所示。

第 2 步 当该篇文章推送出去之后，会在文章末尾看见"阅读原文"字样，读者只要单击【阅读原文】链接，即可跳转到输入的网址页面，如图 4-30 所示。

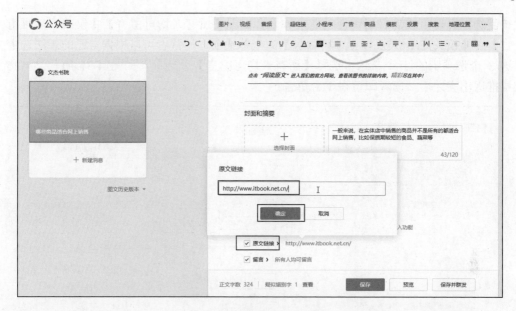

图 4-29

图 4-30

4.3.2 使用留言功能实现互动交流

运营者如果想要与读者进行互动，那么可以在文章末尾开启留言功能，让读者留言，从而实现与读者的互动，下面详细介绍如何在微信公众平台的图文编辑页面开启文章留言功能的操作方法。

进入【新建图文消息】页面后，在该页面下方会出现一个【留言】复选框，选中该复选框，即可成功启用留言功能，并且会出现【所有人均可留言】【仅关注后可留言】和【仅关注 3 天及以上才可留言】3 个单选项，运营者可以根据自己的想法选中这 3 个选项中的 1 个，这里选择【所有人均可留言】单选项，如图 4-31 所示。当文章推送出去之后，读者即可在平台留言。

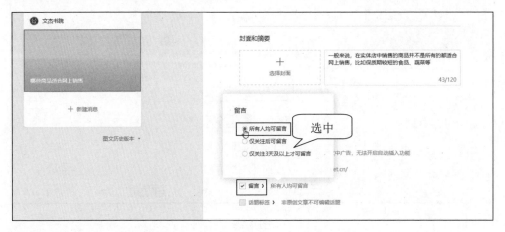

图 4-31

4.3.3 声明原创

如果运营者要推送的文章是自己原创的，那么就可以开启原创声明功能。下面详细介绍如何开启文章的原创声明的操作方法。

第 1 步　进入【新建图文消息】页面后，在该页面下方会出现一个【未声明原创】滑动按钮，将该按钮设置为选中状态，如图 4-32 所示。

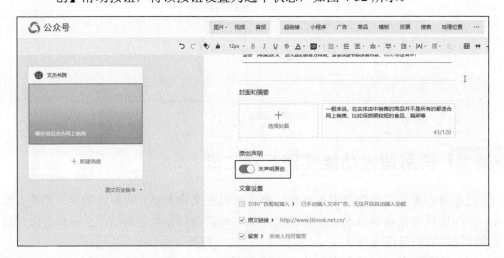

图 4-32

第 2 步　系统会弹出【声明原创】对话框，在【图文原创声明须知】页面，仔细阅读该页面的具体内容，选中【我已阅读并同意遵守】复选框，单击【下一步】按钮，如图 4-33 所示。

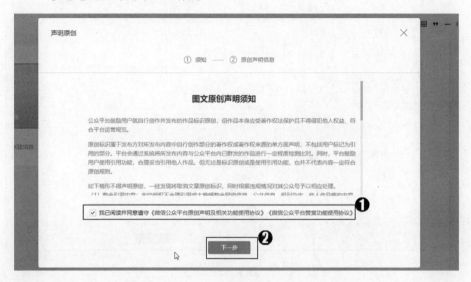

图 4-33

第 3 步　进入【原创声明信息】页面，填写作者的名称；选择文章类别；单击【确定】按钮，如图 4-34 所示。

图 4-34

第 4 步　执行操作之后，即可返回【新建图文消息】页面。运营者可以在该页

面下方看见【原创详情】信息，这样即可完成声明原创的操作，如图 4-35
所示。

图 4-35

4.4 封面和内文图片

正所谓酒香也怕巷子深，再好的内容如果不能吸引客户的注意
力，也难以获得满意的效果。所以优雅出众的封面图对于运营公众
号的运营者来说至关重要。细节决定成败，在微信公众号运营中，
一篇文章能够在 3 秒内吸引用户除了标题，其次就是封面图了。本
节将详细介绍封面和内文图片的相关知识及应用方法。

本节导读

4.4.1 封面图片

　　一篇文章是否能从众多公众号文章里脱颖而出，要看你的封面是否醒目、耀眼，
标题是否能让读者有点击欲。微信改版后，微信首图尺寸建议修改为 900px×383px，
以确保用户能够在消息框中看到完整、清晰和切题的封面图；标题的位置建议放在居
中的位置，因为当分享给好友或者朋友圈时，封面图呈现为正方形，此时封面信息居
中位置更能够引起读者的注意。

　　下面详细介绍在微信公众平台的【新建图文消息】页面中如何设置封面图片的操
作方法。

第1步 进入【新建图文消息】页面后，在该页面下方会出现一个【选择封面】按钮，将鼠标指针移动到上面，会显示【从正文选择】和【从图片库选择】两个选项，这里选择【从正文选择】选项，如图 4-36 所示。

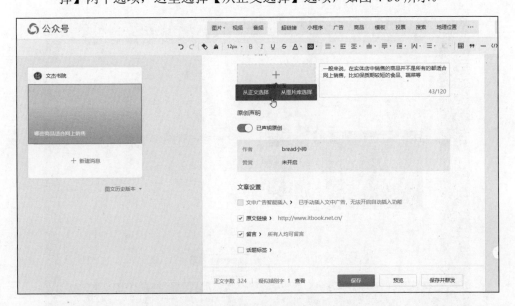

图 4-36

第2步 弹出【选择图片】对话框，*1.* 选择文章内已有的图片作为封面图片，*2.* 单击【下一步】按钮，如图 4-37 所示。

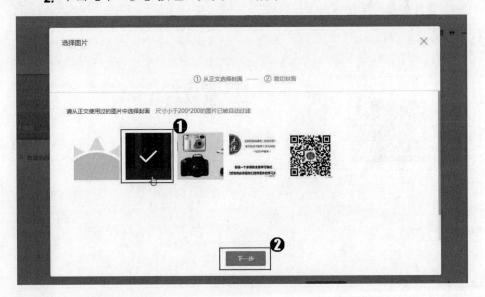

图 4-37

第 3 步 进入下一页面，**1.** 在【裁剪封面】区域下方，移动鼠标指针到需要裁剪的位置，并且在【预览封面】区域下方，可以预览不同订阅用户所看到的封面，**2.** 单击【完成】按钮，如图 4-38 所示。

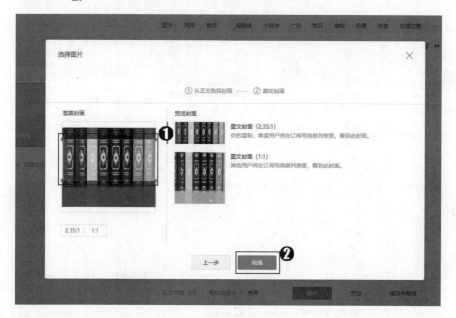

图 4-38

第 4 步 返回【新建图文消息】页面，在最左侧，可以看到已经设置好的封面图片效果，如图 4-39 所示。

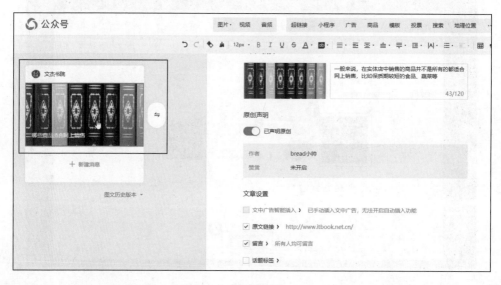

图 4-39

第 5 步　如果在第一步骤中选择【从图片库选择】选项，系统会弹出【选择图片】对话框，运营者可以在此页面中选择图片库中已存在的图片，或者直接单击【上传文件】按钮，如图 4-40 所示。

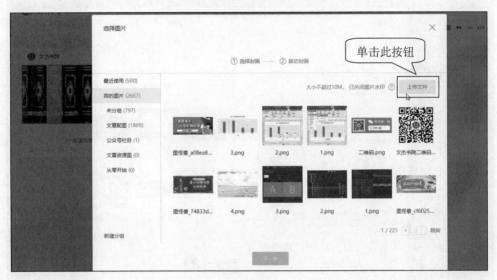

图 4-40

第 6 步　弹出【打开】对话框，1. 选择准备上传的图片(即要作为封面的图片)，2. 单击【打开】按钮，如图 4-41 所示。

图 4-41

第⑦步 弹出【选择图片】对话框，*1.* 可以看到选择的图片已被上传至图片库，选择该图片，*2.* 单击【下一步】按钮，如图 4-42 所示。

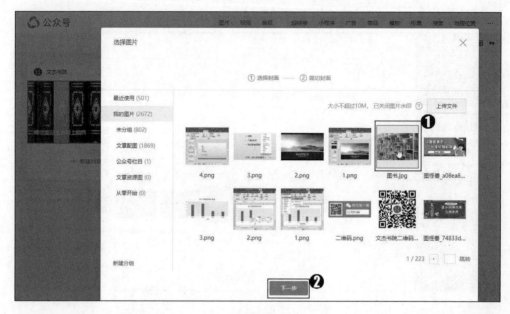

图 4-42

第⑧步 进入下一页面，*1.* 在【裁剪封面】区域下方，移动鼠标指针到需要裁剪的位置，并且在【预览封面】区域下方，可以预览不同订阅用户所看到的封面，*2.* 单击【完成】按钮，如图 4-43 所示。

图 4-43

第**9**步　返回【新建图文消息】页面，在最左侧，可以看到已经设置好的封面图片效果，这样即可完成在微信公众平台中设置文章封面图片的操作，如图 4-44 所示。

图 4-44

4.4.2　正文配图

正文中的配图，大多数具有对文章内容进行补充说明的作用，以帮助读者理解记忆。下面详细在微信公众平台中如何设置正文配图。

第**1**步　进入【新建图文消息】页面后，在该页面上方有一个【图片】按钮，单击该按钮即可弹出一个下拉列表框，用户可以从中选择【本地上传】或【从图片库选择】，这里选择【本地上传】选项，如图 4-45 所示。

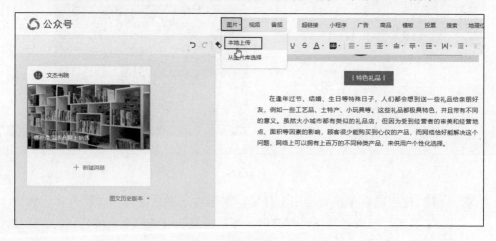

图 4-45

第2步 弹出【打开】对话框，*1.* 选择准备上传的图片(即要作为封面的图片)，*2.* 单击【打开】按钮，如图 4-46 所示。

图 4-46

第3步 返回【新建图文消息】页面，可以看到已经将所选择的图片作为正文配图上传到文章中，如图 4-47 所示。

图 4-47

第4步 使用鼠标单击文章中上传完毕的图片，系统即可在该图片上方弹出一个工具条，运营者可以进行裁剪、图片替换和自适应手机屏幕宽度等操作，如图 4-48 所示。

图 4-48

　　一篇出色的公众号文章肯定不是只有单纯枯燥的文字、表格，还必须有丰富的图片与内容交相呼应。使用正文配图用户还需要注意以下几点事项和技巧。

1. 配图的大小

　　当图片体积较大或尺寸较大时，公众号后台会把我们的图片进行压缩处理。所以我们必须优化一下图片的体积。图片的宽度，建议不超过 640 像素，如果图片很小，最好不要小于 320 像素。

2. 图片的版权

　　微信很早就已经在内测图片版权了。最直观地说，你转载了别人的原创图片，会自动标注其来源。所以，配图最好也能做到原创。如果感觉原创起来难度有点大，可以找一些无版权可商用的图片。

3. 其他注意事项及技巧

　　在挑选微信公众号文章正文的图片时，要选择与微信公众号文章正文内容相近的图片。在挑选这些图片时也要注意图片内容、色彩冷暖的一致性。而且微信公众号文章正文图片要与微信公众号文章封面图相呼应。配图和文字之间有空隙可以增强观赏性，建议在图片上下一定要各空一行。图片下方可以添加注释，如果是原创的图片，可以加上解释说明。如果是非原创的图片，可以标注一下图片出自哪里，这样也能规避不少风险。

4.4.3　设计封面图的注意事项

　　对公众号来说，封面图可发挥门面的作用，好看的封面图会吸引用户打开文章，如果封面图平平无奇的话，就会让人一掠而过，不会被吸引，更不会被打开了。那么，想要设计好看的公众号封面图，要注意哪些地方呢？下面提出一些建议供用户参考。

1. 图片尺寸

经常看的公众号会展现大图，尺寸是 900×383；不经常看的公众号会展现小图，尺寸是 200×200。要想制作一个好看的公众号封面图，尺寸方面一定要按照标准制作，不然上传之后就会变形，之前所做的一切努力都白费了。按照这个尺寸制作，效果较好，这也是后续工作的基础。

2. 风格统一

根据公众号定位，选择合适的封面图风格，而且要一直坚持下去。如果你的封面使用漫画插图，就不要突然使用实物图片，除非你已经做好了要调整的准备，以后都想换风格。整齐划一的封面图会让人有专业的感觉，一看到封面就知道是你的公众号，也会发展成一种风格和品牌。公众号封面图比较受欢迎的风格有这几种：插图文艺风、漫画风、经典影视风、简约时尚风以及立体效果。看看公众号内容适合哪种风格，就可以使用哪一种。

3. 使用 Logo

看的公众号多了，就会发现很多公众号都会把 Logo 放在封面图上，有的放在侧面，有的放在角落，有的放在正中或中上方。跟背景图案共同组成一个整体，让人在不看标题的时候一眼就知道这是谁的公众号。这也是加深用户的印象，塑造品牌意识的一种有效的方法。

4. 设计简洁，颜色雅致

在制作公众号封面图的时候，设计要简洁，颜色要雅致，画面不要太满，应尽量将主体放在中间，并注意留白。在颜色的使用上，可以选择几种，不要选择太多颜色，像打翻了调色盘，给人一种紧张错乱的感觉。色彩干净凝练，让人有想要读下去的欲望，也能消除内心的焦躁和不安。设计好的封面图可以一直使用，根据每天主题的不同，改变上面的文字即可。

5. 跟主题相关

如果公众号是小说故事类，即使使用固定的封面图模板，也不会有什么影响。但如果公众号是新闻类，资讯类，有的就需要根据每天新闻头条的不同，选择与主题相关的图片，修改成自己想要的样式，这样能够让人更加明白文章主要的内容是什么。

以上就是在封面图制作的过程中需要注意的地方了，封面图是用户对公众号的第一印象，至关重要，一定要认真对待。

智慧锦囊　　除了直接从订阅号消息列表点进去会看到封面图之外，我们在查看一个订阅号的历史消息时也会看到完整的封面图，这种情形大多出现在你新发现一个账号，查看历史消息决定要不要关注它时。

4.5　编排一篇文章

本节导读　　本小节将以"135 编辑器"为例，详细介绍使用编辑器编辑一篇文章的方法，包括在编辑区中输入文章、搭配合适的样式、搭配颜色、"微信复制"将文章粘贴到公众号中。将这些步骤全部完成，作为运营者即可编辑出一篇非常精美的文章。

4.5.1　在编辑区输入文章

135 编辑器是一款简单易上手的在线图文排版工具，平台有丰富的排版模式、模板和图片素材，下面将详细介绍在编辑区中输入文章的操作方法。

第1步　进入【135 编辑器】主页面后，在文本编辑框中，运营者可以直接输入文字，也可以导入网页里的文章和存储在计算机本地的文档，文本编辑框的位置如图 4-49 所示。

图 4-49

第2步 运营者在文本编辑框中输入文字后，如果还需要配图，定位准备插入
图片的位置后，再单击上面工具栏中的【单图上传】按钮，如图 4-50 所示。

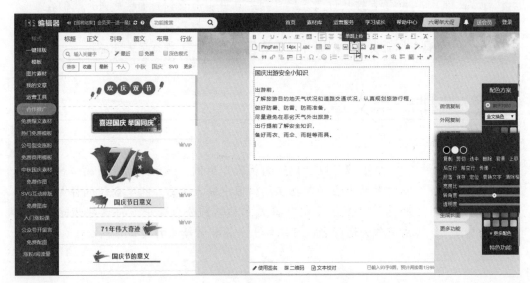

图 4-50

第3步 弹出【打开】对话框，**1.** 选择准备应用的图片，**2.** 单击【打开】按
钮，如图 4-51 所示。

图 4-51

第4步 返回编辑区，可以看到已经将所选择的图片应用到所编辑的文字下

方，这样即可完成在编辑区中输入文章的操作，如图 4-52 所示。

图 4-52

4.5.2 搭配合适的样式

使用 135 编辑器，运营者可以在左侧的样式展示区中，选择自己喜欢的样式，套用在文章里，从而让自己的文章更加精美，下面详细介绍其操作方法。

第 1 步　首先在文本编辑框中选中准备应用样式的文字，然后单击左侧准备应用的样式，如图 4-53 所示。

图 4-53

第 2 步 可以看到选中的文字已被应用在左侧的样式，这样即可完成搭配样式的操作，效果如图 4-54 所示。

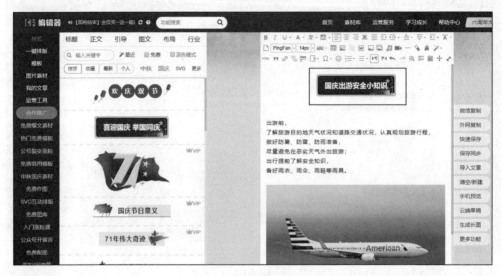

图 4-54

4.5.3 搭配颜色

使用 135 编辑器，运营者可以在右侧的配色条中，将样式设置成自己喜欢的颜色或者品牌色，下面详细介绍搭配颜色的操作方法。

第 1 步 在右侧的配色条中单击下拉按钮，选择【选中区】选项，如图 4-55 所示。

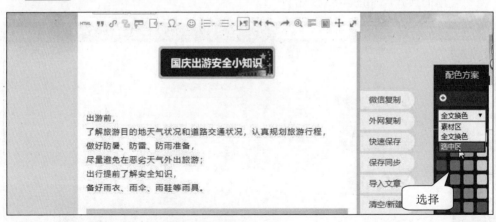

图 4-55

第 2 步 在文本编辑框中选中需要搭配颜色的文本，然后在配色条中选择准备搭配的颜色，如图 4-56 所示。

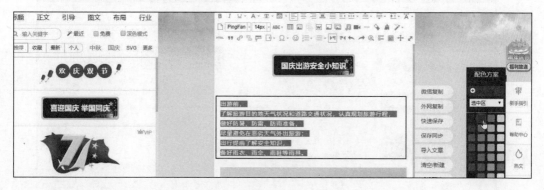

图 4-56

第 3 步　可以看到选中的文字已被应用在右侧搭配颜色，这样即可完成搭配颜色的操作，效果如图 4-57 所示。

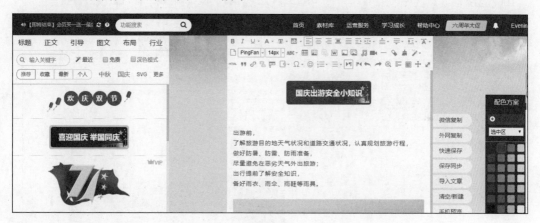

图 4-57

4.5.4　"微信复制"将文章粘贴到公众号中

编辑好文章后，运营者可以使用编辑器中的【微信复制】功能，将文章粘贴到微信公众平台，从而完成公众号文章的编辑，下面详细介绍其操作方法。

第 1 步　编辑好文章后，单击编辑器右侧的【微信复制】按钮，如图 4-58 所示。

第 2 步　进入微信公众号【新建图文消息】页面后，在编辑区中，按下键盘上的 Ctrl+V 组合键，即可将在编辑器中编辑好的文章全部复制到这里，这样即可完成将文章粘贴到公众号中的操作，效果如图 4-59 所示。

图 4-58

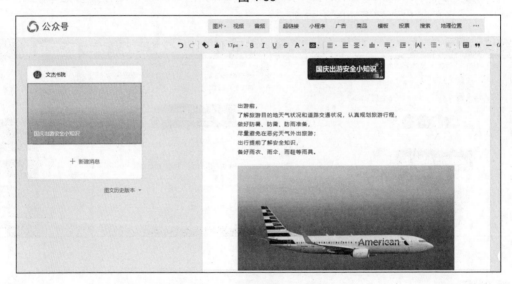

图 4-59

第 5 章　微信公众号引流与吸粉

　　本章主要介绍了有针对性地挖掘粉丝、利用微信寻找粉丝的有效途径、学会使用 QQ 推广、公众号引流方法和朋友圈吸粉方面的知识与技巧，同时还分享了常见的引流吸粉平台。通过本章的学习，读者可以掌握挖掘粉丝为公众号吸粉方面的知识，为深入学习微信公众号·短视频线上运营与推广知识奠定基础。

5.1 有针对性地挖掘粉丝

本节导读

吸引粉丝是一个漫长的过程，前期内容的积累很重要。与传统的"寻找"粉丝不同，互联网时代更多的是"吸引"粉丝，靠抄袭转载的微信账号很难长久发展，而个性十足的公众号会吸引对胃口的粉丝。本节将详细介绍有针对性地挖掘粉丝的相关知识。

5.1.1 公众号阅读的特点

网友在使用微博阅读信息时，大多是为了看当下最流行的资讯、热门话题、好友的最新动态等。而微信公众平台是一个私密化的空间，用户们可以随时随地使用手机进行私人化的阅读，因此微信公众平台上的内容与微博还是有较大的区别的。那么，微信公众平台的阅读有哪些特点呢？

1. 碎片化阅读

手机是在等公交车、排队时的移动阅读设备。粉丝大多是在零碎时间首先阅读信息，并与微信内的好友进行互动，其次才会查看微信公众平台上的信息。因此，微信公众平台上的内容不能太长，因为平台上的粉丝在查看内容时，很可能还没看完就要忙其他的事情了，等他忙完后或许已经想不起来刚才查看的内容了。

2. 主动添加

微信、QQ、微博等都是主动关注或添加的。不管是被活动吸引，还是被某位"大 V"所打动，粉丝都会主动去关注这些平台。这就意味着，粉丝希望能从这些平台上得到他们想要的内容，例如八卦、资讯、生活智慧等。因此，运营者在了解了目标人群的需求后，可以根据这些需求来让用户主动添加，达到吸粉的目的。例如，用户在朋友圈看到好友分享的消息后，想要查看更多的消息，就会找到该公众平台，通过查看历史消息来判定要不要关注该平台。如果用户觉得该平台还不错，就会主动关注，如图 5-1 所示。

3. 互动性强

当用户关注运营者的微信公众平台后，运营者应根据粉丝的喜好将内容推送到粉丝的手机上。如果这个内容引起了粉丝们的兴趣，他们会通过微信聊天功能来与运营者进行互动。这种互动模式是随时随地的，并且具有私密性，能够拉近运营者与粉丝

之间的距离。甚至有些平台为了增加趣味性和互动性，开通了自动回复功能，如图 5-2
所示。

图 5-1

图 5-2

4. 传播便捷

微信是一个私密空间，在朋友圈内评论信息时，如果评论者不是用户的好友，几
乎看不到所评论的内容。微信公众平台也是一个私密空间，无论粉丝在平台上说了什
么话，只有运营者能在后台看见。想要把这些内容告诉给其他好友或粉丝，只能通过
分享。因此，粉丝看到好玩的内容后想要告诉好友，就必须分享。要想分享给好友，
粉丝大多会一键分享到朋友圈，从而形成二次传播。

微信公众平台上的交易是不强迫的，因为运营者无法主动私信粉丝。运营者唯一
要做的，就是通过内容让粉丝们喜欢，让他们愿意主动分享或前来询问，为粉丝们带
来快乐、积极的购物体验。

5.1.2　推广该不该花钱

推广到底花钱还是不花钱？这本来不是一个问题。只是网络上流传着太多的白手
起家的"现代神话故事"，干扰了很多刚踏进微信营销之路的运营者的判断。一切营
销活动都为结果负责。对于很多草根创业者和微信营销新手来说，在能省的地方就应
尽量省，能不花钱做推广就不花钱来做。在很多互联网场景下，确实有很多方式可以

免费进行推广。

不过采用免费的方式去推广往往意味着低效率和耗费较高的时间成本，而互联网产品的窗口期往往就那么一两年甚至几个月。砸钱推广就意味着用户量迅速上升，从某种意义上来说，砸多少钱就能带来多少用户，此时只需考虑砸钱的转换效果如何。而砸钱换来的粉丝能不能留得住，那又是考验基本功的另外一回事。

所以微信营销推广就像谈恋爱一样，运营者就是追求者，用户就是小姑娘。运营者可以选择"早请示、晚汇报、嘘寒问暖"这种免费的推广方式，慢慢地和姑娘套近乎，渐渐地让姑娘对你产生信任感，继而发生更美好的事情。或者直接上来就砸钱，迅速搞晕姑娘。这两种方式都没有错，其实就是用钱来买时间，或者就是用时间来省钱，关键是选择哪一种方式对你的微信账号性价比高。

因此，微信公众账号的推广不必纠结花钱推广还是不花钱推广，只要能获得效果，就都可以。任何推广手段的目的只有一个，就是不断积累用户，积累粉丝，提升账号的影响力。判断推广方式优劣的唯一标准就是效果。当然，大部分草根运营者手里一分钱恨不得掰成两半花，因此免费推广有免费的玩法，砸钱推广有砸钱的玩法。

5.1.3 迅速找到种子用户

什么是种子用户？种子用户，顾名思义，就是能"发芽"的用户，具备成长为参天大树的潜力。种子用户可以凭借自己的影响力，能吸引更多目标用户，是有利于培养产品氛围的第一批用户。在进行推广之前，我们需要迅速找到种子用户。

对于一个全新的微信公众账号，第一个用户必定是该账号的运营者，第二个用户最好是公司的老板(公司类型公众号)。然后以整个部门整个公司类推，前 100 人最好都是你认识的人。

对于一个全新的微商号，首批粉丝一定是你朋友圈中适合某款产品的朋友。对于一个全新的自媒体号，首批粉丝一定是让你决心转型做自媒体的铁杆粉丝。做营销并不是丢人的事情，做微信公众号营销、做微商也毫不丢人。种子用户完全可以是你的亲朋好友，你只要大胆地向他们开口求关注。

不过此时有个细节需要注意：微信群发求关注会让你显得毫无诚意，转换率也比较低。我们可以简单地把每段求关注的语言加上对方的姓名。例如，常见的求关注语言"请关注×××账号，为您提供最新的×××资讯，加微信公众号×××"，这种语言声音生冷，很容易当作广告内容被忽略。我们可以改成"美美，我是帅帅，我现在做一个关于×××的账号，刚刚开始做，看在我们多年友谊的情面上，关注一下啦，账号是×××，么么哒～"，然后送上 5 毛钱的红包，所谓"吃人家嘴短，拿人家手软"，这种情况下，种子用户数量自然就上去了。

我们获得的种子用户，在很大意义上是为了鼓励运营者自己。所有微信公众账号、微商账号、微信自媒体账号在起步期，都面对个位数的阅读量，面对两位数的粉丝，运营者非常容易感到孤单寂寞。而来自熟人的良好互动，至少不会让你感到你做的事情毫无意义，这一点非常重要，这也是逆向用户体验，这里的用户就是运营者自己。

如果运营专业性比较强的微信公众账号，身边朋友是种子用户的不多，这个时候，需要到各种目标用户扎堆的地方去"偷人"，各种专业论坛是"偷人"最好的地方。

5.1.4　精准挖掘潜在粉丝的方法

随着"微时代"的到来，微博、微信逐渐被更多的人所接受和认可，成为人们日常生活不可缺少的一部分。微信推出全城定位搜索功能，企业足不出户就能锁定潜在粉丝人群，然后利用微信及时发送文字、图片、音频甚至视频信息，达到精准挖掘潜在粉丝的目的。

老粉丝是企业稳定收入的来源，是企业发展的基石。然而，挖掘新粉丝与稳定老粉丝有着同等重要的地位。新粉丝的加入为企业注入了新的血液，特别是大的潜在粉丝的加入会对企业盈利产生重大影响。拓展新粉丝、挖掘潜在粉丝的方法有很多，以下提供几种可借鉴的方法。

1. 一丝不苟、地毯式搜索

企业利用微信通过各种方式接近粉丝，即在粉丝购买商品或者接受服务之前，企业努力接近粉丝并相互了解。接近粉丝可采用如下方法。

- 派发宣传资料。
- 馈赠。
- 以调查等名义接近粉丝。
- 利益诱导。

2. 千方百计、广告搜索

所谓广告搜索是指利用各种广告媒体寻找粉丝的方法。只需在广告上放上二维码让粉丝扫就可以了。利用广告媒体的方法多种多样，如在杂志广告版面的底部提供二维码优惠券或者抽奖券等。还有目录营销法，就是通过印刷产品目录推介册结合广告形式挖掘潜在粉丝。另外，利用好专业搜索引擎，通过搜索有价值的关键词查询粉丝。

3. 借题发挥、切中要害

这种方法指在某一特定的区域内选择一些有影响的人物，使其成为产品或服务的消费者，并尽可能取得其帮助或协作。此法的关键在于"有影响的人物"、即那些因地位、职务、成就或人格等而对周围的人有一定影响力的人物。

4. 环环相扣、连锁反应

这是指通过老粉丝的介绍来寻找其他粉丝的方法。它是有效开发市场的方法之一，而且花时不多。你只要在每次访问粉丝之后，问有无其他可能对该产品或服务感兴趣的人。第一次访问产生两个粉丝，这两个粉丝又带来 4 个粉丝，4 个粉丝又产生 8 个，无穷的关系链可一直持续发展下去。还有一种方法是你要让你身边的人知道你是干什么的，销售的是什么产品或服务，他们可能介绍或推荐别人购买。

5. 七嘴八舌、滔滔不绝

这是指利用专题讨论会的形式来挖掘潜在粉丝。这也是越来越多的公司寻找潜在粉丝的方法之一，又称"会议营销"，因为来参加讨论会的听众基本上都是对产品或服务感兴趣的人，都是合格的潜在粉丝。

6. 八面玲珑、所向披靡

这主要是指通过公关手段挖掘潜在粉丝。通过策划并组织公关活动来获得并挖掘潜在粉丝，如会议招商法，通过组织会议或论坛的形式与参会者建立联系，从中寻找粉丝。

7. 持之以恒，邮件寻找

这是指通过发送邮件的方式来寻找潜在粉丝。

8. 不计其数、资料查询

信息载体有很多，如专业的报刊、图书、企业登记的信息公布、网络黄页等，你可以利用他们来收集潜在粉丝信息。另外还可以通过关键词搜索、行业网站搜索、网络微博征集等方式来搜索。

9. 一举两得、以旧代新

这是指利用老粉丝为你推荐新粉丝，也称"以旧带新"，毕竟由老粉丝推荐来的新粉丝成交率更高。

10. 穿针引线、中介搭桥

这是指利用中介的粉丝资源来找到你所需的粉丝，中介通常是从事为供应者、需求者提供供求信息服务的组织，手中掌握着大量潜在粉丝的信息，如果可以利用他们的粉丝源寻找到自己的潜在粉丝，也不失为一种行之有效的方法。

11. 备受瞩目、展会收集

展会具有广泛性、集中性、直观性、群众性、综合性等特点，与会者包括上游供货商、下游经销商、采购商、潜在粉丝等诸多群体，可以说与会人群密度极高、行业关联度也极高，如果企业能积极投身其中，那么将获益良多，可以通过展交会现场对那些有意向的潜在粉丝进行现场登记，从而获得企业所需要的资料。

12. 学为己用、竞争抢夺

企业及销售员要想知道潜在粉丝是谁，那么就看看企业最直接的竞争对手的粉丝是谁。竞争对手的粉丝也往往是企业的潜在粉丝，因此企业可以通过掌握竞争对手的销售渠道，发现竞争对手产品(或服务)的购买者。

13. 互通有无、信息交换

企业要在销售过程中多交圈子里的朋友，并与这些同行们建立紧密的联系，或许他们能够提供很多有价值的粉丝信息，帮你有效提高销售的工作效率。

5.2　利用微信寻找粉丝的有效途径

本节导读　随着微信用户的崛起，微信营销应运而生，成为营销新星。海量的用户在商家眼中就是海量的市场，尤其目前就微信平台而言，还不会使商家们产生很大的成本，然而，微信和微博各有属性，微信营销与微博营销也各有不同。那么对于企业来说，企业微信营销该如何挖掘精准的用户呢？本节将详细介绍一些利用微信寻找粉丝的有效途径。

5.2.1　二维码营销

二维码时代已经来临，它正在成为中国商家进行营销推广的新方式。它输入速度快、准确率高、成本低、可靠性强，而且能容纳大量的信息，动静皆宜，是人们网上购物、网上支付、网上浏览商品的方便入口，为品牌电商营销开拓了新的天地。与此同时，二维码的形态能激发消费者的好奇感和浏览欲，当消费者闯入到这个神奇的世界里，离订单的生成也就靠近了一步。

二维码正在成为中国商家进行营销推广的新方式。用户利用手机二维码对商品或服务进行搜索和浏览，通过扫码还可以查询打折，方便地进行网络购物和网上支付，目前较成熟的二维码应用为电子支付凭证。随着移动互联网时代的到来，位置服务、机票订购、酒店服务和团购等都可以利用手机二维条形码实现，这既方便用户检索、存储商品信息，也方便用户消费。二维码主要有以下 5 个作用。

第一，打折。用户通过扫描手机二维码，可以在移动互联网上即时获得商户详情、打折信息、产品介绍等内容。

第二，比价。二维码瞬间可扫描出商品结果，速度非常快，之后即可联网查看相关信息，如简介(包括商品名、封面、主要内容等)、评论和网上售价等，用户可以分别在比价记录和浏览记录中查看。

第三，支付。商家可把账户、价格等交易信息编码成二维码，并印刷在各种报纸、杂志、地铁等载体上发布；用户使用手机扫描二维码，便可实现与商户支付宝账户的支付结算。

第四，查询。消费者只需通过带摄像头的手机拍摄二维码，就能查询产品的相关信息，查询的记录都会保留在系统内，一旦产品需要召回就可以直接发送短信给消费者，实现精准召回。

第五，体验式购物提升品牌认知度。二维码凭借其一键连接线上线下的功能，因而可以大大提升营销活动的趣味性和参与的便捷性，从而吸引众多消费者参与品牌组织的活动，进而与之建立互动关系。用户通过手机摄像头扫描二维码或输入二维码下面的号码、关键字即可实现快速手机上网，快速便捷地浏览网页、下载图文、音乐、视频、获取优惠券、参与抽奖、了解企业产品信息，为消费者省去了在手机上输入URL 的烦琐过程，实现一键浏览。此外，条码识别应用也为平面媒体、增值服务商和企业提供了一条与用户随时随地沟通的渠道。

在线上营销方面，微信所表现出的及时性、个性化、互动性更强的优势，无疑使微信走在时代的前沿。移动新媒体+二维码的全新品牌推广模式，将精准消费者群从店面引导到线上，再在线上不断地推进与消费者的互动，传递企业信息，培养新的消费习惯，这对于提升品牌价值意义非凡。随着合作商家的增多，微信+二维码的模式必将形成新的消费方式和时尚。加上公众平台，微信正为企业提供一个双向沟通，多样化的品牌推广平台，也将反向拓展亿级消费空间。

除了方便信息大之外，手机二维码营销手段的第二个优势就是可以监控营销效果，从而作为之后营销策略的借鉴。企业二维码营销的主要目的是扩大营销面、开发移动网络市场、推广品牌。除此之外，还有实现线上线下互动、追踪分析客户的真实需求，缩小营销范围。二维码的营销解决方案具体实施步骤该如何进行呢？如图 5-3 所示。

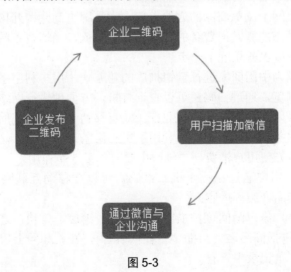

图 5-3

二维码无疑是在 O2O 模式基础上发展起来的，利用双线推广的方式，有效地把线上和线下结合起来，形成新的用户消费体验，达成商家电子商务的交易。

(1) 建立电子商务行业手机随着智能手机的普及，更多的用户通过手机来浏览信息，建立移动网站可打开新的销售之门。它的优势在于便捷、随时随地化、广泛、投入小等。

(2) 移动网站功能开发，如："点呼叫"功能，一键单击即可跟客服通话，便捷时尚；手机支付功能，通过简单操作就可完成支付功能、提升功能。

(3) 针对行业特点推广手机网站，建立手机网站便于用户随时查看，有针对性地推广能增加业务曝光率，大幅度提升销售业绩，给行业带来更多利润。

(4) 通过数据分析，了解用户的真实需求，调整、推广策划，做有效果的营销。

(5) 联合线下媒介，把用户从线下带到线上，为线上增添更多有效用户。

(6) 针对以上循环式营销方案再增添二次营销，对老客户和准客户进行短信或彩信营销，提升行业业绩。

(7) 开发手机客户端，无疑为行业带来固定的消费群体，利于行业做大做强。

(8) 社交平台。由于社会化媒体的普及，你的二维码可以连接到你的网页或者社交媒体，如微博、微信等，通过这种方式，用户通过扫描可得到企业传递的信息。

(9) 新闻事件发布。这里所谓的新闻事件其实就是大家所关注的事件。企业在稿件中要学会利用二维码，尤其是增加二维码的能见度。这样客户在读完你的新闻内容之后，就会有兴趣关注你，从而引发他对企业的关注。

(10) 印刷品广告。可以在名片等平面介质上放二维码，将客户导向企业或产品促销信息页。这种方法的操作性非常强，你想让客户传递扫描什么内容，即可在生成二维码之前编制什么样的内容。

综上所述，二维码可以更好地为运营者开拓客户，只要留心观察就会有所发现，越来越多的企业都在它们的传单、明信片、广告牌、咖啡杯等几乎所有能营销的工具上都放置了二维码，只要用户扫描二维码，他们就可以随时获得想要的信息。

5.2.2　微信会员卡

微信的微生活会员卡是针对地标购物中心的营销方式，通过微信扫描商场二维码获得微生活会员卡，可享受商家的优惠，获知商家优惠信息和一些特权优惠政策，如图 5-4 所示。该方式适用于餐饮、商场、超市、百货等行业，例如北京朝阳大悦城是首批使用微生活会员卡的商家，通过商城广告位的海报宣传，使用微信扫描二维码免费获得会员卡，同时开卡有礼，有机会获得 QQ 公仔、抱枕或可乐等，获得了不错的营销效果。

对于商家而言，发行微信会员卡的三个步骤为用户导入、使用会员卡和商家营销。商家可以用文本、图片、音乐、语音、视频等多媒体形式营销，给用户传递需要的信息，建立更好的忠诚度。事实上，微信会员卡便捷的开卡模式、方便的优惠途径确实受到了用户欢迎。用户不用定制会员软件、不用制卡成本、不用用户填写、不用留存任何纸张、不用服务员的引导，只要拿出手机，四次轻触手机，5 秒钟就可以把一张卡发出去，极具效率。

图 5-4

微信会员卡通过在微信内植入会员卡，基于全国众多的微信用户，帮助企业建立集品牌推广、会员管理、营销活动统计报表于一体的微信会员管理平台。清晰记录企业用户的消费行为并进行数据分析，还可根据用户特征进行精细分类，从而进行各种模式的精准营销。

1. 对商家的好处

微信会员卡的营销优势有很多，对商家的好处如下所述。

(1) 微信已经积累了 4 亿多用户，通过微信会员卡，每个微信用户都是品牌的传播节点，他们将会员卡分享到好友、群、朋友圈，分享最真实的消费感受。这种朋友间的传播，可信度强、转化率高，商家几乎不必投入什么成本，就自然获得了病毒营销的效果。

(2) 客户无须到商家门店，也能够方便申请、领取微信会员卡。将微生活会员卡的二维码置于营业场所海报、水牌、桌贴、DM 单，甚至户外广告牌、公交地铁等载体上。以新奇有趣的方式促使消费者打开微信扫描二维码，快速领取商家的会员卡，建立用户与企业直接联系通道。同时，在合作商家中，符合推广标准的企业品牌可以出现在微信附近人中，潜在用户可直接由此领取会员卡。

(3)　商家通过微信会员管理平台，依据客户会员等级的不同，设置不同种类的会员卡，设置在不同门店的使用权限，进行会员分类管理。

(4)　商家以微信电子会员卡为载体，营销活动丰富，例如消费赠券返券、储值消费奖励、新用户到店礼、会员关怀等。增强企业与用户之间的黏性，促进用户再次进店消费，提高营运收入。

(5)　通过对微信会员卡的使用、消费明细，以及相关统计报表数据进行分析，锁定优质客户群，进一步开展营销活动。会员可在微信会员账号上实现储值、消费、查询余额、积分、账单，以及时时通过微信下发消费信息等功能。简化商家消费流程，摒弃实物卡，提高会员良好体验。

(6)　商家可以自行发放二维码电子会员卡、对自身原有的会员同时进行营销活动，原有会员与微信会员完美融合。实现轻会员与重会员并举，实体卡与虚拟卡的无缝对接，数据安全互通。

(7)　通过微信营销可以迅速增加会员数量，实时发布一些促销信息给会员，也通过公众平台和会员进行实时交流，消除会员和商家之间的距离。

2. 从会员角度来看

微信会员卡的营销优势有很多，对会员的好处如下所述。

(1)　无须携带：微信会员卡保存在手机中，一机在手，打折不愁。

(2)　无须记忆：打开微信即可查看微信会员卡信息。

(3)　刷卡识别：刷扫描手机里的微信会员卡识别会员身份享受会员服务。

(4)　快捷查询：会员通过关注商家微信号自助查询余额、积分和消费记录。

微信会员卡的营销模式打破了原本的电商营销模式，将最初的 B2C、B2B 网络营销转移至 O2O 移动电商模式中。商家通过微信会员卡能够更好地了解消费者需要，精准定位用户需求，提供更优质、更便捷的服务。伴随着微信用户量的增多以及移动电商的迅速发展，微信会员卡营销模式即将得到商家们的普遍应用，同时传统会员卡或将逐渐被微信会员卡所取代。

5.2.3 摇一摇

"摇一摇"是微信内的一个随机交友应用。单击"摇一摇"菜单后，只要摇动手机或单击按钮模拟摇一摇，就可以找到同一时间摇动手机的微信用户。这个应用能够把陌生人之间的距离拉近，通过交流变成朋友。细想一下这种交友方式，是不是可以做宣传呢？

想要使用"摇一摇"应用，第一步需要启动微信，将页面切换到"发现"界面，然后单击"摇一摇"功能，就能摇人、摇音乐、摇电视节目了，如图 5-5 所示。

图 5-5

由于微信不像 QQ 那样可以随意添加好友，所以"摇一摇"变成了一种添加好友的新模式。运营者想要让朋友圈内聚满人气，就需要通过各种方法来添加好友。对于无限次的摇一摇，也是添加好友的好方法。当摇出好友后，可以在"摇一摇"内与他聊天，通过短暂的接触将对方添加为好友，这时对方就可以通过朋友圈来了解你微信公众平台上的内容了。如果内容非常吸引他，他自然就会成为平台上的粉丝。

使用微信"摇一摇"功能添加好友时，微信号上的内容最好是非常随意性的。因为这样会让好友没有警惕性。也不会被他人举报。起初就算聊得来，如果添加好友后发现这是一个专业的营销号，也会让好友有一种上当的感觉，他很可能会偷偷地取消关注。因此，运营者可以多申请几个普通的个人号，通过与陌生人建立关系达到吸粉的目的。

另外，使用微信号营销的时候，一定不能不断地向好友推荐微信公众平台，这样会让好友产生反感心理，导致日后有好的活动推出时也会失去人气。因此，无论何时都应该真诚地交朋友，这才是最好的营销方式，这样的粉丝才能成为平台上的"忠"粉。

5.2.4 利用 QQ 来挖掘微信的精准用户

企业通过结合自身的行业属性，在 QQ 群中进行关键词检索，能找到精准属性的潜在用户群。而 QQ 账号与微信的打通，可以大大增加用户转化便捷度。通过 QQ 邮件、好友邀请等方式都能批量实现 QQ 用户的导入。这个最简单的方式就可以大大地提升用户转化的效率。

目前腾讯的 QQ 群总数已经超过 500 万个，QQ 群上的流量是非常大的。收集相关 QQ 群，越多越好。企业如果能找到与企业相关的 QQ 群并完成转化，让目标群体成为自己微信账号的粉丝，那么对营销来说将是一件非常完美的事情。

　　QQ 群推广方法，说得通俗点就是做广告，把自己的产品、技术、服务等通过媒体广告的形式让更多的人和组织机构了解、接受，从而达到宣传、普及的目的。想要用 QQ 进行推广，那就需要去加 QQ 群。在加 QQ 群之前首先要明确你推广的产品和服务是什么，它的目标客户是哪些阶层，然后就要去申请加入群账号，建议最好每天坚持加两个，账号越多越好，正所谓只要人手多，石墨挪过河。名字要起与你的产品和服务相关的。最后用以下 QQ 群营销方法推广你的微信号，从而将目标客户导入微信用户中。

1. 寻找目标 QQ 群

　　在 QQ 群中搜索与你的企业相关的目标群，目标群应是群里的人都对你的内容及公司感兴趣的群。在这里切记一点：不要乱加群。你如果是做服装的，就不要加什么广告群或创意群。当然有人会说，这些人都有可能买我衣服啊，话是不假，但像这样胡乱撒网收效甚微。只有找到对你感兴趣的目标客户，你才能真正成功。

2. 加入目标 QQ 群

　　申请加入目标 QQ 群时，最好看一下群的名字或群资料，写入群申请的理由最好和群名有关，要让群主一看，第一印象不会认为是来发垃圾广告的，这样才容易得到批准。

3. 对加入的群进行分类和备注

　　每成功加入一个 QQ 群都要为其编号，从 01 依次往下排列。对于最相关的 QQ 群可以重点照顾。这里要注意一点，加进去之后要礼貌对待客户，否则会被踢出群，丢掉这个群里的客户资源。

　　加群要查找最相关的群，最多人的群。由于加群不一定会成功，而那些没有成功的群号很可能会丢失，所以最好建立一个 Word 文档，将收集的群号放入其中，在每个群号的后面注明：已加入、被拒绝或者服务器拒绝等。养成这个习惯对于以后群资源掌握以及流程化操作很有帮助。

4. 利用群图片上传微信二维码

　　每次当你打开 QQ 群的时候会发现里面有很多精美的图片，其实这也是一种精明的推广方式。你可以把你要推广的产品或服务软件整合成一张图片，可以一张，也可以分为几张上传，切记在图下方可以推广你的二维码，方便别人看到你的微信号。

5. 群发群邮件

　　邮件大家都会发，每当你的邮箱收到邮件，你的微信就会提示你。在这里，邮件的标题要设置好，要吸引人。另外有一点一定要特别注意，我们利用 QQ 群发邮件，是因为它有一个邮件弹出功能,这一点一定要利用好,如果没有利用好,你的群邮件的转化率会很差。弹出显示的是邮件的标题,标题不能过长,过长就会显示不全。合理的字数在 13 字以内。

6. QQ 群聊

收集大量搞笑的图片、QQ 表情,相信大家都知道群聊的时候发的图片特别多,一张经典的图片会从一个群转到另一个群,大量地传播。我们可以把这些图片收集起来,或者自己制作一些搞笑的图片,加上自己的微信账号,再发出去。

7. 群空间

有的群空间比较活跃,而且在群空间发了帖子会有即时消息提示。不要发广告,小心被群主踢掉,可以发跟企业相关的文章,网址可以在签名里出现。

8. 群活动

如果你发起的活动很吸引人,肯定会有人参加,宣传的效果也会不错。最重要的是让大家对你的企业有认知度。

9. 善用员工 QQ 个人空间

QQ 空间比较适合微信账号推广和服务支持。QQ 活跃用户有 6 亿多,而开通 QQ 空间的用户也在 80% 以上,这个数据是如此庞大。企业要善用员工的 QQ 空间来推广企业的微信公众号。这里主要说一下空间日志,多发一些转载的文章,经常看到一篇比较吸引人的文章在结尾处加了企业的微信号。我们知道当你每发表一篇文章时,你的 QQ 空间好友登录他的 QQ 空间时就会有系统的提示,这样就通过文章的更新宣传了你的微信号,只要你的内容有吸引力,流量相信不会少的。

10. 善用群附加功能

除了传统的在群内发广告方式外,QQ 群的很多附加功能都具有非常好的推广效果,甚至超出了在群内发广告的效果。要善用群名和群公告,因为这两处都是群内成员进群后最先看到的地方。当然,这个只有在你是群主或是管理员的时候才能利用。所以强烈建议大家多建群,多担任各群管理员。其他功能,比如群自带的论坛、群内共享等,都是推广的绝佳地点。你在群共享或是论坛上传一条消息,即使你退群,这条消息都一直在。

11. 利用企业 QQ 用户

现在不少企业都开通了企业 QQ,这个用户是非常多的,所以倘若企业把企业 QQ 用户转换成为企业的微信粉丝,那对企业的微信营销来说无疑是锦上添花。

综上所述,QQ 群营销好处多,它的特点就是精准、效率高、持续性长、低成本，所以它很适合一些小的企业做营销。当然，如果我们用好 QQ 群营销，并将之转化成企业的微信粉丝，同时推广，那么取得的效果将非常惊人。

5.2.5 附近的人

"附近的人"是微信上用于结识周围用户的一个应用。使用了这个应用后，不仅可以查找到附近的人，还可以被附近同时间使用这个应用的用户们看到。因此，运营者只要打开了这个应用，就能更好地开展宣传、吸粉工作。

1. 个人微商使用"附近的人"

登录微信后，在"发现"菜单里点击"附近的人"，系统就会根据手机所在的位置进行定位，之后就可以看到附近的人。同时，运营者的微信号也会出现在附近的人的手机里，被其他用户所看到，如图 5-6 所示。

图 5-6

在"附近的人"应用列表中的人大多是生活在运营者周边的人，无论见面还是购买产品，都可以提供送货上门服务，是非常便捷快速的。如果运营者所销售的产品是保健品，可以走到医院、疗养院附近，通过查找附近的人找到特定人群，这样的效果比坐在家中等用户关注平台要好一些。

"附近的人"也是有一定的操作规范的，如果操作不慎很有可能遭到举报，从而被封号。对于运营者来说，将微信上的账号名字、个性签名、头像等信息与微信公众平台上的信息统一是非常利于宣传的，即使不主动添加用户，也会有用户在使用该功能时看到宣传信息。但这种方式最容易遭到恶意举报，可以说利弊各半，就看运营者是怎样来运营了。最好的办法是通过打招呼与用户成为朋友，然后借助住在同一社区的便利，成为现实中的朋友。当用户成为现实中的朋友后，就会主动关注运营者的微信公众平台，而且也会愿意消费。

2. 企业、商家使用"附近的人"

微信公众平台上的商家，有不少在线下有实体店。对于这类商家，可以在微信公众平台申请商户的门店，经过审核后添加卡券。当用户搜索"附近的人"时，该商家的信息就会以商户的形式出现在搜索列表中了。由于该商家就在用户的附近，他们很容易因看到广告而去消费。

想要开通该功能，可以在登录微信公众平台后，点击左侧的"添加功能插件"功能，并开通"卡券功能"。添加完卡券功能后，进入"门店管理"菜单，点击"申请开通"。申请时需要微信平台的审核，审核通过后，就能享受到"附近的人"顶部广告位，如图 5-7 所示。

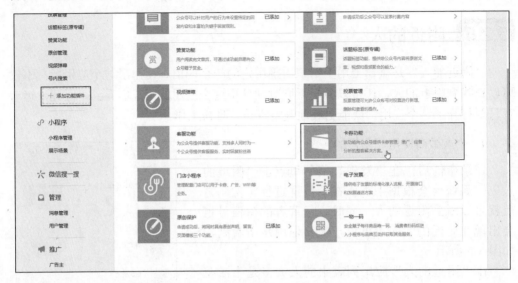

图 5-7

"附近的人"应用是粉丝转化率极高的一个工具，虽然需要付出一定的时间，但是耐心的付出是可以收获丰厚的回报的。很多时候，平台并不缺少粉丝，但营销效果并不理想，这主要是因为运营者与粉丝之间并没有建立起最基本的情感交流渠道。这个应用最大的优势就是虽然不会增加太多的粉丝，但是会与用户建立朋友间的信任关系。因此，运营者与其将精力放到陌生的粉丝上，不如放到维护朋友关系上。

5.2.6 微视

"微视"是腾讯推出的一款 App，主要让用户通过视频来交流。将该 App 下载到手机上后，可以通过 QQ 号、腾讯微博账号、微信以及腾讯邮箱账号登录或直接申请新的账号。登录到该平台后，用户可以在这个平台上查看视频信息，当然也可以上传自己的视频信息。此外，用户也可以将上传到平台的视频分享到朋友圈、微博、QQ空间等。

1. 隐形广告植入

用户不喜欢看广告，所以商家喜欢将广告隐形植入视频，让用户在开心娱乐的同时记住商家的广告信息。例如，可口可乐每年都会推出贺岁微电影，让网友们在故事中感受到可口可乐的企业文化。作为运营者，也可以使用这种方法，让用户记住视频里的内容，从而记住该微信公众平台。

在"微视"上,有一个叫作"真人版植物大战僵尸"的视频。该视频通过真人模仿游戏来吸引用户。对于玩过该游戏的用户,会通过这个视频找到一种熟悉的感觉;还没有玩过这款游戏的用户会通过这个视频产生好奇心理,从而下载该游戏,如图 5-8所示。

如果运营者有配音的才华,还可以将一些电影、电视剧、动画片里的场景进行剪辑配音,并在配音里宣传自己的产品,给用户一种耳目一新的感觉。这种方法不仅不会让用户感到讨厌,还会让用户互相转发,帮助宣传。运营者还可在视频的结尾处贴出平台上的二维码,吸引用户去平台上看更多、更好玩的视频。

2. 研究产品新玩法

运营者要对自己的产品非常熟悉,这样才能玩出新创意。例如,一件开衫可以搭配出二十几种不同的风格;一种茶可以找到几种不同的喝法;一款护肤品被挖掘出新功能。这些被挖掘出来的新创意,是用户非常喜欢看并愿意转发的。

在"微视"平台,可以看到一个叫作"开启手机新玩法"的视频。该视频就是将一部手机开机对着背景墙照射,即可在墙面上显示手机中的播放内容。这个视频让用户觉得非常好玩,如图 5-9 所示。

图 5-8

图 5-9

有些运营者是做代理的,自己没有货源。这个时候,运营者一定要进一两件货并仔细研究,寻找到更好玩的方法。例如,将产品和动物结合,看动物们是如何"调戏"产品的;将产品放到一个完全不适合它的环境,看一看能不能找到新的"化学反应"等。总之，只要对产品有足够的了解，都可以通过创意来吸引用户。只要用户喜欢，他们就会自动转发。

为了给每一位视频创作者提供一次机会，"微视"平台的所有视频都是不需要点开就可以自动播放的。如果用户在浏览时该视频不吸引他，他就会将视频界面"划"走，去看下一个有意思的视频。因此在制作视频的时候，最初三秒的内容一定要吸引住用户，从而让他们仔细地看完整个视频，这样才能达到宣传的目的。

5.2.7　互动吧

"互动吧"是一个可以随时随地发布投票、活动、文章、招募、招聘等互动信息的平台。无论用户要组织什么样的活动，都可以通过这个平台发布相关信息，然后分享到微信、QQ、微博等。运营者可以在该平台上发布宣传信息，通过报名、分享、贴上微信公众号的模式来宣传自己。

1. 发布互动的活动信息

每个平台上都有"僵尸粉"，他们在平台上不互动、不活动，就静静地待在用户列表里。在"互动吧"平台上也是一样的。唯一不一样的是，该平台会通过一些有吸引力的活动来带动这些用户。运营者可以借助该平台发布活动信息，带动公众平台上的粉丝和"互动吧"平台上的用户参与活动，如图 5-10 所示。

图 5-10

在"互动吧"平台上有一个叫作"专家讲座：你真的知道怎么爱孩子吗？"的活动。该活动主要针对北京地区的父母们，主讲的内容是"父母如何表达自我，如何倾听孩子""父母如何自我成长""如何轻松愉快地养育孩子"等。对于已有孩子的父母而言，这些课程是他们需要的。活动发布没多久，就有 100 多位父母报名，可见效果是惊人的。

该活动还贴出了微信公众平台上的二维码，用户如果有问题可以随时扫码咨询。这样，即使无法到达现场的外地父母们，也可以通过公众平台了解关于育儿的知识。

运营者也可以在"互动吧"推出同城活动。例如，运营者是音乐爱好者，可以推出关于音乐的出游活动；如果喜欢读书、绘画，也可以组织读书交流会、绘画学习等活动；如果是时尚达人，还可以举办化妆、搭配类的活动等。只要活动能够吸引用户参与，吸粉就变得非常简单。

2. 发布分享内容

如果运营者没有场地，不能开展互动活动，则可在以"互动吧"内发布一些好玩的内容。这些内容并不需要运营者刻意去找，微信公众平台上的内容完全可以发布在"互动吧"平台上，只要名字足够吸引他们，他们就会点击、评论或者分享给自己身边的好友。

运营者每在平台上发一篇帖子，面对的都是"互动吧"所有的用户。这个平台非常大，哪怕只有几百人点击，但只要有十几位成为平台上的粉丝，都会获得不错的效果。当然，运营者还可以通过评论来了解用户到底喜不喜欢这篇文章，相当于一次免费的调查。运营者也可以通过评论改进微信公众平台所推送的内容。如果用户喜欢运营者推送的帖子，还会分享到自己的朋友圈，这在无形中又帮助平台做了宣传。

3. 发布投票内容

"互动吧"可以发多种帖子，除了活动、分享帖子外，还可以发布投票帖子。如果运营者想要做一次调查或者对一个内容把握不准，可以将这种想法发布出来，通过用户的投票来作决定。一般投票决定的内容，更接近大众的需求。

运营者发布投票帖子的时候，可以是与自己产品有关的帖子，也可以是与平台定位有关的帖子。但是，调查的内容最好是与用户们相关的，只有这样，他们才愿意分享这个帖子。用户分享帖子后，就会有更多的用户看到，这样才能起到吸粉的作用。

"互动吧"寻求的是互动性，只有能引发互动的帖子才能让用户们参与进来。运营者在发布帖子的时候，也要动脑筋想一想，到底怎么修改微信公众平台上的内容或者写出什么样的帖子更适合互动。写好了帖子，自然有大批用户阅读，也就达到了吸粉的目的。

5.3 学会使用 QQ 推广

本节导读　　　人们每购买一款新的智能手机都会下载 QQ 软件。上至退休老人、下至小学生，都会借助 QQ 来沟通交流。如今，QQ 已经成为人们必不可少的一部分。作为运营者而言，又怎么能错过么这好的推广平台呢？本节将详细介绍学会使用 QQ 推广的相关知识。

5.3.1 巧妙利用 QQ 群

即使 QQ 上可以添加上千好友，也是非常有限的。想要做好吸粉工作，还需要使用 QQ 上的其他工具，例如 QQ 群。随着 QQ 群的升级，一个普通群可以容纳 500 人，一个会员群最多可容纳 2000 人。如果运营者添加了几十个这样的 QQ 群，就会增加几万人的浏览量。

1. 添加 QQ 群

一个 QQ 上想要有几十个 QQ 群，首先要添加 QQ 群。添加 QQ 群也是需要方法的，不能看到 QQ 群就添加。因为有些人群不是目标人群，进群后不仅不会获得相应的效果，还可能因为没有共同话题而被群主踢出来。因此，添加 QQ 群的时候，首先要有目的地进行搜索。例如，运营者销售的产品是化妆品，那么可以在搜索栏里搜索具有"女人""美容""美丽"等关键词的群；如果是销售育婴用品，在搜索时需要搜索具有"家教""育儿""全职妈妈"等关键词的群，如图 5-11 所示。

添加一批适合自己的 QQ 群后，并不是可以立即发送信息了。因为群管理和群成员最讨厌的就是推送信息的人。因此入群后，首先要了解每个群里的群规，以免被群主踢出来。如果运营者发现某个群里的群成员适合使用自己的产品，那就需要在这个群里不断地露脸了，以为日后做宣传打下基础。如果在群里结交几位好友，她们不仅会成为公众平台上的粉丝，甚至还会帮助你宣传和推广。

当然，最好、最有效的办法就是进群后私聊 QQ 群主，给他一些好处，让他帮助宣传。这样不仅可以在群里推广公众平台，也能防止被踢，是非常实用的吸粉方法。

2. 创建 QQ 群

无论运营者想不想使用 QQ 群进行推广，都需要创建属于自己的 QQ 群。因为想要获得良好的互动效果，最好的办法就是将平台上、QQ 好友、微博粉丝等拉到 QQ 群里。当他们有任何问题的时候，可以随时在群里交流。通过 QQ 群内聊天，运营者也可以与他们建立良好的关系，并了解粉丝们的真实需求。

图 5-11

　　除了将目标人群、准目标人群拉到同一个 QQ 群外，运营者还需要创建拉粉的 QQ 群。例如，运营者在公众平台上是销售母婴产品的，那么就应该创建一些关于家教、育儿知识的群。当那些妈妈们有这类困惑时，就渴望找到一个地方倾诉交流，这时她们就会主动搜索 QQ 群。如果运营者建了多个这样的群，那么自然有一些妈妈们想要加入进来。当她们有困惑的时候，运营者可以向她们推荐自己的平台，她们也乐得关注，如图 5-12 所示。

　　运营者有了自己的 QQ 群后，无论做任何宣传推广都非常方便。建好 QQ 群后，运营者只需要等待目标人群"上门"就可以了。另外，运营者如果是通过添加 QQ 群做推广，那么最好是一次性加入很多群之后再来做推广。因为一旦推广时被群主从群里踢出来且次数过多，再添加其他 QQ 群时，该 QQ 号就会出现"该账号近期被其他群清理或拒绝次数过多"的提示，从而导致很难加入。

图 5-12

5.3.2 运用 QQ 邮件功能

每个 QQ 号都可以申请开通 QQ 邮箱。开通 QQ 邮箱功能后，就可以随便收发邮件了。如果运营者还将邮箱作为工作、日常交流的工具，那就大错特错了。如今，QQ 邮箱已经变成了营销战场，只要利用得当，它就是一种非常有效的吸粉工具。

1. 学会使用 QQ 群邮件功能

QQ 邮箱与 QQ 号、微信是绑定在一起的。当 QQ 邮箱收到邮件时，手机就会有铃声提醒，这种方式可以被用户 100% 看到。因此，QQ 邮箱带来的好处是非常大的。其中效果最好的当属 QQ 群邮件了。因为每个 QQ 群少说有几百人，多则上千人，如果运营者怕被踢不愿意在 QQ 群里做推广，那么可以使用 QQ 群邮件。这样不仅不会打扰其他群成员，还能让群内的成员看到推广信息。

在"中国文案策划三群"里，可以看到一封邮件。该邮件是一篇简短的文章，并在文章后面贴上了微信公众平台的二维码和微信公众号。群成员看到该邮件后，如果对该内容有兴趣，就会扫描二维码直接关注该平台。

这种方法一般可以准确地筛选出目标人群，因为只有对该平台有兴趣的用户才会关注平台。通过在 QQ 邮件里经营内容，总会有吸引他们的一篇内容。当有的群成员对该内容有兴趣的时候也会在邮件里进行评论，这样又能进行二次宣传、三次宣传……

2. 学会使用 QQ 邮件列表

QQ 邮箱虽然好用，但效果终究是有限的。因为所能添加的 QQ 群有限。为了能够找到更多用户，运营者还可以使用 QQ 邮件列表功能。这是一个邮件订阅平台，有了它后，相当于有了一份属于自己的电子杂志。登录该平台后，可以在这个平台上免费获取邮箱地址，自定义订阅页面上的内容。每个自定义栏目中可以收集 5 万个邮箱地址，如果运营者想多创建几个栏目，自然会收集更多的邮箱地址。

例如，运营者所销售的产品是美容护肤类产品，在创建栏目的时候，可以创建关于美容护肤、女性保健、女性健康等栏目，分别收集合适的目标人群。找准了栏目后，就可以开始制作电子杂志的页面或专题了。运营者可以将自己微信公众平台的内容搬到这个页面，让这些目标人群第一时间被吸引，从而关注微信公众平台，达到吸粉的目的。

QQ 邮件列表可以像微信公众平台那样，一直经营下去，并通过创办这本电子杂志来让目标人群了解这是一个怎样的微信公众平台。有时运营者还可以将杂志上的内容写一半，让目标人群通过关注微信公众平台来查看另外一半内容，进而成为粉丝。

无论是发送 QQ 群邮件还是 QQ 列表邮件，最好的办法是仔细分析目标人群，有针对性地推送内容。例如，有的 QQ 群是以知识交流为主，有的是以闲聊为主，只有针对不同的人群推送不同的内容才能获得相应的效果。随着邮件发送数量的增多，运营者还可以多多总结，找到适合自己的吸粉方法，最终达到吸粉的目的。

5.3.3　利用 QQ 空间进行推广

每个人都有专属于自己的圈子。QQ、微信是将个人圈子聚集起来的一个工具。为了扩大个人交际圈，腾讯还在 QQ 上开通了朋友网、QQ 群、附近的人等功能。只要用户想结交朋友，分分钟就可以将网络上的用户添加到自己的圈子里。而 QQ 空间，正好是个人圈子里好友的展现平台。

1. 在 QQ 空间推送关于微信公众平台上的内容

用户闲来无事的时候，逛朋友圈、刷微博、看 QQ 空间已经成了每天必做的事。不知道什么时候开始，每天发布个人信息的 QQ 空间，有时候也会插播一条"广告"，代购、微店、面膜等应有尽有。由于大部分是好友在推广，所以用户大多不会屏蔽这些信息，这就给许多商家带来了机会，让 QQ 空间变得越来越"商业"。

在 QQ 空间里宣传自己的微信公众号，最好的办法就是将平台上的内容分享到 QQ 空间，通过内容来吸引好友们点击查看。运营者还可以将微信公众号和平台二维码贴到 QQ 日志里，告诉好友扫码或关注平台后可以查看更多好玩的内容，或者提醒好友们将这些内容收藏或转发给身边的好友。这样做便能把 QQ 空间的粉丝吸引到平台上来，如图 5-13 所示。

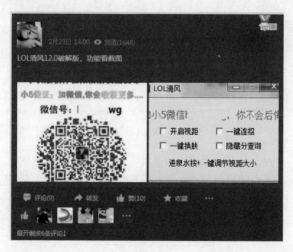

图 5-13

物以类聚，人以群分。如果运营者是一个全职妈妈，那么她的圈子肯定有许多妈妈，这类人群对于儿童教育、儿童安全等知识更为关注；如果运营者是一个都市白领，对于该圈子里的女人们喜欢什么样的化妆品也一定很了解；如果运营者是一位音乐、阅读、美术爱好者，那么身边也一定有共同爱好的好友。在推送内容的时候，运营者一定要从 QQ 好友喜欢的话题入手，将他们喜欢的内容推送到平台上，他们转发后，自然也会被有共同爱好的好友关注。

2. 给 QQ 空间认证

许多运营者经常在 QQ 空间里推广产品信息，却忘记了吸粉最重要的一件事，就是给 QQ 空间认证。因为 QQ 空间开通了名人认证、企业网站认证、企业认证后，粉丝会对该空间提高信任感。除此之外，还有一个最特别的好处就是腾讯首页会首先推荐这些通过认证的 QQ 空间。某篇文章或者某条信息一旦被推荐到首页，将会为该空间带来上百万的流量。

打开个人 QQ 空间后，会看到"大家都在看"信息，这些信息大多来自认证空间。如果运营者在运营内容的时候，得到了好友的喜爱，也会被推荐到这个菜单里，使全国的网友都会看到其推荐的信息。这样不仅会给运营者的空间带来上百万流量，还会有网友关注该 QQ 空间，成为空间的粉丝。有了这样强大的功能后，吸粉自然会变得相当容易，如图 5-14 所示。

图 5-14

QQ 空间认证并不是很难。如果是个人可以使用某个企业的名片、工作证等资料进行微博认证，认证完成后直接申请 QQ 空间认证就可以了；如果是企业空间认证，可以将营业执照上传到腾讯平台，然后设置头像、名称、空间形象、装扮、公司(简介、新闻、行业动态)日志就可以了。认证申请一般需要两周左右的时间，需要运营者耐心等待。

3. 转载好文章

一篇文章能被转发几千次、几万次，甚至可以把 QQ 空间内的人气迅速聚拢起来，这说明此类文章引起了人们的共鸣，大家喜欢这样的文章。既然这篇文章这么好，运营者又怎么可以错过分享的机会呢，如图 5-15 所示为转发文章页面。

图 5-15

转发文章不仅可以增加 QQ 空间的流量，在转发并评论这篇文章后，QQ 还会弹出提示，告知之前转发的好友有人在其空间评论。很多人看到有人评论后，查看评论信息时会自动回访，这时运营者 QQ 空间内的文章就会被更多的网友看到。如果再在每篇文章后面贴上微信公众平台的二维码，自然就能吸引他们关注运营者的微信公众平台了。

每个 QQ 号码可以添加上千人，运营者可以多申请几个 QQ 号，然后将文章依次发布到各个 QQ 空间。这样保守计算每天也可以有几千人查看运营者所发布的内容。其中，只要有几位好友帮助转发、分享，那么每天上万的浏览量几乎不是问题。有了浏览量并将内容做好，吸粉自然不成问题。

5.4　朋友圈吸粉

本节导读

微信公众平台营销的成功，最重要的就是靠分享。分享到哪里？自然是朋友圈。少了朋友圈，微信公众平台就少了最重要的宣传平台。随着微信的用户越来越多，微信公众平台也越来越多，随便打开一个朋友圈，总能看到来自各微信公众平台的信息。在众多信息中，只要用户能够点开查看，都是为平台做了最好的宣传，本节将详细介绍朋友圈吸粉的相关知识。

5.4.1　朋友圈吸粉营销布局

在微信朋友圈，几张图片、一段文字就可以形象地表达用户的情感和经历。这些功能虽然在微博上同样可以运用，但朋友圈内更侧重的是熟人关系，主要是熟人与熟人之间的互动。有了熟人这层关系后，营销时就不用再刻意地去建立关系。运营者虽然是在微信公众平台上做生意，但想要被圈子里的好友转发，首先要自己进行转发。这时，运营者可以像做 QQ 营销那样，申请几个微信号，然后把平台上的内容分享到自己的朋友圈。

1. 给朋友圈主页布局

每个人微信号的朋友圈都是一个独立的主页。当好友点击查看这个页面的时候，页面上所呈现的信息起着关键的作用。如果页面没有好的布局，那么就达不到宣传的目的。因此，把每个账号设置成微信公众平台一样的主题是非常有必要的。运营者可以根据以下内容来设置自己的微信号。

(1) 头像设置。设置头像的时候，最好与微信公众平台账号的头像保持一致。因为好友在刷朋友圈的时候，看到的就是这个图标。设置成一样的头像后，也能加深好友对微信公众平台的印象。

(2) 个性签名。个性签名可以设置成企业的核心广告语。如果是运营者，也可以设置成自己喜欢的句子，突出自己的个性。

(3) 相册封面。当好友点击查看页面的时候，首先映入眼帘的就是相册封面。设置这个菜单的时候，如果是企业，可以将企业的理念、网站首页、产品等创建在这里，让好友们第一时间明白这是一个怎样的账号。

2. 给朋友圈的内容布局

在朋友圈内营销的方法是多种多样的，可以随意、个性、专业、搞笑等。但如果运营者想要通过朋友圈传达微信公众平台的理念、风格和内容，就需要将朋友圈里的内容统一起来，当好友访问朋友圈时，就像查看微信公众平台上的"历史消息"一样。这样好友立刻就会知道这是一个什么样的朋友圈了。

微信号和 QQ 号一样，人数是非常重要的。运营者想要获得良好的吸粉效果，还需要添加更多的好友，只有这样才能被更多的用户看到信息，然后帮助转发，达到预期的目的。

5.4.2 朋友圈吸粉营销技巧

提到朋友圈，人们再熟悉不过了。几乎每一位习惯了用手机上网的用户，都会在闲暇时拿出手机刷朋友圈。正是因为朋友圈聚集了大量的人气，使朋友圈变成了一个宣传基地。因此，如今的朋友圈已成为电商销售的新平台。那么，作为微信公众号，在朋友圈里应怎么吸粉呢？

1. 把微信公众号分享到朋友圈内

每一个朋友圈都是一个圈子，每个圈子背后又有着许许多多的圈子。如果一个好内容能被朋友、朋友的朋友分享，那么这个内容背后的微信公众号就会被很多个圈子所熟知。因此，想要让微信公众号在朋友圈里获得良好的传播效果，首先要把这些内容分享出去，增加曝光率。只有让更多的用户看到，他们才有机会转发，才能够吸引更多的粉丝关注企业平台。

例如，在微信朋友圈里有一位用户，他用自己的账号分享了公司公众号上的内容，该内容的标题是"新的一年，也许你会因为其中某一段话而变得不同…营销读物强烈推荐！【向营销人推荐的 9 本书】"。在朋友圈内，有许多做销售、电商和参加工作的好友看到这样的帖子之后，一般会点击查看、分享、收藏等，无论哪一种，都能增加曝光率。当有一位朋友分享时，这个内容又会被另一个圈子的用户看到，然后又会继续传播下去。

2. 建立良好关系，朋友才愿意帮助转发

在普通用户的朋友圈里，大多数是认识的朋友。当他们需要推广某个内容时，完全可以通过私信得到朋友的帮助。但想利用朋友圈来吸粉，就需要添加大量不认识的好友。想让这些用户分享平台上的内容，那是很困难的。因此，必须让陌生的好友对运营者的微信号印象深刻。这时，运营者可以主动点赞、评论朋友圈内的动态，让这个微信号给用户留下好印象。甚至还可以主动打个招呼、发送一些节日的问候、让人容易记住的话等，这些都是能够给好友留下印象深刻的。

当有了一定的"名气"积累，就可以着重分享微信公众号上的内容了。为了让更多的用户关注企业的平台，运营者在写公众号的内容时，必须跟用户建立联系。只有这样他们才愿意将内容分享到自己的朋友圈，才能吸引更多的粉丝。例如，"【博大书画|知识百科】为什么要贴春联？""一定要学会的几件事。""霸道微商的 7 种绝技，一般人学不会？"等内容。当用户看到好玩的内容时，很多人会点击查看微信公众号的历史消息，如果微信公众号上的内容能够让他们满意，他们都会关注企业的平台。

3. 分享推送小技巧

由于微信公众号每天推送的内容并不多，所以在次数上并不会对好友造成困扰。但如果在相同的时间里，一连分享了好几条信息，也是会对好友们造成困扰的。同时，即使这几条信息分在不同时间分享，如果不是最佳时间，那么也不会获得良好的效果。

分享内容时，最佳时间在晚上 8：00～12：00，在这个时间段，好友们已经吃过晚饭，正是随时可以静下心来刷朋友圈的时候。

如果平台上有消息公布，或有案例与故事，那么一定要及时分享，争取在第一时间借力好友，形成营销裂变。

每天发布的消息应控制在五条左右。如果当天推送的内容不够，可以发一两篇与

生活有关的内容，例如"今天逛了一天的街，回到家就累趴了。"有了这样的内容，也能增进好友与运营者之间的距离。

5.4.3　朋友圈里的广告也能吸粉

没人喜欢看广告节目，所以许多企业选择了其他捷径：制作微电影、设置互动游戏等。在朋友圈内也是如此，能积极地去做营销固然不错，但是必须知道好友们到底喜欢什么样的广告信息，如果分享的内容不是好友喜欢的，很可能会影响了好友的心情，导致好友们屏蔽其发送的消息。

1. 推送好玩的信息

现在的生活节奏非常快，人们大多各忙各的，朋友、同学、家人之间见面的次数越来越少。用户查看朋友圈、QQ 空间一大部分人是为了了解好友最近的生活动态，还有一部分人是为了休闲放松。无论哪种方式，只要是好友发送、分享的都能引起好友的注意。但是大多数用户是不喜欢广告的，还有一些用户怕经常分享广告信息会给自己带来不好的名声，从而不会分享广告信息。运营者如果想要在朋友圈中占有一席之地，就应学会找到好友喜欢分享的内容。

运营者如果在生活中遇到了好玩、搞笑的场面，可以制作成视频发布到微信公众平台。这样的内容即使推送得再多，粉丝们也不会厌烦，而且会非常喜欢。当然，内容里一定要有平台的二维码或公众号的账号，这样即使其他平台推送了该内容，依然会帮助自己的平台打广告。

2. 奖品多多的有奖转发

在朋友圈内，粉丝也不是不能转发广告信息，只要广告做得好，粉丝们是愿意支持的，但推出的活动必须足够吸引人。

"吧啦原创文学"是一个叫吧啦的作者创建的个人平台。该平台上聚集了大量的作者朋友。当朋友有新文章写出来的时候，就会放到这个平台上。因为每位作者都有一定的人气，当这些读者想要看作者的文章时，就会关注该平台。为了增加平台上的粉丝量，该平台经常开展赠书活动。例如，有作者出新书的时候，为了让书的销量更火，该平台推出了"送书活动|话梅访谈录：在确实中塑造完整"的活动。这类活动在微信公众平台上并不少，但这个平台承诺赠送 100 本书，这让粉丝们觉得自己的机会非常大，于是抱着试一试的心态分享了该活动。想要参与该活动，首先需要关注该平台，然后进入公众号内回复"等不到的冬天"，最后关注作家话梅的微博，并将关注微博、分享活动的截图上传到平台上，然后就可以等待公布获奖名单了。

赠送礼品的活动非常多，但许多都是赠送少量礼品，这让粉丝觉得自己没有这样的运气。如果赠送的礼品让粉丝觉得人人有希望的时候，这个活动就会瞬间扩散。

点开朋友圈后，可以看到新闻、时事、搞笑信息、知识型信息等来自各微信公众平台的内容。运营者平常刷朋友圈的时候，也要注意研究为什么好友乐于分享这样的内容。只有将分享的内容进行整理，才能知道哪些内容是可以被用户接受的。在推送内容的时候，运营者也可以借鉴这些内容。

5.5　公众号引流方法

本节导读

流量是一切生意的基础，也是一切生意需要攻克的难题，无论你是传统店铺转型，还是个人微商创业者，抑或是电商企业，都知道得流量者得天下，但是现在互联网的用户群体比较分散，而且挑剔、黏性低，没有信任感，所以我们的精准流量越来越少。本节将详细介绍公众号引流的相关方法。

5.5.1　互推吸粉

互推吸粉，说得通俗一点就是互换流量，这也是一种非常常见的引流方式，但是要注意的是并不是所有的公众号都可以和自己互推，最好是选择和自己领域相关的公众号来互换流量。下面介绍三种最常见的互推方法。

1. 全文互推

推送的文章全文都在说对方这个公众号，特别要注意的是，在标题就要说明这是互推公众号的文章，不然会严重影响用户的体验感。

2. 文末互推

这种互推方式类似于广告位，也是使用最广的一种互推手段。

3. 关注后互推

利于微信关注自动回复功能或者关键词回复功能进行互推。

5.5.2　爆文引流

有个奇怪的现象：我们现在看公众号，一般会习惯性地点开【原创】标记的文章，因为【原创】代表该公众号作者所写，而我们的潜在心理，是想直接跟作者交流沟通，以便与之产生情感共鸣。

所以，作者的文章是有血有肉的，这会成为我们认可并持续关注该公众号的根本动力。如今不再是冷冰冰的图文转载时代，读者希望直接与作者链接，并想迫切发表自己的看法。

爆文引流这招说起来容易，做起来还是挺难的，要在公众号产生爆文，需要天时、地利、人和。那些口口声声说自己写爆文很厉害者，公众号本来就有上百万粉丝，写什么阅读量都不会太差。

天时。比如遇上好的热点，遇上具有争议的社会现象。而且注意抢点，抢在大家蹭热点的文章还没接踵而至的时候，率先发声。例如某明星离婚微博一发布，最快的公众号文章在凌晨 2 点 40 发布，迅速获得了 3 万多阅读量，后来翻查，该号平时的阅读也就 1000 左右，足足翻了 30 倍。

地利。你所处的环境，是否能够及时获取充分的行文信息与灵感。例如近期某明星出轨，如果你从出轨新闻一出来，能够在你现有的信息渠道如微博、头条或新闻 app，快速得到故事进展。同时，你有足够的手段查看目前哪些立场观点，已经让别人写了，要避免重复，然后另辟蹊径，那么 10 万+非你莫属。

人和。第一，你有充分的能力写好你的观点。你的周围没有人左右你的思维，比如领导不会直接干预。第二，你有充分的渠道去传播好这篇文章，你的同事都乐于帮你去分享，转发到群里。第三，最基本的是，你的公众号至少有点粉丝基础。

有人说，写爆文，可不能一直依赖热点。没错，我们都想拥有像咪蒙这样的创作能力。日日出爆文，粉丝滚滚来。但不要忽略一个事实，热点来了，才有流量大喷发；如果蹭热点都写不了爆文，其他概率，估计更小。当然，除非你已洞察人性，悉数关系利害，神评社会，指点江山。

5.5.3 活动吸粉

微信营销活动是营销吸粉的一个好方法，热点，节日什么的。那么，如何搞好一次活动？开展活动的时候又需要注意什么呢？

1. 活动的门槛要低

高门槛会丢失大部门潜在客户，会让人觉得此次活动的参与成本太高而放弃参加。

2. 中奖率要高

高中奖率会促使活动参与者主动分享活动链接，也会激发他们再一次玩的兴趣。

3. 文案吸引人

结合时事热点，文案可煽情/可暖心/可恶搞/可无厘头，但就是要够吸引人。

4. 活动要有趣

没有趣味性的活动会让参与者觉得无聊，不愿参加。

5. 发放奖品要及时

不要因为公司人手不够而不及时发放奖品，这会让参与者误以为是虚假活动而产生举报或投诉等行为。

6. 做好活动内部测试

在活动信息未正式发布前一定要做好内部测试，发布有问题的活动信息会大大降低参与者对该公司的好感。

无论进行什么微信营销活动，都需要谨记以下三点：自身产品的定位，了解熟悉自家的产品，才能更好地对外营销；用户群体的定位，精准把握用户群体，提高订单成交率；营销平台的选择，爱豆子微信第三方平台，是一个云(Saas)服务平台，为企业用户提供经典有趣、精美易用的营销工具，以优质周全的产品与服务，帮助传统服务企业快速进行电子商务运营化，提高沟通效率，一站式解决企业微信、微商城、移动互联网营销难题，让微信营销更简单，使传统企业转型革新，成功拥抱移动互联网。

5.5.4 微信群课程引流

相信大家见得比较多的是付费的课程，早期很多公众号，借助微信课程引流。具体操作是将课程内容做成海报并附上二维码，并让用户扫码参加，前 50 名免费，后续名额需交 38 元加入。如图 5-16 所示。

图 5-16

通过朋友圈去传播，制造了紧迫感，大家争先恐后抢免费名额。用户扫码添加运营者个人微信，让用户分享海报到朋友圈，截图反馈，表示成功免费参与，这样解决传播问题。

然后讲完课堂，最后送大家一批价值 599 元的资料，关注某某公众号关键字领取，逾时不候。中间很多细节我不详说，核心就是紧迫感与让参与者觉得捡到便宜了，就可以了。

5.5.5 热词引流

热门词汇极速引流法，和事件营销引流方法相似，本质上都是利用热点事件、热点词汇来引流。热点事件、热点词汇的搜索频率是有规律的，一般都是刚开始爆出的时候，流量从 0 开始急速上升，一般可以保证上个七天左右的热度，但是随着时间的推移，会很快地褪去热度，流量也会随之下降。根据这个特点，要注意下述几点。

(1) 热点词汇、热点事件很重要，关注热搜榜，多关注热门的贴吧等论坛，可以准确把握最热的词汇和事件，通过这个方法流量会大很多。

(2) 过时的热点词汇、热点事件也不能够放弃，有句话说得好，瘦死的骆驼比马大，虽然现在这些词汇和事件都"不红"了，但是使用互联网的人千千万，你不搜索他搜索，总会有人会去关注这些，此时竞争小，流量还是可以的。

举个例子，热点词汇：蓝瘦香菇。根据当时的数据可以看出，在 8 日的搜索量还是零，但是到了 9 日直接就达到了 22800 多的搜索量，在 12 日达到了搜索量顶峰，80 多万搜索量。后几日的搜索量也不错，现在每天也有 10000 多。大家完全可以看出这种"新兴"的热门词汇的搜索轨迹。利用这样的热点词汇引流需把握引流要点。

① 百度知道，贴吧要利用好。任何突然发生的热门事件、出现的热门词汇，在百度搜索永远是排在首位的，可以最早抢占高地。(现在大家搜索可以发现，首页十个位置有六个是百度自家的产品)一旦一个热门词汇出现，人们往往都会问：这个词汇的出处在哪里？或是为什么都说这个？这个时候百度知道就派上了用场。

百度贴吧，这个热词的首页中，在百度贴吧占据的位置一样很好，当时一共占据了三个位置。其中，是在两个别的贴吧发的帖子。还有一个就是直接用这个热门词汇所建立的贴吧。

所以可以看出，一旦热门词汇出现，去流量大的贴吧发帖以及以该热门词汇为名自建贴吧是很重要的。尤其是后者，创建了贴吧，一定要保证你在该贴吧的活跃度和在线时间，发帖勤奋些，然后申请吧主，这个词带来的流量你就掌握了百分之六七十了。

② 关键词挖掘多选择。对于热门关键词，不是总结一种长尾关键词就可以了。多收集一些，按照准确性、常用性排好序，先做最重要的，然后再做那些不常用但是也会有人搜索的。西瓜和芝麻都要。

总之，整理关键词的时候，要知道人们看到一个热门词汇，总喜欢弄清楚它的意思，它的出处，它的视频/图片/歌曲/表情等，也就是追因溯果，所以围绕这个思路，可以总结出很多。返回搜狐，查看更多。

5.6 常见的引流吸粉平台

本节导读

流量是一切生意的基础，也是一切生意需要攻克的难题，无论你是传统店铺转型，还是个人微商创业者，抑或是电商企业，都知道得流量者得天下，但是现在互联网的用户群体比较分散，而且挑剔、黏性低，没有信任感，所以我们的精准流量越来越少，本节将详细介绍公众号引流的相关方法。

5.6.1 抖音

互联网高速发展、短视频爆火的时代，抖音已占据了短视频的半壁江山。很多人通过抖音一夜成名。抖音是一个帮助广大用户表达自我、记录美好生活的短视频分享平台。该平台能够为用户提供丰富多样的玩法，让用户可以轻松拍出优质短视频。

光会玩抖音还不行，想要变现，还需要把流量引导到微信。毕竟，微信也是一个成熟而庞大的平台，包括微信公众号，私人号，微信群，抖音和微信结合，更是一个公域流量和私域流量结合的最佳组合。

因为，微信更适合沉淀用户，更适合深度沟通，能更好地商业变现。玩社交媒体营销，有一个很重要的铁律，那就是让流量主动找你，而不是被动找流量。而主动添加过来的流量，也更精准，那么，抖音如何引流到微信？

首先，有一个基本的原则，运营者需要多注册几个抖音号，大号带小号，小号推大号，也是预防流量大了，被举报，所以，每个号都养起来，选择其中一个大号积攒流量，其他小号用来推大号，做好引流到微信的准备。具体从抖音引流到微信，有以下 6 个行之有效的方法。

1. 抖音签名引流

签名引流，是最简单的一种方式，运营者在自己的抖音账号签名处放上自己的微信号，当粉丝点开之后就会看见，如果有兴趣就会来加这个微信号。当然，在粉丝量不多的时候，还不要急着留微信号，等到有一定粉丝后就可以留下微信号了。但由于抖音平台本身是不支持甚至极其反对直接留微信或是引流至微信这种行为的，所以大家平时在做的时候还是需要采取一些隐晦的措施。只要你的视频内容好，爆文的可能性还是挺大的，一旦你的视频爆了后引流也是很轻松的；曝光量越大，引流的效果越好。

2. 在评论区用话术引流

在视频下面的评论区里面引流，也是常见的手段。怎么做呢？我们先编辑好引流用的话术；里面要留有微信号；然后发布在自己的视频下。也可以多去一些热门的下面进行评论，不过这个最好能够神评，一般评论好的也会吸引到一批人；或者，去同行的视频下面评论，这个直接使用编辑引流的话术就行。你也可以用大号关注一个小号，用小号进行回复，进一步降低封号风险。值得注意的是，如果是你刚开始去运营抖音，那建议每一条评论你都需要认真回复，这样才能让初始的权重更好。

3. 用话术私信回复引流

抖音私信功能是可以对关注的粉丝进行私信回复的，还可以对未关注的粉丝发 3 条私信。运营者可以通过抖音粉丝的关注，根据产品属性进行指定抖音关键词搜索，关注热门抖音视频评论发私信进行引流。如果内容生产，一般是会有很多人私信产品，这时，你需要做的就是通过私信来进行回复，值得注意的是，在私信里面不要太明显地植入营销元素，留下自己的微信号，而是通过一种比较隐晦的方式呈现：比如：咨询请+徽❤：×××，这样子能降低你消息被屏蔽的概率，对你感兴趣的客户也能主动加你。在这里教给大家一个技巧，你可以把社交账号留在个人简介，如果别人过来问你，你让他直接看个人简介就可以了。

4. 视频内容中植入微信号

抖音账号定位越精准、越垂直，粉丝越精准，变现越轻松，获得的精准流量就越多。

5. 创建多闪账户

多闪是抖音官方自己的一个社交平台，今天你把用户引流到其他平台，可能会受到平台的打压，但如果你只是引流到他自己的平台，那么自然就会对你放开限制。

6. 上传的音乐标题设置微信号

只要你上传的音乐有人引用，所有引用该音乐的抖音视频下方都会展示你的微信号，别人的视频火了，大家跟风模仿视频，音乐也会跟着火，可在音乐标题上直接留微信进行引流。返回搜狐，查看更多。

5.6.2　新浪微博

新浪微博是微信崛起之前最具人气的社交应用，时至今日，仍然有海量的用户活

跃在新浪微博上。随着微信的逐渐流行,新浪微博的增
长势头逐渐放缓,甚至很多微博达人和大号将粉丝导向
自己的个人微信号或微信公众号。

　　为此新浪微博也开始对微信推广进行封禁,当然,上
有政策,下有对策。在新浪微博仍然有很多方式可以推
广微信公众号或个人号。我们可以通过图片水印、微博
评论、私信等方式将微信号推广给目标用户,如图 5-17
所示。

　　相对微信的私密性,新浪微博具有公众性。在开通
微信公众号的同时,建议也开通一个同名的新浪微博,
至少能够防止名称被恶意抢注而带来不必要的麻烦。

图 5-17

5.6.3 百度贴吧

　　百度贴吧上线于 2003 年,发展至今已经是全球最大的中文交流社区,有超过 800
万各类贴吧。百度贴吧也是很多互联网亚文化的发源地,例如"屌丝""高富帅"
"查水表"等网络词汇,均发源于百度贴吧。

　　相比其他推广方式,百度贴吧这种天然以话题为导向的网络社区,能更好地锁定
我们的目标客户。因此在百度贴吧刷帖、发私信等是常见的推广方式,如图 5-18 所
示为百度贴吧首页。

图 5-18

下面就分享一下运用百度贴吧来做推广的方法和技巧。

1. 贴吧账号很重要

贴吧账号和百度是同一个账号，因此在注册账号时一定要充分考虑。如果你是企业微信公众号运营者的话，那你就可以以自己的企业名称或者是企业网站的名字来作为百度账号，如果你是自媒体的话，那你可以用自己的微信公众号名称、自己的联系方式，如 QQ，MSN，手机号码等来作为百度账号。

2. 贴吧选择是关键

百度贴吧是百度自己的产品，而且被赋予的权重相对较高，所以在选择百度贴吧时就不用去考虑好不好收录的问题了。我们最该考虑的关键因素就是自己推广的内容与该贴吧主题的相关性以及该贴吧中成员的活跃度。贴吧不只是发外链的地方，它也是为你的微信公众号引来流量的地方。

3. 贴子标题要想好

发布帖子时，帖子的标题很重要，标题不但要新颖、吸引人，而且一定要带自己微信公众号的关键词，同时也要注意贴子标题的长度。

4. 帖子内容要相关

百度的每个贴吧都是有管理员的。在发帖子的时候一定要发和你的标题相关的内容，而且帖子内容也同样符合优化的原理，只要在内容里面合理布置关键词，这个主题帖子在百度搜索引擎上也是会有一个很好的排名的。

5. 帖子数量要把握

运用百度贴吧推广发帖时，每天帖子数量的限制没有确定性。不过一个贴吧中每天的发帖量差不多在 10 个左右。切记不要在同一时间大量发帖，不然很快就会限制你发布了。

6. 贴吧顶贴不宜频繁

在百度贴吧上发布的帖子，每天都要去顶一次。不过不宜太频繁。频繁地顶贴，很可能会使你的主题帖被管理员删除。同时顶贴的内容也要注意。不能只有两三个字，也不能使自己的推广意图太明显。

初学微信推广的人员如果不知道该在哪些平台去发外链，也不知道什么是高质量的外链。那么就可以先从百度入手，巧妙地运用百度贴吧，让自己的推广工作事半功倍。

5.6.4　今日头条

作为字节跳动公司旗下的王牌资讯平台，抖音快手的兄弟平台，无论是流量还是运营模式，商业模式等都要比目前中国其他的一众互联网平台都要好。

截至目前，今日头条的客户使用量已经达到了 5 亿级别，所以在互联网流量日渐宝贵，引领越来越难的今天，能够运营好一个头条号，无论对 IP 塑造，还是营销推广都是大有裨益的。不同于微信，头条采用的是大数据算法推荐机制，一旦踩到用户喜欢的内容，推荐的量就非常可观。

比如我们在微信发个朋友圈，那么只有自己的微信好友能看到，但是如果在头条上发个微头条，加上话题，很可能会被头条官方推荐给很多关注这个话题的人看，那么你就会获取很多的粉丝。写文章也是一样，运营者在微信公众号上写篇文章，写得很好也许会有人转发然后涨粉，但是相对来说比较困难；如果你在头条上发了一篇图文，踩中了观众或者平台的热点话题，那么一篇文章几十万的阅读量，涨几万粉都有可能。所以，大家要认真运营好头条号。

下面详细介绍几个主流的今日头条引流方法，从多维角度教给大家如何通过头条的各种功能引流，最终达到营销推广成交的目的。

1. 图文引流

最初，头条号是可以在文章里面留公众号直接引流的，但现在不行了。因此，就要从文章内容着手，配合私信功能，最终引流到微信或者微信公众号成交。比如运营者可以在文章里面和读者互动，让读者关注你的头条号，私信发暗号给你就可以送干货包。粉丝和你互动之后，就会留下你的微信公众号，引导读者到你的微信公众号去回复关键词领资料。因为头条号是不干涉私信内容的，所以这样引流效果就非常好。如图 5-19 所示。

2. 评论引流

这里的评论引流可以分为下述几种类型。

(1) 在自己的文章里面发表评论或者回复别人的评论进行引流。比如你写了一篇项目分享文章，如果有人在评论里面问你，这个怎么做，你可以回复"私信吧"，就可以通过私信将他引流到你的微信中。如图 5-20 所示。

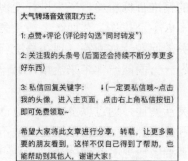

图 5-19

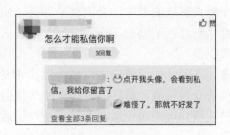

图 5-20

(2) 在别人的文章里面发表评论或者回复别人的评论进行引流。很多大 V 的文章都是每篇上百万阅读量，运营者只要抢先在评论区留言，评论带有针对性，留言完后可以找别人点赞。

因为在头条里面，点赞数、回复数越多的评论，排名就越靠前。然后运营者的评论内容就可以曝光在很多人面前，这种玩法引流效果也是很好的。

评论的文案很关键，很多人说我可以直接留联系方式，那自然是不行的。因为头条上面评论同样也是受限制的，那么怎么做呢?其实也不难，我们可以提前写一篇标题包含关键词的文章，然后引导大家去搜这个文章的标题，这样真正有兴趣的人会去搜的。这样也不会被官方及读者删除评论。

3. 微头条引流

上面也讲到了头条的微头条推荐机制，它虽然和微信朋友圈的发送模式差不多，但是如果带上话题和@对应的账号，只要内容猜中热点，很容易获得流量推荐，然后就会有很多人观看，关注你的账号。

所以运营者要养成发送微头条的习惯，就像发朋友圈一样，而且必须带上话题和@对应的账号(包括头条官方账号)，如图 5-21 所示。

4. 悟空问答

问答引流是目前免费引流最好的方法之一。一般回答都会比问题还精彩，特别是用户感兴趣的话题，更能激起千层浪。

头条的问答模块叫悟空问答，可能很多人还不知道或者没有太关注，悟空问答和知乎一样也是可以引流的。悟空问答拥有独立的 App，因为头条用户基数大，所以玩悟空问答的人也很多，只要能好好运营，同样可以获得很好的引流效果。现在有很多人专攻问答，要经常在里面答题，并且是高质量的原创答题，达到一定的程度后头条会邀请你成为问答达人，然后可以获取更大程度的曝光，如图 5-22 所示。

当然回答问题也并不是随意回答，是有技巧的，举个例子:如果你是做网店运营培训的，那么就专门回答电商相关的话题，尽可能多回答，有条件的话，可以发视频回复，这样通过问答带来的粉丝就都是你需要的精准目标粉丝，未来进行变现的时候就非常容易。等到量变引起质变后，就会有很多人主动找你。久而久之，头条就认定你是这个垂直领域的专家，会主动给你推送相关的问题让你回答。现在悟空问答的很多问题都是有红包奖励的，在悟空问答回答问题一方面能给你带来流量，另一方面能让你赚取收益。

掌握了头条号的引流方法以后，运营者要灵活变通，通过以上方法往自己的微信或者微信公众号引流，最终的目的还是成交盈利。当然任何事物都不会一成不变，今日头条的规则和玩法也一直在改进，所以运营者要多研究多实践才能找到真正适合自己的方法。

图 5-21

图 5-22

5.6.5　知乎

知乎是一个网络问答社区，也是国内目前为止最有权威和影响力的知识性平台。在该平台用户可以分享彼此的知识、经验和见解，为中文互联网源源不断地提供多种多样的信息。准确地讲，知乎更像一个论坛，用户可以围绕着某一感兴趣的话题进行相关的讨论，还可以关注兴趣一致的人。对于概念性的解释，网络百科几乎涵盖了所有的疑问；而对于发散思维的整合，更是知乎的一大特色。知乎官网首页如图 5-23 所示。

图 5-23

谈起知乎，就有一种营销推广界中高大上的感觉，因为知乎是一个比较侧重于知识的分享与发现的平台，进入这个圈你会发现各种回答都比较详细，回答一个问题有的写的字数都有一篇文章长了，有理有据，当然读者也愿意花时间看完。仔细分析一下，如果你的产品需要推广，在知乎发一个话题讨论，然后邀请相关的评测专家进行专业的回答，产生一些更有深度的知识延伸，会引来很多流量，然后再通过其他途径二次分享到其他平台。

要在一个平台上做营销，就要先了解这个平台的运行规律，这是每一天营销人在开展品牌推广时必须优先考虑的问题。知乎对外宣传的口号就是"与世界分享你的知识、经验和见解"，所以平台十分注意问答内容的专业性、客观性，只要问答内容是对用户有帮助的，能够让用户对知乎平台产生持续好感的就能获得更好的推荐。这就给运营者带来了一些启示：在知乎平台上进行推广营销时必须考虑平台的特点，首先要帮助平台丰富话题内容，其次再考虑将自己的品牌广告夹进话题或回答中。只有这样的推广才能获得双赢的效果，既丰富了知乎平台的话题，提高了平台的关注度，又推广了自身品牌。

1. 持续提供给用户垂直高质量的内容

不同于其他平台，品牌和个人想要在知乎上塑造 IP，必须先在内容创作上深耕细作，只有优质的内容创作才能得到用户的长期信任，赢得口碑，提升品牌美誉度。

在知乎，除了提问、回答、发布文章的创作形式外，还有一个发布想法的功能，类似微博，当品牌前期关注者不是很多的时候，可以先为自己的目标用户画像，然后选择相关话题类型进行回答，有针对性的回答可以提高推广的效率，推广的成功率也会更高。

2. 长期宣传推广，热度持续

目前公众号端口所发内容，热度最多持续两天，被关注者看见才会进行传播，两天一过，基本没有任何阅读量和传播量。

知乎与之机制不同，知乎属于内容驱动型的传播机制，一个好的答案，是会被用户持续搜索和关注的，且优质、点赞量高、评论多的回答，都是置于顶端，回答的内容具有很长的热度。就算在发布很长时间后也会有粉丝进行留言点赞收藏，这个时候一定要持续推广，使热度持续。热度的持续，能帮品牌积累一大波精准用户，提高品牌在用户心目中的认知度。

此外，品牌还能利用热度，把精准的用户引入自己的平台，形成种子用户，培养自己的私域流量，从而打造品牌 IP。进行二次推广。

3. 增加互动，有效地与用户互动

很多用户，因为感兴趣或者是需求关注了这个帖子，他们渴望答主给他们解决问

题或是回答他们的问题，此时，若答主能够收集用户的需求及最关注的问题，然后从专业的角度创作出答案，并发至知乎，或者各个营销平台，这种根据精准粉丝需求所创作的答案，会让他们主动进行分享，这种真推广也会增加曝光率。

此外，互动的形式还有很多，更多的还是要看粉丝的喜好，再结合自身开展相关的活动，才能达到口碑与效果的双重结合。这样就可以对吸收粉丝，稳定粉丝数量有一定的帮助。

如今是一个知识分享的年代，知乎用知识分享营销这种商业模式为众多品牌及个体建立了通往用户心智的大门，而唯有掌握哪些钥匙的人，才能够打开真正的大门，为自己的商业品牌创造更多深度的机会去与用户沟通，宣传自己的品牌，在用户心中建立长久深远的品牌形象。

5.6.6　简书

简书是一个创作社区，任何人均可以在其上进行创作。用户在简书上面可以方便地创作自己的作品，互相交流。简书已经成为国内优质原创内容输出平台。熟悉简书的人都知道，简书目前是权重 8 创作网站，高权重说明带来的流量是巨大的，简书的用户画像：一是简书的用户群体高度年轻化，16～25 岁占比 74%；二是用户比较下沉，二三线城市占比 70%；三是用户质量好，本科学历以上占比 75%。可以说是真正意义上怀揣"诗和远方"的一群人。正因如此，简书与其他平台相比，似乎是专业性和针对性最弱的一个自媒体平台。简书的官方网站首页如图 5-24 所示。

图 5-24

简书用户大多是 90 后,那么大致的阅读兴趣就很明显了,大概可以分为情感和实用这两大类型。在简书上,情感类的文章依然深受感性敏感、渴望获得认同的 90 后所喜爱。除此之外,常规的鸡汤励志、情绪宣泄的文章也非常受欢迎。在实用型文章中,干货文章和资源帖最受欢迎。例如,××指南、××必备……这些干货可以是一些经验方法,也可以是个人的经历和观点。这种帖子几乎约等于生活小技能小常识小收藏,没什么技术含量,只要多在网上搜刮一些资源,自己再整合,一天出个 10 来篇资源帖应该很容易。注意,简书上的文章千万不能太长,1500 字已经是极限了。下面详细介绍能够引流的几个方法。

1. 文章分享

可以将自己在简书的文章分享到微信群里。并且,也可以将文章分享到新浪微博和微信朋友圈等,增加曝光量。

2. 投稿

将在简书上编写的文章投稿到相对应的专题,是在简书上引流最好的方法。在这里还有一个小技巧,由于在专题文章排名中,有一栏是按"最新评论"排名的,而且这是简书专题中的默认排名。所以,当我们收到评论的时候,不要及时回评,等到你的文章下降到 10 名以外再进行回评,这样的话,你的文章又跳到第一位了。还有一点就是有几个问题要分时段去回答,不要一股脑地全回答,这样更容易让你的帖子浮在上面。

3. 搞好与管理员和其他作者的关系

每一个简书专题都有管理员,记得多去关注管理员的文章,多给点赞、评论或打赏,人都是有感情的,至少也混了个脸熟,这样你在申请专题的时候,也许就可以获得印象分了。

同理,这个方法也可以用到与这个版块的其他作者建立联系上,想受到关注,就一定要关注别人。去看别人的文章,别人才会看你的文章。所以不能故作高冷,要积极地去评论,和别人交流想法,这样做的主要目的就是混熟。可以和其他作者纯聊天,吹捧人家写得好,别人自然要谦虚一番,不用你说,他们就会主动来看你的文章,就算是回访也不错的。简书这样的大平台,在标签页上写下你的微信公众号,有人按照线索找来,特别容易吸引到流量。

第 6 章　精准营销与搜索优化排名

　　本章主要介绍了公众号关注用户数据、分析粉丝个性数据、分析粉丝需求、公众号搜索排名优化方面的知识与技巧，同时还讲解了有关关键词的概念和使用方法。通过本章的学习，读者可以掌握精准营销与搜索优化排名方面的知识，为深入学习微信公众号·短视频线上运营与推广知识奠定基础。

6.1 公众号关注用户数据

本节导读　微信公众号营销已经成为当下营销的一种趋势，它的后台数据与用户的行为密切相关，这种关系造就了微信公众号营销的成功。对于运营者来说，除了要掌握基础的运营技巧和变现方法之外，还要掌握自己公众号的相关数据，因为数据能向运营者反映最真实的运营效果。

6.1.1 公众号数据的意义

在微信公众号的后台，可以看到左侧的【统计】菜单栏下，显示出一系列数据分析项目，通过这一系列数据，运营者可以了解很多内容，例如微信用户群体的数量变化。此外，这些数据还可以反映出如图 6-1 所示的信息。

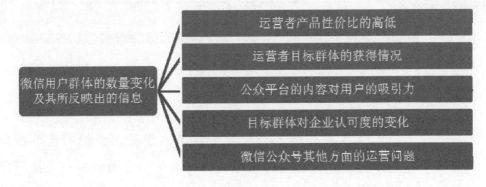

图 6-1

6.1.2 分析昨日关键指标

在微信公众平台后台，有一个数据指标能够帮助平台运营人员了解用户的动向，那就是"昨日关键指标"，在"昨日关键指标"上，可以看到四类数据，分别是粉丝新关注人数、取消关注人数、净增关注人数和累计关注人数，如图 6-2 所示。

如图 6-2 所示为用户分析功能项下的"昨日关键指标"数据显示页面。从图 6-2 中可以看出，"昨日关键指标"主要以"日""周""月"为时间单位轴，分析用户数量在不同时间点的变化情况。

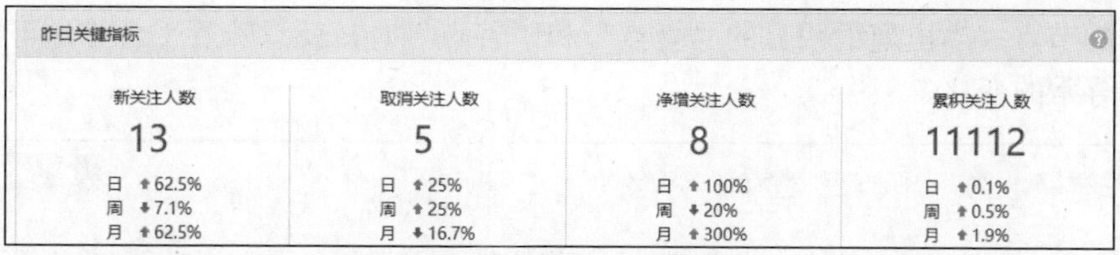

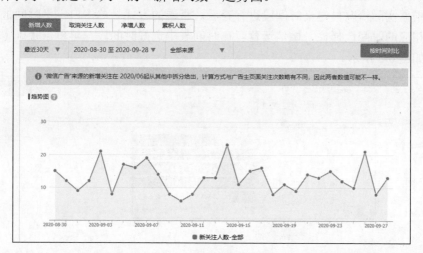

图 6-2

　　在平时，微信公众平台运营者可能还看不出这些数据的变化，但是当微信平台推出了新的计划后，这些关键指标就能起到很好的作用了，它能够反映新计划的实施效果，让微信公众平台运营人员根据这些数据指标总结经验、查漏补缺。

6.1.3 平台粉丝新增人数

　　在"昨日关键指标"下方，微信运营者还能够看到"新增人数""取消关注人数""净增人数"和"累积人数"的趋势图。这部分主要为大家分析"新增人数"的趋势图。在"新增人数"的趋势图中，微信公众平台运营者可以选择"最近 30 天""最近 15 天"和"最近 7 天"这几个时间段对"新增人数"的趋势图进行查看。如图 6-3 所示为"最近 30 天"的"新增人数"趋势图。

图 6-3

　　将鼠标指向不同的节点(日期点)，还能够看到该时间段详细的新增人数数据，如图 6-4 所示。

　　在分析新增人数的趋势数据图时，要注意两方面的内容。一是观察新增人数的趋势，以此来判断不同时间段的宣传效果。二是注意趋势图中的几个特殊的点——"峰点"和"谷点"，"峰点"就是趋势图上突然上升的节点，"谷点"就是趋势图上突然下降的节点。当出现很明显的"峰点"和"谷点"时，就意味着平台推送可能发生了不同寻常的变化。

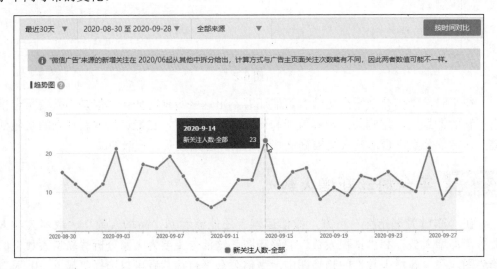

图 6-4

　　除了查看"最近 7 天""最近 15 天""最近 30 天"的趋势图之外，微信运营者还可以根据实际情况自定义时间段进行查看。查看的方式是单击自定义时间框，然后会弹出相应的时间选择栏，微信运营者在时间表中选好时间段，再单击【确定】按钮即可，如图 6-5 所示。

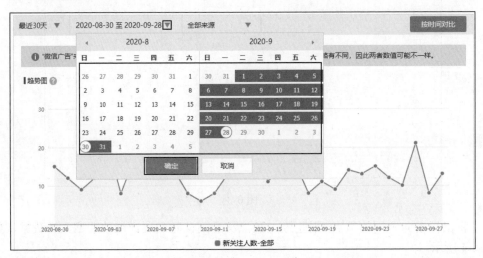

图 6-5

　　如果微信运营者想要和某个时期的数据进行对比，可以单击右上方的【按时间对比】按钮，就会得出相应的对比数据。如图 6-6 所示，为 2020 年 8 月 30 日到 9 月 28

日和 2020 年 7 月 31 日到 8 月 29 日的新关注人数的数据对比。如果要取消对比，单击右上角的【取消对比】按钮即可。

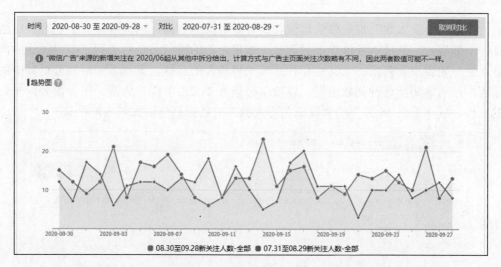

图 6-6

如果微信公众号运营者想要了解粉丝在不同的渠道的增长数量，就可以在数据来源那一栏进行查看。如图 6-7 所示，为【扫描二维码】这个渠道的数据增长趋势图。

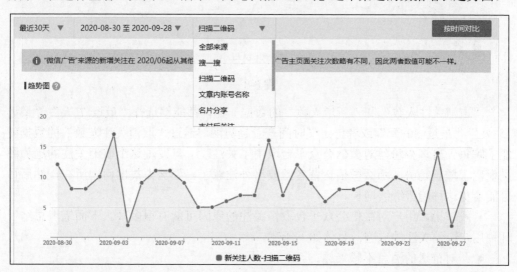

图 6-7

从图 6-7 中可以看出，在 2020 年 8 月 30 日到 2020 年 9 月 28 日之间不断有用户通过【扫描二维码】关注了该公众号。

6.1.4 取消关注人数

"取消关注人数"也是微信运营者要着重考察的数据，因为维持一个老客户比增加一个新客户，其成本要低得多。因此，如果企业的微信公众号遇到了取消关注的问题，就一定要重视起来。尤其是那种持续"掉粉"的问题，运营者一定要分析其中的原因，尽可能防止这种问题出现。以微信公众号"文杰书院"为例，在微信公众平台的后台，其"最近15天"的"取消关注人数"的数据趋势图如图6-8所示。

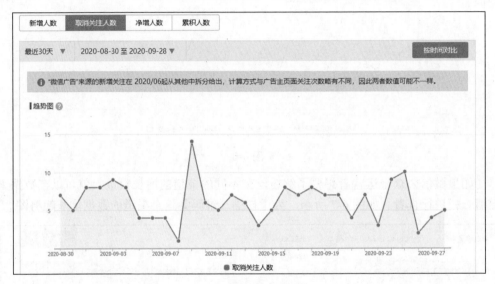

图 6-8

"取消关注人数"和"新增人数"的数据一样，都能够选择"最近7天""最近15天""最近30天"或者自定义时间查看趋势图。通过"取消关注人数"的数据就能了解每天有多少粉丝对微信公众平台取消了关注。一旦发现这个取消关注的趋势图呈现出了增长趋势，那么微信运营者就要格外注意了。要努力找出问题所在，然后尽可能避免这种趋势继续增长。

一般来说，用户对微信公众平台取消关注的原因可能有很多种。下面笔者总结了几种用户取消关注的原因，具体如下所述。

- 对推送的消息不感兴趣。
- 微信公众平台常常发布硬广。
- 没有定期更新。
- 帮助投票，投完就取消关注。
- 领取了优惠，领完就取消关注。
- 其他原因。

通常来说，用户取消关注最大的原因是对推送的消息不感兴趣。如果微信公众平台的取消关注人数一直在增加，那么微信平台运营者就要从以上几个方面查找原因了。

6.1.5 平台粉丝净增人数

微信公众平台后台的"净增人数"是用来衡量一定时期内用户的净增人数的。看了"新增人数"和"取消关注人数"之后，可能微信运营者还是不知道每天净增了多少用户，这时就可以通过"净增人数"趋势图进行查看。如图 6-9 所示，为"文杰书院"微信公众号的"最近 30 天"的"净增人数"趋势图。

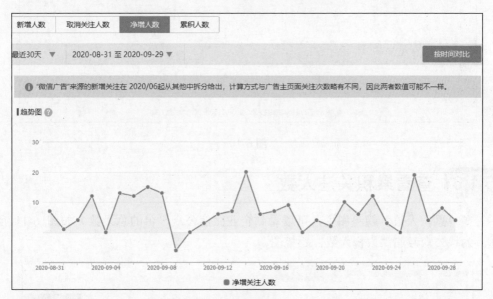

图 6-9

从图 6-9 中可以看出，该平台在 2020 年 8 月 31 日到 2020 年 9 月 29 日之间，"净增人数"有多有少，但总体的人数是增加的，说明该平台的粉丝一直维持着增长的趋势。

智慧锦囊　微信运营者在分析"净增人数"数据的时候，需要注意的是特殊的高点和特殊的低点，因为这些点往往预示着平台的一种发展趋势。

同时，净增人数也是检验运营者推广效果的有效手段。假设企业在两个不同的时间点展开了不同内容的推广，那么就可以将这两个时间段的数据进行对比，从而判断不同的时间段产生的推广效果之间的不同。如图 6-10 所示，为 2020 年 8 月 31 日到

9 月 29 日和 2020 年 8 月 1 日到 8 月 30 日之间的数据对比。

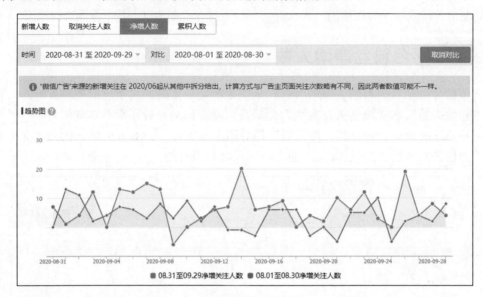

图 6-10

6.1.6 查看累积关注人数

在 "累积人数" 趋势图里，可以看到企业微信公众平台的总人数。如图 6-11 所示，为该公众号的 "累积人数" 趋势图。

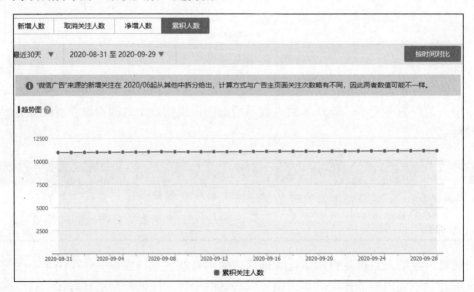

图 6-11

从图 6-11 中可以看出，该微信公众号从 2020 年 8 月 31 日到 2020 年 9 月 29 日的"累积人数"呈现逐步上升的趋势，而且增长趋势相对比较平缓，没有出现大幅度的波动。

"累积人数"趋势图其实不仅仅展现了一定时期内的总体人数的增长变化，还可以用在特殊时间段，供微信运营者对数据进行深层次的分析。

例如，在企业开展营销活动期间就可以查看活动前以及活动前期、活动中期和活动后期这 4 个时间段的"累积人数"趋势图。通常来说，如果企业的活动做得好的话，在活动前期的用户累积数会大幅增加；到了中期时，用户累积数会趋于平缓；等到了活动后期时，用户数可能会出现小幅度的波动。

需要注意的是，如果在活动后期，用户累积数出现了大幅度的波动，例如突然大幅度下降，那么就说明活动策划可能存在某些问题。这是微信运营者和活动策划者需要重点注意的问题。

6.1.7　查看粉丝详细数据

在微信公众平台"用户分析"功能的最下方，罗列有一系列详细数据。如图 6-12 所示为该微信公众号 2020 年 8 月 31 日至 2020 年 9 月 29 日的详细数据。

2020-08-31 至 2020-09-29			下载表格
时间 ⇅	新关注人数 ⇅	取消关注人数 ⇅	净增关注人数 ⇅	累积关注人数 ⇅
2020-09-29	11	7	4	11116
2020-09-28	13	5	8	11112
2020-09-27	8	4	4	11104
2020-09-26	21	2	19	11100
2020-09-25	10	10	0	11081
2020-09-24	12	9	3	11081
2020-09-23	15	3	12	11078
2020-09-22	13	7	6	11066
2020-09-21	14	4	10	11060
2020-09-20	9	7	2	11050
2020-09-19	11	7	4	11048

图 6-12

微信公众号的运营者可以在左上方选择自定义时间查看某个时间段的数据。单击右上方的【下载表格】链接项，将执行下载表格操作。除此之外，单击数据列上方的三角形按钮，能够对数据进行排序——可以从高到低排序，也可以从低到高排序。排好序之后，微信公众号运营者就能够对不同的数据进行快速分析了。

6.2 分析粉丝的需求

本节导读　从用户发来的消息中，可以看出用户的直接需求。比如，用户发送关键词"假期优惠"，说明用户想要了解运营者的"假期优惠"政策，或者与"假期优惠"相关的一些信息。因此，通过后台的用户消息分析，运营者可以了解到用户的诸多需求。

6.2.1 从粉丝消息中分析需求

在微信公众平台，有"消息分析"一栏，在这一栏中，可以看到两部分内容，具体如图 6-13 所示。

消息分析

消息分析　消息关键词

图 6-13

微信公众平台的运营者可以通过用户发送的消息数据，洞悉消费者的需求。在"消息分析"功能中，可以看到"小时报""日报""周报"和"月报"这 4 个内容。

6.2.2 小时报消息分析

首先介绍"小时报"趋势图。通过"小时报"趋势图，微信公众平台的运营者可以了解到用户通常喜欢什么时候发送消息，发送的频率是多少。

在"小时报"下面，可以看到 3 个关键指标，分别是"消息发送人数""消息发送次数"和"人均发送次数"。

接下来将从以下几个方面来介绍微信公众账号的"小时报"数据。

1. 消息发送人数

在"小时报"下，首先看到的是"消息发送人数"趋势图，如图 6-14 所示。

在该趋势图中，可以看到很多的时间段都有人发送消息。运营者可以通过连续多日观察后找出用户最活跃的时间段，然后在用户活跃的时间段与他们进行互动。

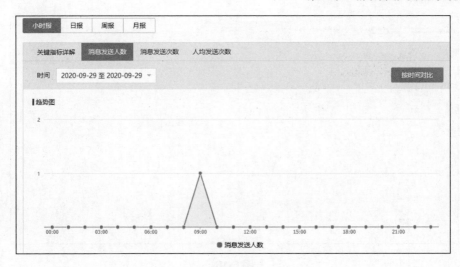

图 6-14

2. 消息发送次数

选择【消息发送次数】选项卡，就可进入"消息发送次数"趋势图的页面。如图 6-15 所示，为该微信公众号的"消息发送次数"趋势图。通过分析不同时间段里用户发送消息的次数，可以了解在哪个时间段里，用户的活跃度比较高。

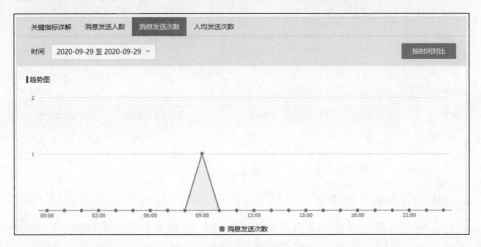

图 6-15

3. 人均发送次数

选择【人均发送次数】选项卡，可以切换到"人均发送次数"趋势图里。在该趋势图中，可以通过分析在不同时间段的人均发送次数，判断最佳的互动时间，如图 6-16 所示为"人均发送次数"趋势图。

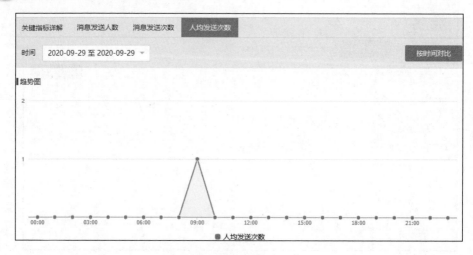

图 6-16

4. 消息发送次数分布图和详细数据

在关键指标的趋势图下面，分别是"消息发送次数分布图"和"详细数据"的数据表，如图 6-17 所示。

消息发送次数分布图		
消息发送次数	消息发送人数	占比
1-5次	1(100%)	████████████████████████████

详细数据				导出Excel
时间 ⇕	小时 ⇕	消息发送人数 ⇕	消息发送次数 ⇕	人均发送次数 ⇕
2020-09-29	09:00	1	1	1

图 6-17

5. 分析"小时报"的意义

对微信平台运营者来说，分析消息"小时报"的意义主要在于判断用户的空闲时间，以此来确定与用户的互动时间和形式。

此外，微信运营者还可以结合图文统计的"小时报"判断用户的职业情况。在图文统计中，"小时报"主要是用来了解用户在不同时间点的阅读量、收藏量和转发量的。运营者可以将同一个时间点的图文统计的"小时报"和消息统计的"小时报"结合起来进行分析，或许可以发现很有意思的事情。

例如在某些时间点，阅读量、收藏量和转发量都不错，但是发送消息的用户却很少，那么是否可以判断，在这些时间点里，用户是不太方便抽出时间来与平台进行互动的。他们或许在上班，或许在做其他的事。只有等到下班之后，他们才会有更多的闲暇时间来与平台进行互动，在这些时间段里，用户发送消息的频率才会升高。

因此，微信公众平台在选择与用户进行互动的时间点的时候，要设身处地地站在用户的角度选择恰当的时间进行，这样才能取得更好的效果。

6.2.3　日报消息分析

"日报"顾名思义就是以"日"为单位对消息进行分析。微信运营者通过"日报"可以了解到相对于一天前、一周前、一个月前，昨天的用户消息到底是增加了还是减少了；固定时间内的消息发送人数、次数和人均发送次数有什么特点等。下面将从以下几个方面对"日报"进行分析。

1. 昨日关键指标

在"日报"页面，首先看到的就是"昨日关键指标"数据，如图 6-18 所示。

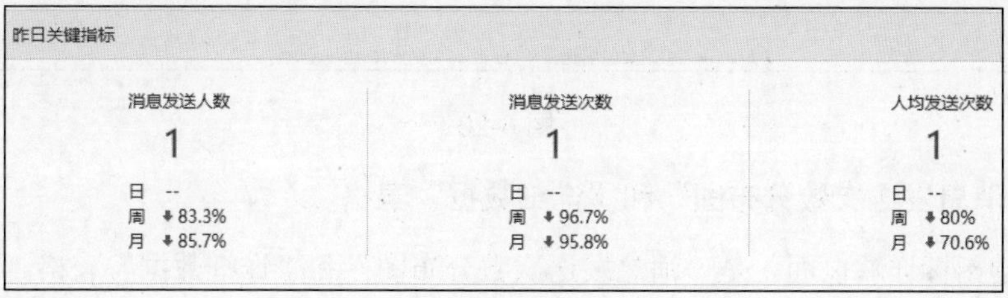

图 6-18

2. 关键指标详解

和"小时报"一样，"日报"也有"消息发送人数""消息发送次数""人均发送次数"的趋势图。如图 6-19 所示，为"消息发送人数"30 日内的趋势图。

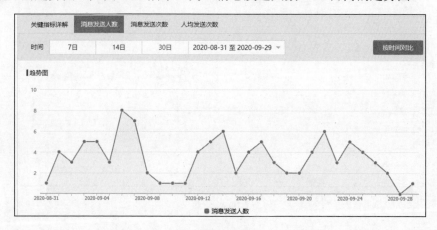

图 6-19

微信公众号运营者想要将某个时期的数据进行对比，可以单击右上方的【按时间对比】按钮，就会得出相应的对比数据，而想要对比的时间微信公众号运营者可以自己定义。如图 6-20 所示为 2020 年 8 月 31 日到 9 月 29 日和 2020 年 8 月 1 日到 8 月 30 日的消息发送人数的数据对比。如果要取消对比，单击右上角的【取消对比】按钮即可。

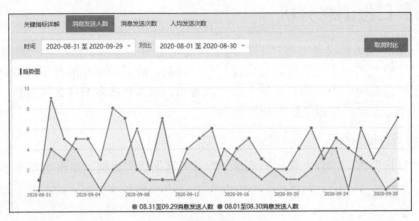

图 6-20

3. "消息发送次数分布图"和"详细数据"表格

在关键指标详解页面，是"消息发送次数分布图"和"详细数据"表格，如图 6-21 所示。

消息发送次数分布图		
消息发送次数	消息发送人数	占比
1-5次	95(94.06%)	
6-10次	1(0.99%)	
10次以上	5(4.95%)	

详细数据			导出Excel
时间 ⇕	消息发送人数 ⇕	消息发送次数 ⇕	人均发送次数 ⇕
2020-09-29	1	1	1
2020-09-27	2	4	2
2020-09-26	3	3	1
2020-09-25	4	25	6.3
2020-09-24	5	5	1
2020-09-23	3	6	2

图 6-21

运营者如果想要对详细数据进行更深入的分析，可以单击详细数据右上角的【导出 Excel】按钮将数据导入到 Excel 中，再进行深入分析。

6.2.4 周报消息分析

"周报"主要是以"周"为单位对用户发送的消息进行分析的一个功能模块，和"小时报""日报"一样，"周报"也包括"关键指标详解""消息发送次数分布图"和"详细数据"数据表三大内容，如图 6-22 和图 6-23 所示。

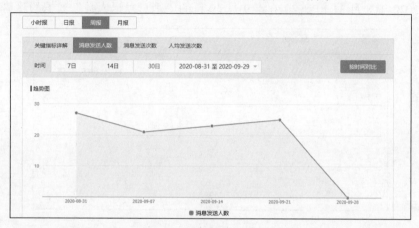

图 6-22

消息发送次数	消息发送人数	占比
1-5次	87(92.55%)	
6-10次	2(2.13%)	
10次以上	5(5.32%)	

详细数据   导出Excel

时间	消息发送人数	消息发送次数	人均发送次数
2020-09-21	25	112	4.5
2020-09-14	23	68	3.0
2020-09-07	21	36	1.7
2020-08-31	27	34	1.3

图 6-23

通过关键指标详解的"消息发送人数"数据，微信运营者可以了解到每一周的用户发送数据，还可以了解到在第几个完整周，发送消息的人数有上升的趋势；在第几个完整周，发送消息的人数有下降趋势。微信运营者可以根据这些趋势，去分析在这些周期内，平台做了哪些工作，才提高了用户的活跃度和积极性。

"消息发送次数"和"人均发送次数"的趋势图也可以用同样的思路加以分析。

6.2.5 月报消息分析

消息分析功能中，最后一个功能模块就是"月报"，和前面的"小时报""日报""周报"一样，也有"关键指标详解""消息发送次数分布图"和"详细数据"这三大内容。"月报"主要用于判断微信用户是否具有长期的积极性。如图 6-24 所示，为 2020 年 8 月 31 日到 2020 年 9 月 29 日的"消息发送人数"数据的趋势图。

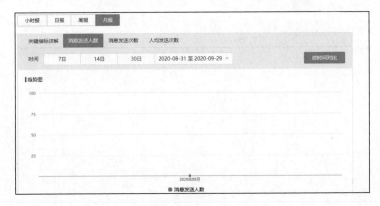

图 6-24

除了查看"消息发送人数"的趋势图外，还可以切换到"消息发送次数"和"人均发送次数"选项，查看相应的指标趋势图。

在"关键指标详解"数据页面，是"消息发送次数分布图"和"详细数据"数据表，如图 6-25 所示。

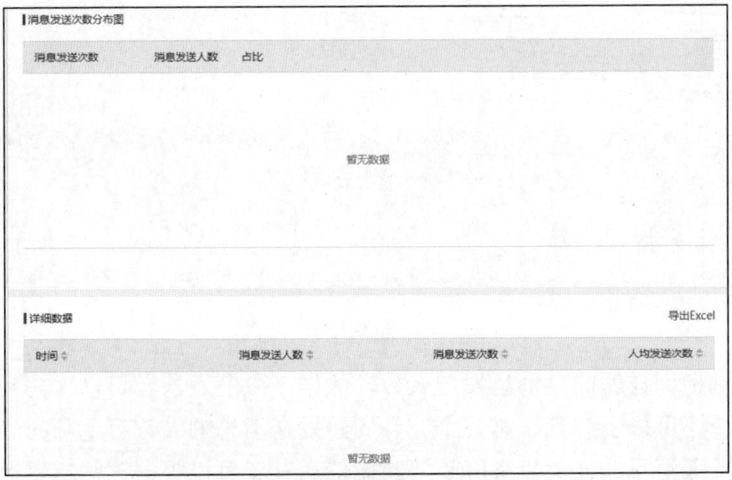

图 6-25

"消息发送次数分布图"表明了某个时间段用户发送消息的人数和占比情况，同时在"详细数据"数据表中，每个月的消息数据一目了然。

6.3　公众号搜索排名的优化

本节导读　　微信公众号是微信中搜索概率最大的流量入口之一，还是一个重要的分享和引流入口，因为有了分享的入口和粉丝入口，公众号的搜索入口才会更大。本小节将详细介绍公众号搜索排名的优化的相关知识。

6.3.1　搜索入口

在移动互联网中，微信运营者想要通过优化入口的方式提高搜索排名，首先需要了解微信有哪些能够优化的移动入口。微信上能优化的入口主要有以下几个，分别是微信搜索入口、搜狗搜索入口和平台收录入口。运营者知道能优化的入口后，就可以进行具体优化操作，下面将分别进行详细介绍和分析。

1. 微信搜索入口

微信搜索入口目前有 7 个，如图 6-26 所示。

图 6-26

2. 搜狗搜索入口

搜狗搜索平台的内容收录主要按"关键词匹配"的方式，从标题和内容上进行选取和匹配，下面以图解的形式分析，如图 6-27 所示。

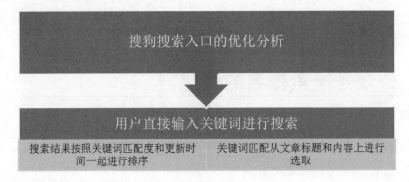

图 6-27

主要根据关键词匹配进行结果的搜索排序，影响微信搜索排名的因素有很多，建议运营者从最根本的优化入口入手，下面以图解的形式分析，如图 6-28 所示。

朋友圈	•抓住生活中热点关键词优化朋友圈搜索入口
公众号	•抓住领域中热点关键词优化公众号搜索入口
文章	•抓住资讯中热点关键词优化文章搜索入口
小程序	•抓住应用中热点关键词优化小程序搜索入口
表情	•抓住网络流行词优化表情搜索入口
音乐	•抓住娱乐明星关键词优化音乐搜索入口
微信指数	•抓住用户的兴趣点关键词，比如日常消费、娱乐、出行等，从而对品牌企业的精准营销和投放形成决策依据

图 6-28

3. 平台收录入口

平台收录入口的优化主要指运营者将自己的公众号文章发表在其他平台上，以接入更多入口的方法，扩大自己文章的传播广度和深度，一般来说，微信运营者除了用微信、微博推文之外，还可用新媒体平台来推广文章或公众号，比如以下几个新媒体平台。

- 一点资讯。
- 今日头条。
- 搜狐公众平台。
- 简书。
- 百度贴吧。
- 网易媒体。
- 百度百家。

- 企鹅媒体号。
- UC 大鱼等。

6.3.2 命名优化

下面以公众号搜索关键词为入口，分析介绍公众号名称如何取以及公众号文章标题如何取。

1. 公众号名称如何取

用户搜索公众号，主要是使用关键词搜索。因此，公众号的名称要在直观上给用户一种能够满足他的需求的感受。那么，运营者如何取一个在直观感受上能够吸引用户眼球的名称呢？下面从体现领域特征、满足用户需求和恰当的组合这三个方面以图解的形式分析介绍，如图 6-29 所示。

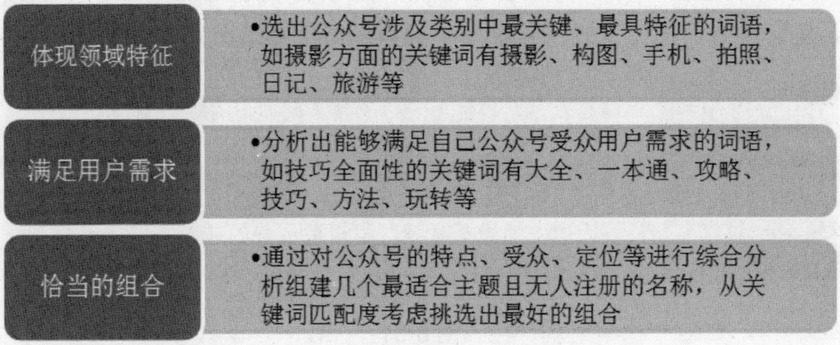

体现领域特征	• 选出公众号涉及类别中最关键、最具特征的词语，如摄影方面的关键词有摄影、构图、手机、拍照、日记、旅游等
满足用户需求	• 分析出能够满足自己公众号受众用户需求的词语，如技巧全面性的关键词有大全、一本通、攻略、技巧、方法、玩转等
恰当的组合	• 通过对公众号的特点、受众、定位等进行综合分析组建几个最适合主题且无人注册的名称，从关键词匹配度考虑挑选出最好的组合

图 6-29

2. 公众号文章标题如何取

公众号文章要想吸引读者，标题最重要，由于用户搜索是直接用关键词搜索，可见标题中最重要的是关键词，下面从标题的关键词热度、关键词次数和关键词主题这三个方面以图解的形式分析介绍，如图 6-30 所示。

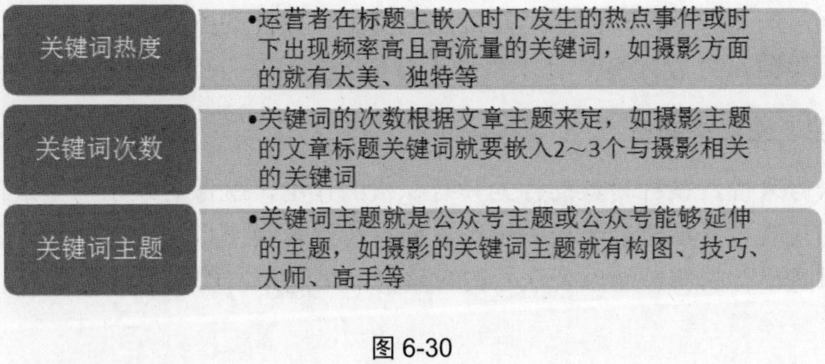

关键词热度	• 运营者在标题上嵌入时下发生的热点事件或时下出现频率高且高流量的关键词，如摄影方面的就有太美、独特等
关键词次数	• 关键词的次数根据文章主题来定，如摄影主题的文章标题关键词就要嵌入2～3个与摄影相关的关键词
关键词主题	• 关键词主题就是公众号主题或公众号能够延伸的主题，如摄影的关键词主题就有构图、技巧、大师、高手等

图 6-30

智慧锦囊　　运营者要学会举一反三，将取名的方法熟练运用。如果运营者将公众号文章的标题取好了，在其他平台上发表公众号文章时，可以采用已有的文章标题。

6.3.3 树立品牌形象

品牌商家在销售产品时总是强调要树立品牌形象，扩大品牌影响力，大多数普通商家也强调要树立品牌形象，可见，树立品牌形象对商家销售的重要性，笔者发现一个好的品牌或口碑优秀的品牌，用户都愿意主动去搜索其产品。因此，品牌形象也可以作为商家的流量入口。

运营微信公众号也一样，树立自己的品牌形象有利于增加粉丝数量和增强粉丝黏性。那么，运营者如何树立品牌形象呢？下面以图解的形式分析介绍，如图6-31所示。

公众号名称	•公众号名称越好记、有趣，越能让用户有印象
微信号字数	•突出微信公众号的微信号，建议字数不超过7位
内容分享	•内容的质量最重要，要形成良好的口碑，促使用户转发

图6-31

6.3.4 增强粉丝黏性

增强粉丝黏性就是获取更多活跃粉丝的支持和促进粉丝推荐，获取粉丝经济，粉丝黏性越大，流量入口就越大，接下来将从以下几个方面介绍增强粉丝黏性的方法。

1. 用活动活跃氛围

在公众号的运营中，举办活动是最能提升用户黏性的方法，也是最直接的推广引流的技巧，如图6-32所示为"辽宁联通"微信公众号举办的与粉丝互动的活动。

2. 用朋友圈汇集铁粉

对公众号来说，铁杆粉丝的行为具有积极的作用，就像对娱乐明星来说，不论是出专辑、拍写真、开演唱会、公映电影，铁杆粉丝都会支持，因此，运营者要增强粉丝黏性可以将已有的粉丝通过公众号的粉丝群汇集起来，用交流打造铁粉。

图 6-32

3. 创造话题引领分享

在当今信息化飞速发展的时代，无话题不营销，话题就是一个搜索入口，一个流量入口，即使是有身份有地位的大企业家也不免被拿出来博眼球、炒话题。

第 7 章　从零开始全面认识短视频

　　本章主要介绍了初识短视频、短视频营销优势、短视频类型、短视频制作流程、短视频策划、短视频拍摄方面的知识与技巧，同时还讲解了如何进行短视频的剪辑与包装、短视频的发布方法。通过本章的学习，读者可以掌握短视频方面的基础知识，为深入学习微信公众号·短视频线上运营与推广知识奠定基础。

7.1 初识短视频

本节导读

随着移动互联网的发展和智能手机的普及，传播领域呈现出明显的平台扩大化和内容多元化的特点。其中，短视频行业更直观、更立体化的传播形态正在逐渐兴起和发展。网络视频的类型多种多样，形式也在不断更新，随着时代的进步而变化，为了更熟练地进行短视频运营，了解和掌握短视频的各种类型是不可或缺的一个环节。

7.1.1 原创短视频

原创短视频作为网络视频的主要来源之一，具有十分显著的独特性。目前来看，网络上的原创短视频主要来自三个方面，下面分别予以详细介绍。

1. 视频网站自制或自媒体人短视频

随着网络视频的不断发展，现在越来越多的视频号也开始自制视频或者推出自媒体人创作的短视频，并且还取得了不俗的成绩，广受好评。例如，腾讯视频自制的节目《演员请就位》就十分火爆，并赢得了广大观众的喜爱。

2. 电视台、传媒企业发布原创短视频

这一类原创短视频大多来自比较正规、实力强大的电视台和传媒企业，而大部分电视台的官网都会发布一些内容优质的原创短视频。如图 7-1 所示为央视网官方网站发布的短视频案例。此外，这种原创短视频与其他原创短视频的内容有一定的区别——主要在于侧重点有所不同。一般来说，电视台、传媒企业的原创短视频的主要内容包括 3 类，即时政新闻、体育娱乐和专题片。

图 7-1

3. 视频团队、影视组织自创节目或脱口秀

因为网络视频的蓬勃发展，影响力日益增强，所以一些自创的短视频节目、脱口秀节目也层出不穷。比如高晓松的网络脱口秀节目《晓松奇谈》、罗振宇的《罗辑思维》以及袁腾飞的《袁游》等。

7.1.2 UGC 视频

UGC，由 User Generated Content 简化而来，其含义是用户自创内容。UGC 视频即用户自己生产内容，然后上传发布在互联网上，与其他用户分享。这类视频的特点是比较新颖——以个人为单位，时间也比较短，充满个性。

以短视频应用"快手"为例，其视频形式都是以 UGC 为主。值得关注的是，在这个应用上注册的用户多为普通大众，而且不太追捧明星名人，只注重展示自我和日常生活，其显著的特点就是真实，这就是 UGC 视频的精髓。如图 7-2 所示为抖音关于某一标签的 UGC 视频。

图 7-2

当然，UGC 视频发展的空间还很大，需要更加专业的制作水准和专业技术水平更高的平台，才能不断前进，赢得广大用户的青睐。

7.1.3 网络视频广告

网络视频广告通常会出现在网络视频正式开播之前，或者视频中间，其主要特点

如图 7-3 所示。

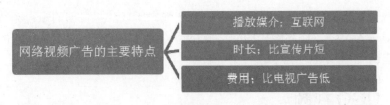

图 7-3

由于网络视频广告的成本相对较低，因此，有的企业会根据产品的特点对广告的时长进行调整，比如 1 分钟的广告、30 秒的广告都有可能在网络上出现。如图 7-4 所示为网络视频广告案例。

图 7-4

智慧锦囊　　网络视频广告在互联网飞速发展的今天已经屡见不鲜，只要在线看视频，都会发现它的踪影，可以称得上是见缝插针。当然，如果不想观看在线广告，也可以通过花钱开通会员的方式避开广告。

7.1.4　品牌活动

品牌活动与宣传片有些类似，就是个人、组织或企业根据举办的活动内容所制作的相关短视频。一般以会议、庆典、博览等形式呈现，但它与宣传片有明显的不同，就是主题非常明确。

品牌活动按照主题的不同，可以大致分为如图 7-5 所示的几种类型。

节庆活动：周年庆典、美食节

会议活动：研讨会、经验交流会

媒体活动："XX男声"

品牌活动的主要类型

商业活动：招商会、新品发布会

体育娱乐活动：奥运会、演唱会

公益慈善活动：慈善拍卖会

图 7-5

7.1.5　宣传短片

宣传片就是通过拍摄视频的方式诠释企业的形象和文化，并将它传递给广大受众，从而树立企业的良好形象，创建品牌，吸引更多的人进行消费。

一般来说，宣传片还可以细分为不同的类型，主要有企业宣传片、产品宣传片、公益宣传片和招商宣传片，下面详细进行介绍。

1. 企业宣传片

企业宣传片主要是对企业的整体面貌进行呈现的视频类型，其呈现的内容主要包括 5 个方面，即成长经历、主要业务、技术水平、文化理念和前景展望等。

比如支付宝十周年的企业宣传片"生来不同，注定非凡"，其中就涉及企业的发展历程，个人故事及主要业务，并从中传达出企业的文化理念和精神内涵，感染力很强，让广大用户都为之注目，并更加信任企业及其产品。

2. 产品宣传片

产品宣传片是企业通过宣传片的形式对产品进行推广，推广的主要内容有功能特点、设计理念和优势亮点等。

例如，一款手机宣传片，就对其功能、效果测评等进行了有效阐述，并通过情景化的片段对产品的亮点进行了完整的展示，如图 7-6 所示为手机宣传片的画面。

产品宣传片的优势在于可以直接向用户介绍产品的特征，使用户能快速了解产品的相关细节，且产品宣传片包含的信息量比较大，对产品的介绍更加全面。此外，产品宣传片的制作费用与广告片的制作相比较，还是比较低的。因此，产品宣传片值得企业有效利用。

3. 招商宣传片

招商宣传片的目的很明显，就是为了吸引投资，因而这类宣传片的显著特点就是具有很强的针对性，需要根据不同的对象、企业招商项目的不同需求等因素进行制作。

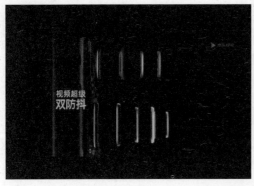

图 7-6

4. 公益宣传片

公益宣传片是为传播正能量而设计的，其主要目的是为公众着想，提升公众生活品质和福利待遇，以构建更为和谐的美好社会。公益宣传片的特征如图 7-7 所示。

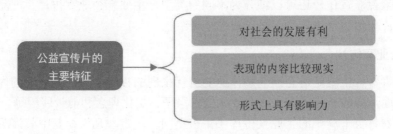

图 7-7

当然，公益宣传片从内容上看，也可以进行分类，比如有一些专门讲关于尊老爱幼等传统美德的，有一些则讲关于帮助贫困地区发展、奉献爱心的，还有一些是讲关于绿色环保的。

7.1.6 微电影

微电影是互联网时代的一种电影形式。因为微电影常常将人类的情感诉求融入其中，各大网络视频平台常用这种方式传递品牌价值和品牌理念。微电影具备如图 7-8 所示的特点。

微电影的特点			
内容短小精悍	打造成本低	互动性强	投放精准

图 7-8

以引发全民怀旧情感的一部微电影《老男孩》为例，它虽然没有出名的制作人，也没有著名的导演和演员，但凭借高质量的水准和完整感人的故事，意外地俘获了不少网友的心，也因此成功引爆微电影。尽管没有海报宣传，也没有票房支撑，但它仍不失为一部成功的微电影。

此外，根据内容和风格的不同，微电影还可以分为不同的类型，如图 7-9 所示。

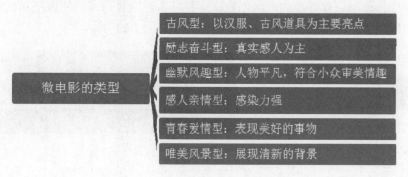

古风型：以汉服、古风道具为主要亮点

励志奋斗型：真实感人为主

幽默风趣型：人物平凡，符合小众审美情趣

微电影的类型

感人亲情型：感染力强

青春爱情型：表现美好的事物

唯美风景型：展现清新的背景

图 7-9

微电影作为具有完美故事情节的"迷你电影"，其显著的优点就是虽然没有一般电影的时长，却能够将内容的精华完整地展现出来。并且，微电影的诞生与碎片化信息接收方式的形成密不可分，甚至可以说，微电影就是为了契合人们的碎片化信息接收方式而出现的。

7.1.7　影视短视频

影视短视频是比较常见的一种短视频类型，经常上网的人不会惊讶它的存在，但一般人会好奇它究竟是怎样呈现在用户眼前的，这里将其形成过程大致总结如图 7-10 所示。

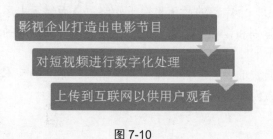

影视企业打造出电影节目

对短视频进行数字化处理

上传到互联网以供用户观看

图 7-10

7.1.8　系列短片

系列短片是指在主题和内容上具有一致性且可以串联起来的影片，而且它是由多个剧集组成的短片。集与集之间环环相扣、紧密联系，并且可以构成一个完整的故事。一般而言，系列短片可以分为两种，即系列广告和微剧集，下面将分别予以详细介绍。

1. 系列广告

系列广告是指反复播放的一组广告，这种广告通常具有相同的风格和相同的主题内容，与传统的广告相比，也有其独特的优势，如图 7-11 所示。

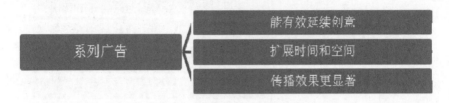

图 7-11

以飘柔洗发水的"柔顺"系列广告为例，其主要演员和角色都是不变的，而且主题也始终如一。图 7-12 和图 7-13 所示为飘柔洗发水的"柔顺"系列广告的不同篇。

图 7-12　　　　　　　　　　　　　图 7-13

系列广告可以由一个完整的故事贯穿于始终，从而显示出系列广告的完整性。因此，在对广告进行策划和设计时，需要注意选题的内容和情境的设置，不能忽视任何一个微小的细节，不然就可能导致整个系列广告的不和谐。

为了打造出高质量的系列广告，就应该遵循始终如一的基本原则，当然，也可以对内容和形式进行微创新，从而获得完美的效果。

2. 微剧集

微剧集是指通过互联网进行传播的微型电视剧，其主要受众为互联网用户。微剧集与传统的电视剧相比，其区别具体如图 7-14 所示。

例如，由搜狐视频全力打造的独家微剧集《极品女士》，其风格以轻松幽默为主，旨在带给大家乐趣。

图 7-14

7.2　短视频营销优势

本节导读

　　营销就是根据消费者的需求打造销售产品和服务的方式和手段，经过不断的探索与研究。营销的方式越来越多，包括网络营销、服务营销、体验营销、病毒营销、整合营销及社交营销等。而短视频营销属于网络营销，也是具有巨大潜力的营销方式之一。本节将详细介绍一些短视频营销优势的相关知识。

7.2.1　互动性强

　　短视频营销很好地吸收了网络营销的优点——互动性很强。几乎所有的短视频都可以进行单向、双向甚至多向互动交流。对于企业而言，短视频的这种优势能够帮助企业获得用户的反馈信息，从而更有针对性地对自身进行改进；对于用户而言，他们可以通过与企业发布的短视频进行互动，从而对企业的品牌进行传播，或者表达自己的意见和建议。这种互动性使短视频能够快速地传播，还能使企业的营销效果得到有效提升。

　　以 OPPO 手机 Reno 4 SE 为例，它在新浪微博上发布了关于产品的短视频，如图 7-15 所示。它的目的是给自己发布的新品造势，吸引消费者的注意力。不仅如此，它还通过关注转发的方式对产品和品牌进行宣传，可以说是"双重营销"，既有带给消费者动态短视频的直观感受，又有福利的大力吸引。

图 7-15

7.2.2 成本较低

与传统的广告营销少则几百万元，多则几千万元的资金投入相比，短视频营销的成本算是比较低的，这也是短视频营销的优势之一。成本低主要表现在 3 大方面，即制作成本低、传播成本低及维护成本低。在制作短视频时，需要具备几个重要的条件，才能持续打造出质量上乘，能够吸引受众眼光的作品。

- 创意性、趣味性的良好内容创造。
- 分工协作，具备高效的执行力。
- 齐心协力的团队。

短视频是否能够迅速地传播，并不耗费太大的成本，关键在于如何打造短视频的内容，内容有没有真正击中用户的痛点和需求点。比如 papi 酱的自创简单小视频，初期只靠一个人的自导自演，就能轻而易举地引得无数网友转发和评论，如图 7-16 所示为 papi 酱发布的"中秋赏月饼"短视频内容。

图 7-16

从图中可以看出，一个小小的短视频，竟可以获得几万人点赞、评论和转发，当然这其中也不乏利益的驱动，但总体来说还是获得了较好的传播效果。

随着用户对短视频内容的要求逐步提高，短视频的打造也慢慢开始向专业化、团队化发展。虽然制作短视频的门槛很低，但是如果想要借助短视频的力量获得良好的营销效果，就必须以专业化团队的力量作为支撑，而且短视频营销也在逐渐向专业化的方向不断前进。

7.2.3 传播快速

短视频营销还拥有传播速度快、难以复制的优势，因为短视频营销本身就属于网络营销，所以短视频能够迅速地在网络上传播开来，再加上其时间短，适合现在快节奏的生活，因此更能赢得广大受众的青睐和欢迎。

此外，用户在与短视频进行互动的过程中，不仅可以点赞、评论，还可以转发。一条包含精彩内容的短视频，如果能够引发广大用户的兴趣并被他们积极转发，就很有可能获得病毒式传播的效果。例如美拍、梨视频等平台上的火爆视频，都可以通过转发来增加热度，实现短视频营销。

　　除了短视频平台自身的转发和传播外，它们还积极与诸如新浪微博这样的社交平台合作，让精彩丰富的短视频通过流量庞大的微博发布出来，进而吸引更多的流量，推动短视频的传播。短视频不仅传播快，而且还难以复制，这一优势从哪里可以看出来呢？很多短视频都可以添加水印和原创者的联系方式，但是像图片、文章、音频等特别容易被复制粘贴，严重地损害了原创者的利益。

　　而短视频则比较难复制，这样一来就确保了信息的唯一性，如图 7-17 所示为各大短视频平台发布的加水印的短视频。

图 7-17

7.2.4　效果显著

　　短视频是一种时长较短的图文影音结合体，因此短视频营销能够带给消费者图文、音频所不能提供的感官冲击，这是一种更为立体、直观的感受。因此，短视频只要符合相关的标准，就可以赢得消费者的青睐，使其产生购买产品的欲望。那么，利用短视频进行营销时，它需要符合哪些标准呢？具体有三点，即内容丰富、价值性强和具有观赏性。

　　短视频营销的效果比较显著，一方面是因为画面感更强，另一方面是因为短视频可与电商、直播等平台结合，实现更加直接的赢利。

　　它的高效性就体现在消费者可以边看短视频，边对产品进行购买，这是传统的电视广告所不能拥有的优势，因为一般消费者在观看了电视广告之后，不能实现快捷购物，一般都是通过电话购买、实体店购买及网上购买等方式来满足购物欲望，但在这些方式中，消费者都不可避免地会遇到一些问题，如在电话中无法很好地描述自己想购买的商品的特征、不想出门购物等。短视频营销的这一优势从消费者的购买行为上来看很明显，一般消费者在观看电视广告后较少产生购买的行为，一是因为电视广告没有相关的产品链接，购买不方便；二是因为随着移动互联网的迅速发展，消费者大多喜爱利用上网的方式进行消费，电视广告的受众范围明显有所缩小。因此，短视频营销就在市场中占据了一席之地。

短视频可以将产品的购买链接放置在展示产品画面的四周，或者播放短视频的窗口周围，这样一来，就可以实现"一键购买"了。如图 7-18 所示为淘宝商家利用短视频进行营销，展示产品，其购买链接就在视频的右下方。

图 7-18

7.2.5 指向性强

与其他类型的营销方式相比，短视频营销还具有指向性强这一优势，因为它可以准确找到企业的目标受众，从而达到精准营销的目的。那么它是如何在茫茫人海中找到与产品对应的受众群体呢？为什么会有人在短视频软件上聚集起来，甚至形成社区或者群组呢？

一是短视频平台通常都会设置搜索框，对搜索引擎进行优化，受众一般都会在网站上对关键词进行搜索，漫无目的闲逛的可能性不大，因此，这一行为使短视频营销更加精准。如图 7-19 所示为微视的搜索界面和搜索热门排行榜。

图 7-19

　　二是短视频平台经常举办各种活动，聚集用户。如图 7-20 所示为微视举办的带上宠物去旅行投稿活动。

图 7-20

微视这样做既可以提升用户的活跃度，又聚集了平台上有宠物的用户共同贡献内容。由此可知，微视找到了部分用户的共性，并很好地利用了这一点。

7.2.6 可衡量性

短视频营销本身就属于网络营销，因此可对短视频的传播和营销效果进行数据分析。一般而言，短视频营销的语言，都是由数据构成的。因此大致可分为如图 7-21 所示的内容。

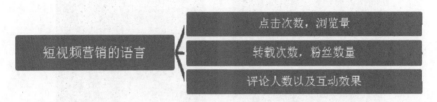

图 7-21

这些语言形式基本上都是公开性的，不管是社交平台的短视频，还是垂直内容的短视频，都会展示播放量、评论量等。如图 7-22 所示为"太皇太后您有喜啦"在新浪微博上发布的短视频内容。

图 7-22

从图中可以看出，这条内容的效果非常显著，点赞量 65000 多，转发量 9000 多，而显示的与用户互动的评论量也将近 5000。总体来说，这个短视频是成功的，获得了不错的传播效果。

　　既然短视频营销可以进行数据化的跟进，那么具体该怎么做呢？这里将其大致流程总结为如图 7-23 所示。

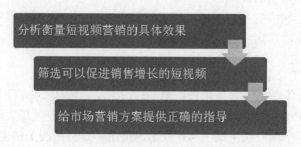

图 7-23

7.3 短视频的类型

　　随着时代的发展，短视频走进了我们的生活，并且深受广大群众喜爱。作为媒介传播的工具之一，它不仅可以带给我们知识和娱乐，更多的是让我们走进了一个新时代，那就是短视频时代。本节将详细介绍短视频类型的相关知识。

本节导读

7.3.1 短视频渠道类型

　　随着移动视频用户总数、用户的观看黏性和活跃度都得到极大的提升，从观看时间上来看，手机、PAD 等移动设备已经成为国人观看视频的首选渠道。按照平台特点和属性细致地分类，可以细分为六种渠道，分别是在线视频渠道、资讯客户端渠道、社交平台渠道、短视频渠道、垂直类渠道和小视频渠道。

1. 在线视频渠道

　　在线视频渠道通常是得编辑者得天下，因为在这类渠道播放量主要通过搜索和小编推荐来获得。像搜狐视频、优酷视频、爱奇艺、腾讯视频、Bilibili、爆米花等平台，人为等主观因素对视频播放量的影响都是非常大的，如果运营者获得了一个很好的推荐位置，那么视频的播放量一定会得到显著提升。像有一些微电影上线之后，会在各个渠道进行广告推广获取潜在的观看用户，这部分人就会在对应的网站主动搜索这个微电影。

2. 资讯客户端渠道

资讯客户端渠道大多通过平台的推荐算法来获得视频的播放量。像今日头条、天天快报、一点资讯、网易新闻客户端、UC 浏览器等都是用这种推荐算法将视频打上多个标签并推荐给相应的用户群体，目前这种推荐机制被应用在很多平台，比如网易云音乐智能推荐歌曲，淘宝智能推荐商品，这也被认为是未来的发展趋势。

3. 短视频渠道

一些短视频渠道起始于直播平台，是一种衍生品。但从 2014 年开始，很多人意识到短视频比直播更有发展前景，越来越多短视频平台开始出现在大众的视野。秒拍在 2014 年 7 月 28 日全面升级上线了 4.0 版本，美图秀秀出品的美拍也在 2014 年上线，仅仅用了 9 个月的时间用户数就突破了一亿，还有最早可以在移动端进行视频制作的小影、主打资讯类短视频的梨视频、头条拆分出来的西瓜视频，360 最近上线的快视频。相信短视频渠道的纷争还会持续一段时间，这将是短视频创作者的最佳机会。

4. 社交平台渠道

社交平台有微信、微博、QQ 这三大类，社交平台是人们社交的工具，方便结识更多相同兴趣的人。社交渠道是各路人马的必争之地，不仅仅是短视频的重要渠道，而且社交渠道的重要性也不只是传播，它更是一个堡垒一个基地，是用户在互联网上找到你的一种方式，是运营者连接粉丝、连接广告主、连接商务合作的通道。

5. 垂直类渠道

这些短视频渠道的涌现，不能说明短视频是一个趋势，而不是一个风口，真正可以验证这个观点正确性的是垂直渠道的出现，目前冲在最前面的是电商平台，如淘宝、蘑菇街、礼物说、什么值得买……电商平台通过短视频，可以帮助用户更全面地了解商品，从而提升购买量。相信未来还会出现更多垂直的短视频平台，教育+短视频、汽车+短视频、旅游+短视频，等等。

6. 小视频渠道

还有一个平台需要单独说，那就是快手的出现。4 亿用户、4000 万日活，上线以来从备受争议到万众瞩目也让头条这样的行业巨头感受到了压力，接连上线了抖音小视频与火山小视频两款产品，并再次放出了补贴绝招，细心的同学可以看到"小视频"这三个字，这也是我把他们放在短视频渠道之外来说的原因，不管是视频内容还是平台算法都是有一定差异的。面对这样一个庞大的流量池，短视频创作者也是有必要做一些尝试的。

目前短视频渠道大致可以分为这 6 种，未来是否会有新的种类上线还不得而知，但运营者一定要学会有侧重点地运营，找到最适合自己栏目的短视频渠道。

7.3.2　短视频内容类型

兵法有云：知己知彼，百战不殆。做短视频也一样，想要做出用户喜欢的短视频内容，就要了解用户喜欢的短视频风格分类有哪些。其中抖音短视频内容分类就有十多种，包括音乐、舞蹈、美食、运动、科技、时尚、汽车、旅行、亲子、摄影、影视、政务、剧情、动物、创意、传统、动漫、生活等。

在竞争如此激烈的短视频内容分类中，仍然有几类短视频内容独占鳌头，更能获得用户青睐，更容易成为爆款。那么，最受用户欢迎的短视频内容有哪些呢？

1. 自黑搞笑类短视频内容

"自黑吐槽"是一种新型的交流方式。它的核心是通过"牺牲"自己来娱乐大众，形式包括但不限于冒傻气、搞怪装扮、自我吐槽等。

如果运营者要制作"自黑搞笑"类视频，一定不能用力过猛，给观众一种又假又尴尬的感受。要想办法满足人们在碎片化时间轻松消遣的需求，而不是尴尬无聊。在抖音，这类短视频内容制作比较精良的，最初有"多余和毛毛姐"，现在几乎无人不知，如图 7-24 所示为其抖音主页。

图 7-24

男扮女装的反差感，劣质的假发，尖细的声音，标志性的方言是"她"的标志性特征。一人分饰多角，视频多以反映社会现象，表现日常生活为主，整体内容切合实际，动作表情略微夸张，语言幽默风趣，在逗得观看者大笑的同时又能引起共鸣，获得了广大用户的喜爱。

而现在，陆续又有更多的同类型短视频创作者"冒出头"，例如"郑丽芬 er""晓凡凡""青岛大姨"等账号，如图 7-25 所示。同样是一人分饰多个角色，但视频内容的主题却又完全不同，搞笑却又能戳中人心，非常受用户喜欢，每一个视频基本上都有几十万甚至上百万人点赞。只要运营者找到了适合自己的玩法，同类型的搞笑视频，你也可以做得与众不同。

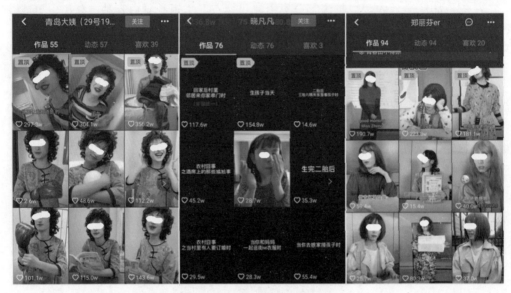

图 7-25

2. 一见钟情类短视频

"一见钟情"类短视频内容，关键还是靠"颜值"。外形上的吸引力一直都是容易获得关注的重要元素，也是抖音上短视频内容中受欢迎指数排名靠前的一种。展现外在吸引力的内容，观众往往愿意在第一时间点赞，反复观看的意愿更高，评论和互动的动力也更强。

例如，靠"甩头发"视频爆火的"刀小刀"，同样是甩头发视频，长得好看的人和颜值一般的人，可能点赞和关注数就完全不一样。同样是演绎情感类视频，好看的人表演的效果就像偶像剧，让人忍不住关注点赞，例如"君言君语"。如图 7-26 所示。

当然，这些账号的特点并不完全靠颜值支撑，也有内容上的辅助，视频也有足够的内涵才能吸引人。这类视频要注意不能表演过于用力、做作，因为这样容易使观众产生反感心理。

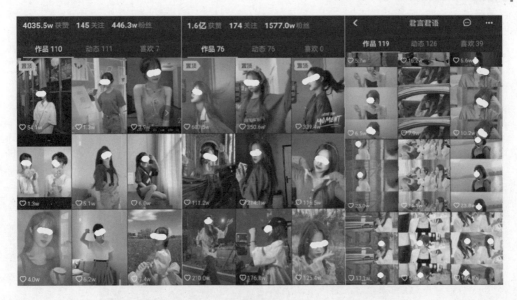

图 7-26

3. 温暖治愈类短视频

温暖治愈类短视频内容没有固定限制，可以是美景，可以是事件，可以是简单的言语。这类短视频的关键就是通过美好的人或物，治愈类的言行举止，温暖和治愈他人。

例如军人和萌娃的互动，宝贝和萌宠之间爱的互动，这类短视频具有清新的特点，以展示呆萌可爱、憨态可掬的各类"小可爱"为特点，吸引观众停留。

这类小视频之所以走红，原因在于快节奏的社会生活中，在生活工作的双重压力下，人们需要一些温暖治愈的东西来抚慰心灵，治愈自己。而不管是萌宠类，还是萌宝类视频，他们最大的特征是具有较强的治愈力，非常容易让人点赞和反复观看。

例如，停更 4 个月后被网友催更的抖音账号"会说话的刘二豆"，视频一发出，就受到了广泛关注。目前，该视频点赞已有 256 万。而"会说话的刘二豆"视频以萌宠对话为主，展现日常各种斗嘴搞笑生活，让人在轻松之余忍不住会心一笑，具有非常明显的治愈效果。如图 7-27 所示。

4. 酷炫技术类短视频内容

这类短视频吸引人的关键，就是别人已经掌握而自己难以掌握的技术。这类技术包括但不限于唱歌、跳舞等才艺，还有特效制作技能，冷门生活技能，传统技艺的展现等，都能帮助运营者赢得关注。

例如，人人都知道的中国非遗传承"李子柒"，她的视频里所展现的农村生活让人熟悉又陌生，看似简单的日常生活却让人似乎看到了世外桃源，这是大多数人向往却又无法享受的生活。如图 7-28 所示。又例如，以特效视频深受用户喜欢的"黑脸

V"，每一个视频中都运用了酷炫特效，让人惊艳。如图 7-29 所示。

图 7-27

图 7-28

图 7-29

5. 情感共鸣类短视频内容

情感共鸣类短视频内容受人喜欢的原因，在于这类视频能够从情感上与用户产生共鸣,产生价值上的认同感。只要你的视频能够激发用户的共鸣,就能收获大量点赞和关注。

当然,这类视频引起情感共鸣的基础是发布者和用户的三观要合,而且思维水平要相差不大。也就是说,你说的东西别人能听懂,不然你的内容就毫无意义。所以,情感类短视频中需要什么样的角色,以谁的口吻讲话、用什么样的方式表达,非常重要。

真实感人的小故事、情感爆发的瞬间,以及一些真诚且富有说服力的观点,这些内容都需要用合适的方式表达出来,只有这样才能引起人的共鸣。另外,从平凡人物的视角切入,以生活中的平凡事件为素材,更能达到"引起情感共鸣"的目的。

7.3.3　短视频生产方式类型

随着互联网的不断发展,越来越多的内容生产者开始进入到不同的领域发出自己的声音,下面将对 UGC(用户生产内容)、PGC(专业生产内容)、OGC(职业生产内容)三大内容生产模式分别予以详细介绍。

1. UGC(用户生产内容)

UGC(User Generated Content)用户生产内容,UGC 的生产主体是普通的用户,主要是为了达到分享个人的经历、兴趣的目的,进行内容的生产和传播。抖音中的个人视频创作、对微博等的评论、表情包的创作、视频中的弹幕等都是 UGC 的体现。

UGC 的生产对其内容生产者来说几乎是零门槛,用户内容生产和发布并不受时间、地点的限制,这种内容的生产机制能调动最广泛的用户参与到内容生产中,使平台以极低的成本获得海量的内容。

在这种机制中,用户直接参与到平台内容的生成和发布中,这种参与感和成就感也增强了用户的忠诚度。反过来,UGC 平台为用户提供了交流的空间,用户基于兴趣生产和接收内容时,能够与其他用户建立沟通与互动渠道。生产者来源的广泛性也促使内容产品的规模更大、形式更丰富,为平台的发展提供了源源不断的支持。例如微博搞笑排行榜,每晚发布话题,引得上万人的评论,最终使这一微博账号成了粉丝千万的"大 V"。而这些每晚"抢热门"的网友,也就沦为新媒体时代下的"数字劳工"。如图 7-30 所示为"微博搞笑排行榜"微博发布话题与网友互动。

2. PGC(专业生产内容)

PGC(Professionally generated Content)专业生产内容。PGC 的生产主体是在某些领域具备专业知识的人士或专家,他们在特定领域里具有一定的影响力和知名度,微博"大 V"、网络红人、科普作家或政务微博多属此类。例如我们熟知的"丁香医生"就属于 PGC。如图 7-31 所示为"丁香医生"微博主页。

图 7-30

图 7-31

　　PGC 生产机制的内容具有专业、深度、垂直化等特点，内容质量相较 UGC 更有保证。PGC 机制能够提升内容产品的质量，使平台的知名度和声誉度都得到保证，优质的内容能够对用户产生强烈的吸引力，有助于实现用户导流，为实现知识付费提供可能，也为后续的衍生产品和相关产业开发打下基础，成为谋求内容变现的重要选择。PGC 机制容易爆发版权争议，高门槛的存在使其难以满足受众信息广度上的需求。

　　3. OGC(职业生产内容)

　　OGC(Occupationally generated Content)职业生产内容，其内容生产主体是具备一定知识和专业背景的从业人员，他们从职业身份出发参与生产并从中获得报酬。OGC

对于内容为生产者设置了更高的门槛，不仅要求具备知识或资历，还要求有职业身份，这在最大程度上对生产者进行了过滤，从而有助于生产出更多更高质量的内容。但这隔绝了网民的参与，互动性受限，生产成本也更高。

OGC 机制实际上就是专业媒体机构的内容生产机制，相比 UGC 和 PGC，OGC 更加强调职业身份，扮演着传统的"把关人"角色，在信息发布之前已经经过了一次内部审核，进一步保证了内容质量，但同时会对时效性产生一些影响。在当前信息泛滥，知识爆炸的时代，OGC 内容却更凸显出其珍贵之处，受到人们的信任和依赖。

7.4 短视频的制作流程

本节导读

随着短视频领域的不断升温与巨大商业变现模式的明朗化，现在越来越多的个人或团队都争相进入短视频制作领域。那么，要制作一部短视频作品，从前期准备到后期发布，需要经历什么流程呢？本节将从短视频制作的前期准备开始，详细介绍短视频制作团队的组建、短视频的策划、拍摄、剪辑与包装、发布等过程。

7.4.1 前期准备

"工欲善其事，必先利其器"。在制作短视频之前，我们应根据拍摄目的、投入资金等实际情况准备好拍摄设备、三脚架、声音设备、摄影棚、灯光照明设备、视频剪辑软件和脚本等，如图 7-32 所示。

图 7-32

1. 拍摄设备

常用的短视频拍摄设备有手机、单反相机、DV 摄像机及专业级摄像机等。若条件有限，可以使用手机进行拍摄，因为现在很多手机的拍摄功能都已经达到高清像素的标准了；若条件允许，则可以购买家庭使用的 DV 摄像机，价钱一般在 2000 元到上万元不等。此外，也有很多人使用单反相机拍摄短视频，很多优质的短视频作品都是使用单反相机拍摄出来的。

2. 三脚架

无论是视频拍摄的业余爱好者还是专业技术人员，在进行视频拍摄时都离不开三脚架。拍摄者可以使用三脚架稳定摄像机，从而改善视频画面，更好地完成拍摄任务。

在选择三脚架时，拍摄者一定要明确制作短视频的内容主线。若拍摄内容为街拍，一定要选用重量轻、体积小的三脚架，这样不容易引起周围人的注意，能够迅速地进入拍摄状态。若为影棚拍摄，则一定要把三脚架的稳定性放在第一位，而在三脚架的重量方面无须过多考虑。

3. 声音设备

声音是制作初期短视频制作者容易忽视的问题，但随着创作的不断深入，其重要性不言而喻。除了拍摄设备自录音外，我们在拍摄时还应配备一些录音设备。

4. 摄影棚

摄影棚的搭建是短视频前期拍摄准备工作中成本支出最高的一部分，它对于专业的短视频拍摄团队是必不可少的。要想搭建一个摄影棚，首先需要一个 $30km^2$ 左右的工作室，因为过小的场地可能会导致摄影师的拍摄距离不够。

摄影棚搭建完毕，要进行内部的装修设计。装修设计必须依照短视频的拍摄主题来进行，最大限度地利用有限的场地。道具的安排也要紧凑，避免浪费空间。短视频的拍摄场景不是一成不变的，这就要求在场景设计上一定要灵活，这样才能保证在短视频拍摄过程中可以自由地改变场景。

5. 灯光照明设备

若在室内拍摄短视频，为了保证拍摄效果，需要配备必要的灯光照明设备。常用的灯具包括冷光灯、LED 灯、散光灯等。其中，散光灯常用作顶灯、正面照射或打亮背景。在使用灯光照明设备时，还需要配备一些相应的照明附件，如柔光板、柔光箱、反光板、方格栅、长嘴灯罩、滤镜、旗板、调光器和色板等。

6. 视频剪辑软件

视频剪辑软件是对视频源进行非线性编辑的软件。短视频制作者利用视频剪辑软件可以对加入的图片、背景音乐、特效、场景等素材与视频进行重新组合，对视频源进行切割或合并，通过二次编码生成具有不同表现力的新视频。目前，常用的视频剪辑软件包括 Premiere、EDIUS、会声会影、爱剪辑等。

7. 脚本

脚本是拍摄短视频的根本，是短视频作品的灵魂，它为整个短视频的内容及观点奠定了基础。一个优秀的脚本可以让短视频具有更加丰富的内涵，引起观众的深度共鸣。在拍摄短视频的过程中，一切场地安排与情节设置等都要遵从脚本的设计，以避免拍摄情景与主题不符。

7.4.2 组建制作团队

现在短视频制作已经从独自完成转变为团队作战，因为这样才更具专业性。相对于微电影创作，短视频的时长更短，内容更丰富。要想拍摄出火爆的短视频作品，制作团队的组建不容忽视。那么，完成一部具有专业水平的短视频作品，其制作到底需要哪些团队成员呢？具体如图 7-33 所示。

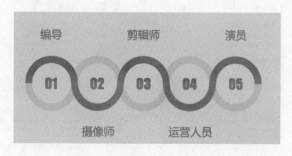

图 7-33

1. 编导

在短视频制作团队中，编导是"最高指挥官"，相当于节目的导演，主要对短视频的主题风格、内容方向及短视频内容的策划和脚本负责，按照短视频定位及风格确定拍摄计划，协调各方面的人员，以保证工作进程。另外，在拍摄和剪辑环节也需要编导的参与，所以这个角色非常重要。编导的工作主要包括短视频策划、脚本创作、现场拍摄、后期剪辑、短视频包装(片头、片尾的设计)等。

2. 摄像师

优秀的摄像师使短视频能够成功一半，因为短视频的表现力及意境都是通过镜头语言来表现的。一个优秀的摄影师能够通过镜头完成编导规划的拍摄任务，并给剪辑留下非常好的原始素材，节约大量的制作成本，并完美地达到拍摄目的。因此，摄像师需要了解镜头脚本语言，精通拍摄技术，对视频剪辑工作也要有一定的了解。

3. 剪辑师

剪辑是对声像素材的分解重组，也是对摄制素材的一次再创作。将素材变为作品的过程，实际上是一个精心的再创作过程。剪辑在短视频后期制作中是不可或缺的重要环节。一般情况下，在短视频拍摄完成之后，剪辑师需要对拍摄的素材进行选择与组合，舍弃一些不必要的素材，保留精华部分，还可利用一些视频剪辑软件为短视频配乐、配音及进行特效处理，其根本目的是要更加准确地突出短视频的主题，保证短视频结构严谨、风格鲜明。对于短视频创作来说，后期制作犹如"点睛之笔"，可以将杂乱无章的片段进行有机组合，形成一部完整的作品，而这些工作都需要剪辑师来完成。

4. 运营人员

虽然精彩的内容是短视频得到广泛传播的基础，但其传播仍然离不开运营人员的网络推广。新媒体时代下，由于平台众多，传播渠道多元化，若没有一个优秀的运营人员，无论多么精彩的内容，恐怕都会淹没在茫茫的信息大潮中。由此可见，运营人员的工作直接关系着短视频能否被人们注意，进而进入商业变现的流程。运营人员的主要工作内容如图 7-34 所示。

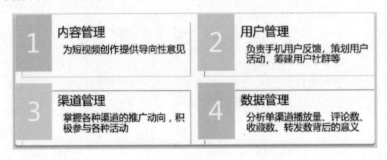

图 7-34

5. 演员

拍摄短视频所选的演员一般都是非专业的，在这种情况下，一定要根据短视频的主题慎重选择，演员和角色的定位要一致。不同类型的短视频对演员的要求是不同的。例如，脱口秀类短视频倾向于一些表情比较夸张，可以惟妙惟肖地诠释台词的演员；故事叙事类短视频倾向于演员的肢体语言表现力及演技；美食类短视频对演员表达食物吸引力的能力有着较高的要求；生活技巧类、科技数码类及电影混剪类短视频等对演员没有太多演技上的要求。

7.4.3 短视频的策划

古人云："凡事预则立，不预则废"。对于短视频而言，策划是为了更深刻地诠释内容，将作品的中心思想表达得更清楚。因此，只有好的策划才可能有好的作品。策划短视频脚本的作用在于组织一切参与视频拍摄、剪辑的人员，根据脚本大纲的指导分工协作，完成各自的工作任务，提升拍摄质量和效率。短视频的策划流程大致包括如图 7-35 所示的 3 个步骤。

图 7-35

1. 短视频的脚本策划与撰写

首先，运营者要学会在脚本与剧本中取舍。脚本与剧本是短视频策划中存在的两种截然不同的表现手法，脚本侧重于表现故事脉络的整体方向，相当于主线。剧本呈现的内容则更加详细，加入了更重细节因素，甚至包括短视频内容发生的时间、地点、人物动作、对话等细节。

短视频最大的特点就是短，将主题浓缩在很短的时间内，既要保证主题鲜明又要做到内容精简。所以在前期策划时通常会选择脚本进行规划。而脚本可以分为拍摄提纲、分镜头脚本和文学脚本 3 种类型。

(1) 拍摄提纲。拍摄提纲相当于为短视频搭建了一个框架，开拍之前需要罗列整理出拍摄内容，类似于提炼文章主旨。选择拍摄提纲这类脚本，大多是因为拍摄内容与拍摄过程中存在大量不确定因素。拍摄提纲不会对脚本内容设限，摄影师可以现场自由发挥。

(2) 分镜头脚本。分镜头脚本最为细致。每个分镜头脚本的写作会将短视频中的每一个画面都体现出来，包括对镜头的要求(推拉摇移、大中近特等)也会一一写出来。所以前期创作分镜头脚本较为耗时耗力，但分镜头脚本的细化对后期拍摄的画面要求较高，需要特殊选景置景、美术道具、演员表演走位等各方面进行定制化。更适合拍摄一些类似于微电影的短视频使用，这类视频由于故事性强，对更新周期没有严格限制，创作者有大量时间和精力去策划，既能保证严格的拍摄要求，又能提高画面质量。

(3) 文学脚本。文学脚本在拍摄提纲的基础上增添了细节内容，更加丰富完善。它会将拍摄中的可控制因素罗列出来，而将不可控因素留待现场拍摄时随机处理。因此，在时间和效率上都有提高，比较适合一些不存在剧情，直接由画面和表演组成的短视频。

三种脚本并没有具体地划分哪些视频适用于哪种脚本。但在短视频策划时脚本应该追求内容尽可能丰富完整，但又做到化繁为简，为拍摄执行提高效率。不要局限于脚本的条条框框，将短视频创作的拍摄细节、思路、人物对话、场景等内容丰富到视频脚本中，将一切需要的内容保留下来，将那些不可控的，没有用处的内容全部删除。这样不但节省时间和精力，更能让短视频获得最好的效果。

最后运营者还要了解脚本的一些构成要素，具体如图 7-36 所示。

脚本的构成要素

框架搭建	在脑海里搭建短视频总构想，如拍摄主题、故事线索、人物关系、场景选地等
主题定位	短视频想要表达的中心思想和主题
人物设置	需要设置几个人，他们分别要表达哪方面的内容
场景设置	在哪里拍摄，室内、室外、棚拍、绿幕抠像
故事线索	剧情如何发展，利用恰当的叙述方式来调动观众情绪
影调运用	根据短视频的主题情绪，配合相应的影调，如悲剧、喜剧、怀念、搞笑等
音乐运用	用恰当的音乐来渲染剧情
镜头运用	使用什么样的镜头进行短视频内容的拍摄

图 7-36

2. 按照大纲安排素材

创作者在撰写短视频大纲时要注意两点：一是大纲要呈现出主题、故事情节、人物与题材等短视频要素，二是大纲要清晰地展现出短视频所要传达的信息。其中，故事情节是短视频拍摄的主要部分，素材收集也要为这个部分服务，如需要的道具、人物造型、背景、风格、音乐等都需要视情节而定。

例如拍摄科技数码类短视频时，一定要注意严格把控素材的时效性，这就需要创作者获得第一手素材，快速进行处理与制作，然后进行传播。

3. 镜头流动，引导关注

短视频是由一段接着一段镜头组成的完整视频，镜头是视听语言中“视”的部分，也是最基本的一部分。观众在观看短视频时所感受到的时间和节奏变化，都是由镜头流动产生的。短视频以镜头为基本的语言单位，而流动性就是镜头的主要特性之一。镜头流动除了表现在拍摄物体的运动上之外，还表现在摄像机的运动上，具体如图 7-37 所示。

镜头角度	镜头速度	镜头焦距	镜头切换
• 鸟瞰式 • 仰角式 • 水平式 • 倾斜式	• 让短视频更加有节奏感 • 特定情境使用不同的镜头速度	• 长焦镜头 • 短焦镜头 • 中焦镜头	• 把握视频节奏 • 选择视频中转折部分作为前后的衔接点 • 考虑前后的逻辑性

图 7-37

7.4.4　短视频的拍摄

随着 5G 技术的成熟，短视频越来越流行。普通民众也可以录制短视频记录自己的日常生活，短视频更容易表达内容，达到宣传推广目的。短短几十秒的视频看似简单，但实际上却是各种影视技术的集中运用。短视频的拍摄主要包括如图 7-38 所示的几个部分。

图 7-38

1. 镜头语言

短视频创作者需要了解的镜头语言主要包括景别、摄像机的运动及短视频的画面处理方法。

(1) 景别。根据景距与视角的不同，景别一般可分为极远景、远景、大全景、全景、小全景、中景、半身景、近景、特写和大特写等类型。

(2) 摄像机的运动。摄像机的运动一般包括推、拉、摇、移、跟、升、降、俯、仰、甩、悬、空、切、综、短、长、变焦拍摄、主观拍摄等。

(3) 短视频的画面处理方法。短视频的画面处理方法主要包括淡入、淡出、化、叠、划、入画、出画、定格、倒正画面、翻转画面、起幅、落幅、闪回、蒙太奇和剪辑等。

2. 使用定场镜头

定场镜头是短视频一开始，或一场戏的开头，是用来交代故事发生的时间和地点的镜头。定场镜头可以交代故事的社会背景，为短视频奠定节奏，营造短视频的气氛和感情基调。

定场镜头是拍摄短视频的核心镜头之一，它告诉观众在哪里或什么时候下一个场景将会发生。定场镜头的拍摄手法包括常规拍摄、结合情节、建立地理概念、确定时间。

3. 使用空镜头

空镜头主要可分为两类：一类以景为主、物为陪衬，如群山、山村全景、田野、天空等，使用这类镜头转场既可以展示不同的地理环境、景物风貌，又能表现时间和季节的变化；另一类以物为主、景为陪衬，如在镜头前飞驰而过的火车、街道上的汽车，以及室内陈设、建筑雕塑等各种静物。空镜头的运用已经成为短视频创作者将抒情手法与叙事手法相结合，增强艺术表现力的重要手段。

4. 使用分镜头

分镜头可以简单地理解成短视频的一小段镜头，电影就是由若干个分镜头剪辑而成的。分镜头是一个很关键的概念，它的作用是使人们能够从不同视角、不同方面了解画面所要表达的主题。多使用分镜头，可以让观众更全面、快速地了解被拍摄的对象，更有兴趣观看下去。

例如拍摄旅行短视频，用第一个分镜头告诉大家"这是哪里"，可以拍一段展示周边环境和建筑全貌的画面；再拍一段分镜头，告诉大家"拍的是什么"，可以拍一段展现人物全身或物体局部的画面；最后用一个分镜头告诉大家"拍摄的主体在这里做什么"，可以拍摄人物的动作或行为等。

5. 镜头移动拍摄

动静结合的拍摄，即"动态画面静着拍，静态画面动着拍"。

在拍摄动态画面时，镜头最好保持静止。动态画面指拍摄的画面本身在动，如冒热气的咖啡、路上的行人、翻涌的浪花、不停变化的灯光等。这类画面由于被拍摄者本身在动，若拍摄时镜头也有大幅度的移动，会让整个画面显得混乱，找不到拍摄的主体。因此，当拍摄完一个画面后，尝试换一个角度，同样不要动，完成下一个分镜的拍摄。

与动态画面相比，若在拍摄静态画面时镜头也静止不动，就会显得有些单调。因此，在拍摄静态画面时，镜头可以适当地缓缓移动，但不要让拍摄的物体移到画面边缘或画面外。在移动镜头时，可以从上到下移动，也可以从左到右移动，应尽量平行、平稳地进行移动，要让拍摄的画面保持稳定。

6. 使用灯光

在室内拍摄短视频需要使用灯光，这时要注意如图 7-39 所示的要素。

图 7-39

(1) 光度。光度是光源发光强度和光线在物体表面的照度，以及物体表面呈现的亮度的总称。光源发光强度和照射距离影响照度，照度大小和物体表面色泽影响亮度。

(2) 光位。光位是指光源相对于被摄体的位置，即光线的方向与角度。同一对象在不同的光位下会产生不同的明暗造型效果。

(3) 光质。光质指光线聚、散、软、硬的性质。聚光的特点来自一种明显的方向，其产生的阴影明晰而浓重；散光的特点是来自若干个方向，产生的阴影柔和而不明晰；光的软硬程度取决于若干因素，光束狭窄的比光束宽广的通常要硬一些。

(4) 光型。光型是指各种光线在拍摄短视频时的作用，可分为主光、轴光、修饰光、轮廓光、背景光和模拟光。

(5) 光比。光比是指被摄体主要部位的亮部与暗部的受光量差别，通常指主光与辅光的差别。光比大，反差就大，有利于表现"硬"的效果；光比小，则有利于表现"柔"的效果。

(6) 光色。光色是指光的颜色或色光成分，通常将光色称为色温，它决定了光的冷暖感，可以激发人许多情感上的联想。

7.4.5 短视频的剪辑与包装

在对短视频剪辑与包装的过程中，需要注意如图 7-40 所示的内容。

图 7-40

1. 合理利用与整合素材

在制作短视频时，素材的积累与整合非常重要，合理地利用已有资源可以大大提高工作效率。短视频的后期制作需要添加音乐素材、模板素材及滤镜素材等，在使用这些素材时不要忽视版权方面的问题。

2. 视频剪辑突出核心和重点

视频剪辑是为短视频赋予第二次生命的过程。在剪辑过程中，剪辑师会将个人对整个短视频故事情节的理解投入其中，这就意味着最后的成片会突出什么都是由不同的剪辑手法所决定的，所以剪辑师必须对短视频要表达的主题有足够的理解，这样才能让视频剪辑突出核心和重点。

3. 背景音乐与视频画面相呼应

短视频的背景音乐除了推动画面内容向前发展之外，也是短视频内容的重要表现形式。在选择背景音乐时，要注意音乐的节奏感、音乐类型、音乐歌词是否与内容表达一致等。

4. 镜头的剪辑

镜头的剪辑主要包括分剪、挖剪、拼剪及变格剪辑。

5. 尽量少用转场特效

短视频的转场特效应该用在前后镜头画面，色彩相差过大或者故事发生重大转折的时候，起到一种承上启下的作用，在使用时应尽量与短视频内容本身相贴合，做到浑然一体。滥用或错用转场特效容易打断观众的视觉思维，扰乱故事的节奏。

6. 片头和片尾体现变化

片头和片尾是短视频中承上启下的桥梁和纽带。片头是短视频开场的序幕，片尾是短视频结束的跋幕。

7.4.6 短视频的发布

短视频的发布。短视频在制作完成之后，就要发布。在发布阶段，要做的工作主要包括选择合适的发布渠道、渠道短视频数据监控和渠道发布优化，具体内容如图 7-41 所示。

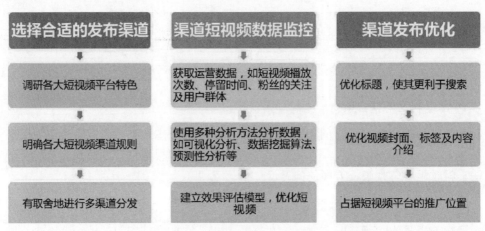

图 7-41

第8章 短视频平台及特效拍摄

随着短视频行业的发展，不仅出现了许多短视频 App，同时，各大在线视频平台也加入了短视频运营行列中。通过本章的学习，读者可以掌握各大短视频平台方面的基础知识及特效拍摄方法。

8.1　热门短视频平台

本节导读　　　说到短视频，就让人情不自禁地想到各种各样的手机 App，它们不仅提供了拍摄短视频的良好平台，而且还各具特色，让短视频制作和推广变得简单可行，本节将详细介绍一些热门好用的短视频 App 的相关知识。

8.1.1　抖音

相对于一般的短视频拍摄软件来说，抖音 App 的出现犹如一股清流，抛弃了传统的短视频拍摄模式，转而拍摄音乐短视频。对如今的年轻人来说，这一软件的出现，能让他们以不一样的方式来展示自我。此外，抖音 App 音乐中的节奏感十分明朗强烈，因而被追寻个性和自我的年轻人争相追捧。

相比于其他短视频拍摄软件只是在视频的呈现方式上下工夫，抖音 App 则另辟蹊径，以音乐为主题进行视频拍摄，这是其最大特色。

其首页为用户提供相关场景的音乐推荐，用户可以根据自身的喜好选择相应的背景音乐。不仅如此，在抖音的拍摄页面也可以添加音乐，而且种类非常多，有飙升榜、流行、新歌、原创音乐、国风和激萌等可供用户选择。

用户也可以选择快拍或者慢拍两种视频拍摄方式，并且具有滤镜、贴纸以及特效功能，帮助用户的音乐短视频拍摄更加具有多变性和个性。

抖音 App 还能将拍摄的音乐短视频分享到朋友圈、微博、QQ 空间以及有针对性地分享给微信朋友等。

因此，运营者如果想要利用抖音平台推广短视频，就需要利用好该平台上的所有可利用的功能，并结合平台所具有的特色和优势。

8.1.2　快手

以"记录生活，记录你"为口号的快手自 2012 年转型为短视频社区以来，就侧重于记录用户生活并进行分享。其后，随着智能手机的普及和流量成本的下降，这一款手机应用也迎来了发展的春天。截至 2017 年 3 月，快手的用户已达到 4 亿人，日活跃用户数也达到了 4000 万人。发展到 2018 年 11 月，快手 App 的下载安装已经达到了 41 亿多次。可以说，在各款短视频 App 中，快手 App 的下载安装次数是最多的。快手发展得如此迅速，是与其 App 特性和热门综艺认证分不开的，快手的应用介绍如图 8-1 所示。

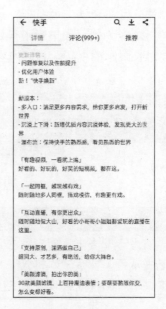

图 8-1

如图 8-1 所示提及的滤镜和魔法表情，就是喜欢拍摄短视频的运营者需要用到的，且在这方面还是有一定优势的，特别是在种类和效果上。如图 8-2 所示为快手的部分滤镜和魔法表情。

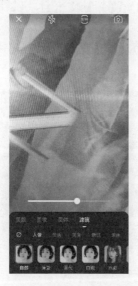

图 8-2

另外，快手区别于其他短视频平台的一个重要特征就是其在功能的开发上，并不着重于多，而是追求简单易用，并积极进行功能的提升。而正是这一特征，使用户乐于使用快手来制作、发布和推广短视频。

以快手的拍摄功能为例，如果运用得好，就能打造优质的视频并推广。比如，可以拍摄具有不同时长限制的视频。具体内容如图 8-3 所示。

图 8-3

当运营者点击两下或三下时，在拍摄页面会出现"隐藏功能"信息提示框，显示"本模式下可拍摄或截取长达 17 秒的视频"或"本模式下可拍摄或截取长达 57 秒的视频"的字样。

8.1.3 火山小视频

火山小视频 App 是由北京微播视界科技有限公司研制发布的一款主打 15 秒短视频拍摄的手机视频软件。它是相当火爆的短视频社交平台，以视频拍摄和视频分享为主。

火山小视频 App 作为热度较高的一款短视频拍摄软件，有其独特性，主要包括 5个方面，如图 8-4 所示。

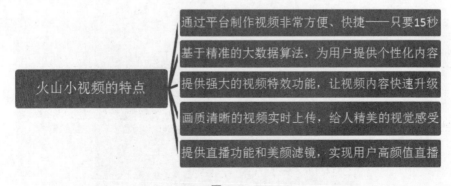

图 8-4

同时，火山小视频为了加快发展，吸引更多人关注和参与，推出了一系列与小视频相关的扶持计划，如图 8-5 所示。

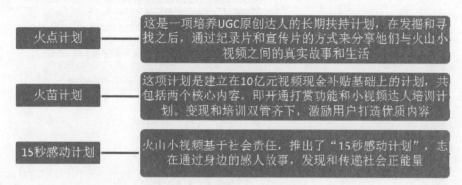

火点计划	这是一项培养UGC原创达人的长期扶持计划，在发掘和寻找之后，通过纪录片和宣传片的方式来分享他们与火山小视频之间的真实故事和生活
火苗计划	这项计划是建立在10亿元视频现金补贴基础上的计划，共包括两个核心内容，即开通打赏功能和小视频达人培训计划。变现和培训双管齐下，激励用户打造优质内容
15秒感动计划	火山小视频基于社会责任，推出了"15秒感动计划"，志在通过身边的感人故事，发现和传递社会正能量

图 8-5

智慧锦囊

　　火山小视频 App 与市面上众多的短视频拍摄软件相比，并不具有太多优势，但是火山小视频 App 在拍摄完视频之后的编辑操作，却有独一无二的"抖动""黑魔法""70 年代""灵魂出窍"以及"幻觉"5 款特效应用，让视频充满个性化的同时又别具一格。

　　在火山小视频 App 上进行推广，一方面可以借助该应用的特点打造个性化视频，另一方面可以借助平台的扶持政策，做到两者兼收，因此其短视频运营之路还是可期的。

8.1.4　美拍

　　美拍 App 是一款由厦门美图网科技有限公司研制发布的集直播、手机视频拍摄和手机视频后期处理于一体的视频软件。

　　美拍 App 自 2014 年面世以来，吸引了众多人狂热参与，可以算得上开启了短视频拍摄的大流行阶段。后经众多明星的使用与倾情推荐，使其真正深入人们的心中，每当人们想起短视频拍摄，就会想到美拍 App，所以这款软件深入民心的程度可见一斑。

　　美拍 App 的最大特色是四"最"，具体如图 8-6 所示。

　　此外，美拍 App 主打"美拍+短视频+直播+社区平台"。这是美拍 App 的第二大特色，从视频开拍到推广和分享，一条完整的生态链，足以使它为用户积蓄粉丝力量，再将其变成一种营销方式。

　　美拍 App 主打直播和短视频拍摄，以 20 多种不同类型的频道吸引了众多粉丝的加盟与关注。如图 8-7 所示为美拍 App 的视频拍摄页面主要功能展示。

短视频领域，用户规模最大

微博平台上的话题阅读量最多

美拍App上的最大特色 "全民社会摇"广场活动参与用户最多

"扭秧歌"春节拜年活动用户规模最大

图 8-6

图 8-7

　　美拍 App 还有一些细节功能：一是为用户提供了 15 秒、60 秒以及 5 分钟的视频时长选择，为用户的短视频拍摄时长提供了更多选项；二是强大的 MV 特效和大头电影等有趣的功能，能帮助用户拍摄出更具个性化的手机短视频；三是"表情文"让照片也能说话，在线音乐，边听边感受。

　　智慧锦囊　　美拍 **App** 主打直播与美拍，而且其拍摄视频的时长虽然进行了相应调整，但用户还是比较受限制，只能选择软件提供的几种时长方式，用户并不能自定义视频拍摄时长。所以在进行美拍 **App** 视频推广时，要注意视频拍摄时间长度的把握。

8.1.5　西瓜视频

西瓜视频 App 是今日头条旗下独立的短视频应用，同时也可看作今日头条平台上的一款内容产品，其推荐机制与头条号的图文内容并无太大差别——都是基于机器推荐机制来实现的。通过西瓜视频平台，众多视频创作者可以轻松地向大家推广和分享优质视频内容。

基于西瓜视频与今日头条平台的关联，运营者可以通过今日头条平台后台进行短视频的运营和推广。而通过今日头条平台后台的西瓜视频发表和推广短视频，具有多个方面的优势，具体分析如下。

1. 利用合辑功能

"发表合辑"是为适应视频内容的发展而推出的新功能，是指视频集合。当然，这种集合并不是简单地把多个视频组合在一起，而是需要运营者对已发表的视频内容进行重新组织和整理，是具有自己思想的、有固定主题的视频集合。

因此，运营者可以把有着相同主题的一系列短视频进行整理，再设置一个吸引人的主题名称，就能吸引众多想要获取某一方面知识且想要系统学习的人关注，最终实现短视频推广的目标。

智慧锦囊　　在视频合辑功能中，所选择的视频既可以是自己发表的视频，也可以是其他人发表的视频。但是无论运营者选择什么样的视频，都必须坚持一个原则和中心，那就是选择的所有视频都要有一个中心主题。

2. 设置金秒奖

通过今日头条后台的西瓜视频 App 发布的视频，还可以参与金秒奖。一般来说，出现在"金秒奖"频道首页中的内容，都有较高的流量，有些更是高达百万播放量，引发了传播裂变。参与评选之后，即使并没有获得相关奖项，也能通过与"金秒奖"这一短视频行业的标杆事件发生关联而增色不少。

因此，运营者可以发表自己制作的优质的短视频内容参与金秒奖。当然，这里的质量主要包括如下两个层面的内容：一是所呈现出来的视频内容的质量，二是拍摄、制作的视频在图像、音效和字幕等多个方面的质量。只有这样，运营者才能打造优质短视频，也才能在众多参与作品中获胜，夺得桂冠，为自身短视频内容打上优质标签，从而吸引大量用户点击。

3. 多种推广方式

西瓜视频为了扩大推广范围和提升推广效果，还积极进行了多方面的营销尝试。如 2017 年 6 月的"找回新鲜感"跨界营销活动就吸引了众多人参与，刷爆朋友圈。在这一活动中，西瓜视频围绕"西瓜"这一当季水果，与百果园、果多美企业合作，一方面在 30 万颗西瓜上贴上创意标语和二维码，并通过扫二维码为购买者提供与"找回新鲜感的 45 种方式"相关的短视频内容；另一方面还准备了一个 360°全方位环绕的视频体验馆，带给用户身临其境的观影震撼，成功地让年轻人排起了长队观看，如图 8-8 所示。

图 8-8

8.1.6 小影

小影 App 是由杭州趣维科技有限公司推出的一款原创视频、全能剪辑的短视频社区 App。小影 App 的用户以"90 后""00 后"居多，因该软件的视频拍摄风格多样、特效众多，而且视频拍摄没有时间限制而受到众多人的追捧。

小影 App 最大的特色就是即拍即停，主要用于短视频的拍摄与后期调整。在小影 App 的拍摄界面，运营者可以拍摄、剪辑视频，可以设置特效让图像呈现出不一样的效果，还可以保存没有上传的视频草稿。

此外，在小影 App 中还有如下具体功能：一是实时特效拍摄镜头；二是超棒的 FX 特效以及大量精美滤镜可供用户选择与使用；三是利用小影 App 拍摄手机视频，除了可以在拍摄时采用大量精美滤镜之外，该软件还有"自拍美颜"拍摄模式、"高清相机"拍摄模式以及"音乐视频"拍摄模式，更有九宫格辅助线帮助用户完成电影级的手机视频拍摄。小影 App 的 iPhone 版 LOGO 及软件界面如图 8-9 所示。

图 8-9

智慧锦囊　　　　小影 **App** 还有视频平台分享,用户可以将自己拍摄的视频上传到小影 **App** 的平台上面去,以供更多人欣赏。此外,在小影 **App** 中,还有"小影百宝箱"这一项功能,可以将视频按照不同的风格与题材进行分类,用户可以在这里面下载相应的视频主题、相应字幕以及相应特效等。

8.1.7 腾讯视频

　　腾讯视频是国内市场最大且发展最迅速的在线视频平台,它于 2011 年正式上线运营。对于短视频运营者来说,腾讯视频网站有着巨大优势——拥有最多的移动端日活跃用户和付费会员,且在短视频迅速发展的情况下,腾讯视频也开始多处布局短视频内容,主要推出了十款短视频产品,具体如图 8-10 所示。

　　当然,在腾讯视频本身的平台上,很多频道中都包含短视频内容的身影。特别是在"微视"频道,呈现出来的完全是一个与其他短视频 App 一样的页面布局——分两列多栏的列表格式展示,其内容大多是一分钟左右的短视频内容,如图 8-11 所示。

　　且在该频道中,用户点击短视频跳转到相应页面后,同其他短视频平台展示几乎一样的功能内容，如图 8-12 所示。这有利于运营者与用户、用户与用户之间更好地进行互动，从而在社交视频化方面走得更远。除此之外，腾讯也提供了跟爱奇艺共有的热点频道，更好地给用户提供了新鲜的资讯。用户可以选择浏览平台推荐的短视频，也可以浏览用户自己关注的短视频。

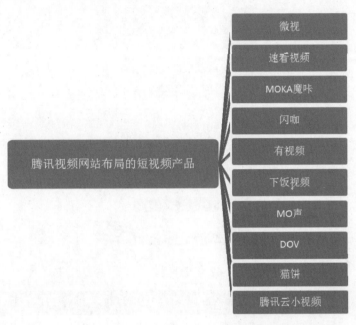

图 8-10

图 8-11

图 8-12

8.1.8　爱奇艺

爱奇艺是一个以"悦享品质"为理念的、创立于 2010 年的视频网站。在短视频发展如火如荼之际，爱奇艺也推出了信息流短视频产品和短视频业务。一方面，在爱奇艺 App 的众多频道中，有些频道就是以短视频为主导的，如大家喜欢的"资讯""热点"和"搞笑"等。如图 8-13 所示为爱奇艺"资讯""热点""搞笑"频道的短视频内容展示。

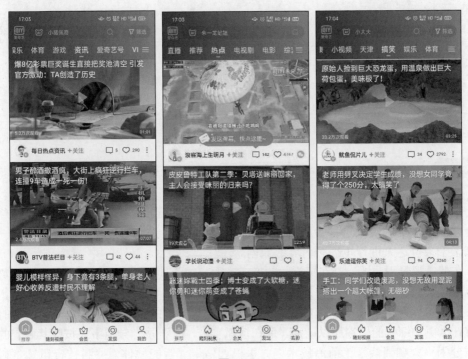

图 8-13

另一方面，它专门推出了爱奇艺纳逗 App。这是一款基于个性化推荐的、以打造有趣和好玩资讯为主的短视频应用，如图 8-14 所示。

当然，对于在社交属性、娱乐属性和资讯属性等方面各有优势的短视频，爱奇艺选择了它的发展方向——娱乐性。无论是爱奇艺 App 的搞笑、热点频道，还是爱奇艺纳逗 App 中推荐的以好玩、有趣为主格调的短视频内容，都能充分地体现出这一方向。而对运营者来说，正是因为爱奇艺在某些频道上的短视频业务偏向，还有专门的短视频 App 开发，让他们找到了推广短视频的平台和渠道。同时，爱奇艺作为我国三大视频网站之一，有着巨大的用户群体和关注度，因而如果以它为平台进行短视频运营推广，其效果应该是不错的。

图 8-14

8.1.9 搜狐视频

在短视频大火的时代，搜狐视频作为我国门户网站第一个视频分享平台，也抓住了机会并以巨大的魄力来进行短视频运营，从而形成了多元化的短视频自媒体矩阵——汇聚了千余位达人进行短视频内容的原创。

在搜狐视频平台上，其在短视频的推广方面相较于其他平台来说，也是有其优势和特色的，其重点在于对行业和领域的细分标签。下面以"科技"频道为例进行介绍。

大家可能发现，在很多视频平台上，"科技"频道的所有内容都是一起展示的，没有什么更加细分的标签加以区别。而在搜狐平台，"科技"频道下还按照其内容的不同被分为"大咖阔谈""前沿技术""手机通信""智能硬件""科技资讯""科学探秘"六大细分领域。用户点击相应标签即可进入各细分领域观看短视频。如图 8-15 所示为"手机通信"和"科学探秘"细分领域的短视频内容展示。

基于此，短视频运营者在搜狐视频网站上传视频时，可以在相应频道下选择细分领域，让其所属内容分类更精准，同时也让用户能够更加精准地找到所需的内容。可见，搜狐视频的细分领域分类设置是一种能更有效地推广短视频的方式。

智慧锦囊　运营者要注意的是，在"搜狐视频"App 上上传短视频内容，是不能进行细分领域设置的，而只有大的分类设置。因此，要想实现精准推广，运营者应该通过 PC 端上传短视频。

图 8-15

8.1.10 优酷

优酷是国内成立较早的视频分享平台，其产品理念是"快者为王——快速播放，快速发布，快速搜索"，以此来满足多元化的用户需求，并成为互联网视频内容创作者(在优酷中称为"拍客")的"集中营"。

在优酷平台上，不管你是资深摄影师，还是一名拍摄爱好者，也不管你使用的是专业的摄像机，还是一部手机，只要是喜欢拍视频的人，都可以成为"拍客"。

除了"拍客"频道外，优酷还推出了"原创"和"直播"等频道，吸引那些喜欢原创并且热爱视频的用户。在优酷"原创"频道中，有很多热爱视频短片的造梦者，他们不断坚持并实现自己的原创梦想，借助平台诞生了一大批网络红人，同时他们也为优酷带来了源源不断的原创短片。

在优酷平台上还有一个"科技"频道，在该频道，用户可以观看各种科技产品的视频，比如手机测评、概念机曝光等。这对经营与科技相关产品的企业来说，是一条非常不错的产品宣传渠道和短视频内容推广渠道。具体分析如图 8-16 所示。

除了这些比较常见的频道外，优酷还有很多频道，比如音乐舞蹈、游戏、搞笑、生活等频道，而音乐舞蹈又可分为很多小类，比如其中包括音乐、广场舞、宅舞、演唱会等。优酷在频道这方面做得还是非常仔细、全面的。

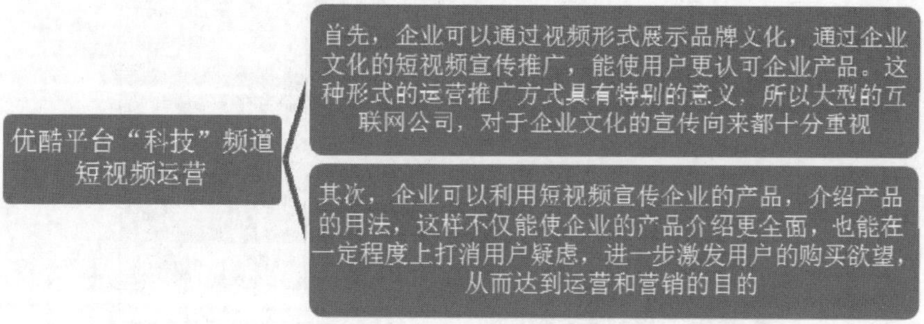

优酷平台"科技"频道
短视频运营

首先，企业可以通过视频形式展示品牌文化，通过企业文化的短视频宣传推广，能使用户更认可企业产品。这种形式的运营推广方式具有特别的意义，所以大型的互联网公司，对于企业文化的宣传向来都十分重视

其次，企业可以利用短视频宣传企业的产品，介绍产品的用法，这样不仅能使企业的产品介绍更全面，也能在一定程度上打消用户疑虑，进一步激发用户的购买欲望，从而达到运营和营销的目的

图 8-16

8.2　特效拍摄短视频

本节导读　　很多运营者花了很多时间拍摄的视频，但在短视频平台发布几天后，播放量和点赞量都很少。为什么有的短视频能吸引十几万人转发？本节将以"抖音"短视频平台为例，详细介绍拍摄短视频的相关知识及方法。

8.2.1　拍摄短视频时需要注意的问题

短视频这个行业现在参与的人数还是挺多的，但是想要从中脱颖而出，运营者就需要掌握很多技巧及需要注意的问题。

1. 场景问题

选择场景应该遵循以下几个原则。

● 场景一定要有利于表现主题。只要是清晰地呈现在画面中的场景，都应该有利于主题的表现。

● 场景应该在色调、色彩等方面与其他画面元素协调。

● 选择具有地方特征、季节特征的景物作为场景。另外，画面的点缀和衬托也非常重要。

● 场景一定要简洁，懂得舍弃画面中无关的元素，否则场景就容易喧宾夺主，弱化主题。

2. 拍摄角度

在抖音平台的众多短视频中，要想自己的视频吸引人，需要注意拍摄的角度。可以从一些独特的角度,拍摄一些有趣的画面。如利用较低或较高的角度拍摄,如图 8-17 所示。

图 8-17

3. 构图问题

只有经过精心地构图,才能将主体加以强调和突出,舍弃一些杂乱且无关紧要的景物,并选择合适的景物作陪衬,从而使作品更完美。拍摄者最好有一定的摄影基础,要保证画面的美感,防止出现画面混乱、构图杂乱的问题。

4. 光线问题

光线对拍摄对象的层次、线条、色调和气氛都有着直接的影响,拍摄对象在视频中能否表现很好,在很大程度上取决于光线的好坏。好的光线布局可以有效提高画面质量。在拍摄人物时多用柔光会增强画面的美感,要避免明显的暗影和曝光;如果光线不清晰,可以手动打光,将灯光打在人物的脸上,或用反光板调节光线。

灯光是一种无声的语言,不同色调的灯光可以营造出完全不同的视觉效果。也可以用光线进行艺术创作,灯光有冷有暖,可以借助冷色、暖色等不同色调光源的相互搭配营造出不同的氛围,如图 8-18 所示为用红色光束效果营造出的一种梦幻、神秘的感觉。

5. 画面切换问题

在拍摄时要注意画面切换的问题。有些视频要注意全景、远景、近景、特写的相互切换,尤其是拍摄人物时,更要注意这一点。

图 8-18

6. 防止抖动

拍摄时，手一定要稳，不要摇晃抖动，即使视频内容再好，抖动也会影响整体效果。最好配备一个支架，用于固定镜头；跟拍时要移动整个身体，不要移动手机，这样可以减轻视频的抖动程度。如果拍摄的视频摇晃抖动，也可以用后期软件调整。

智慧锦囊 视频剪辑后还要进行一定的后期制作处理，如添加字幕、背景音乐、滤镜等。还可以添加一些特效，不过添加特效要适可而止，不要过度。

8.2.2 短视频封面

短视频封面可以吸引用户点击，所以选择好的封面十分重要。在封面的选取上，需要结合视频内容的特点，选择的封面要体现一定的内容。

(1) 粉丝可以从封面中看到实用且有价值的信息。

(2) 粉丝可以通过封面知道视频内容是什么。

抖音火爆之后，有很多优秀的设计师在抖音上展示自己的作品。如图 8-19 所示

的这条视频就非常火，短时间内就获得了上万点赞
和评论。

　　为什么这条视频能火呢？因为它的封面吸引了
很多粉丝的点赞。这条视频的封面是设计师本人在
装修房内的图片，重点是在图片中添加了"45m² 蜗
居玻璃墙设计——变身阳光复式房"文案。所以上
传视频的时候一定要选择封面，封面可以作为视频
的一个吸引点，以此吸引别人点击视频。

　　在抖音 App 上给视频添加文字也是非常简单
的，具体操作方式是在发布视频编辑页面中，点击
右上角的【文字】按钮，进入【添加文字】页面，
选择准备使用的文字样式和文字颜色，然后输入准
备添加的文字内容，最后点击【完成】即可完成添
加文字的操作，如图 8-20 所示。

图 8-19

图 8-20

8.2.3　为短视频添加音乐

　　抖音是一个注重音乐的平台，用户可以通过这款软件选择音乐，拍摄音乐短视

频，创作自己的作品。音乐的作用就是提升视频效果，让粉丝的情感、心理与视频内容融合在一起，感情得到升华。一条富有情感的视频，一定会获得更多的转发和点赞。

智慧锦囊 在拍摄视频的过程中，要注意选择视频的背景音乐，音乐要与内容搭配。音乐选得好，视频播放量和完播率也会很好，原因是配乐好听，粉丝想听完再观看下一个视频。这样不仅可以提高视频的完播率，而且系统还会将视频推荐给更多的人看。

打开抖音【选择音乐】界面，如图 8-21 所示，会发现有搜索音乐的文本框，有推荐，也有热歌榜、飙升榜、抖音限定、寻找校园好声音等。点击【歌单分类】后面的【查看全部】，可以找到更多的分类，包括热歌榜、飙升榜、抖音限定、寻找校园好声音、二十四节气、DouVoice 唱片计划、周杰伦、卡点、配乐、欧美、慵懒、女王范、流行、原创、日韩、小清新、舞蹈、运动、翻唱、酷炫、旅行、戏精、山水画、国风、美食、自拍、甜蜜物语、不想长大、励志、柔情似水、浪漫情歌、激萌、兄弟情、影视、温柔、深夜解忧、家庭、经典、原生态、游戏等，用户可以根据自己拍摄的内容来选择，如图 8-22、图 8-23、图 8-24 所示。

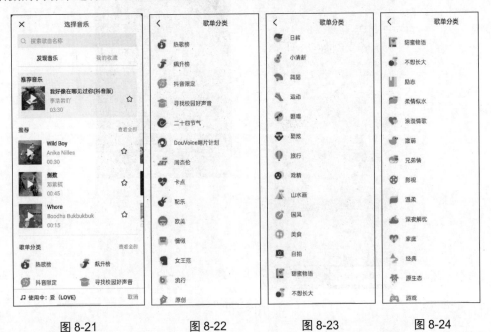

图 8-21   图 8-22   图 8-23   图 8-24

在制作抖音短视频时，如果都选择用别人的音乐，就很难突出自己的风格，这时可以创作自己的原声音乐，展现独立无二的特点。下面详细介绍抖音原声的制作方法。

第①步　点击抖音首页下方的【+】按钮，拍摄或上传手机中的视频，并且上传
　　　　自己的原声歌曲，如图 8-25 所示。

第②步　点击右下角的【我】进入个人界面，如图 8-26 所示。

　　　图 8-25　　　　　　　　　　　　　　图 8-26

第③步　打开刚刚上传的原声视频，点击右下角的音乐按钮，如图 8-27 所示。

第④步　进入创作的原声界面，点击【编辑标题】，如图 8-28 所示。

　　　图 8-27　　　　　　　　　　　　　　图 8-28

第 5 步 在【设置原声标题】界面设置好原声标题，就可以等待别人来跟拍所创作的原声视频了，如图 8-29 所示。

8.2.4 为短视频添加特效

现在很多小视频都有精彩的特效，给用户带来丰富的视觉体验。在抖音上传或者拍摄视频时，可以选择抖音自带的特效。点击视频右侧的【特效】，如图 8-30 所示，可以看到有【梦幻】【自然】【动感】【材质】【转场】【分屏】【装饰】等特效，如图 8-31 所示。下面详细介绍几种常用的特效使用方法。

图 8-29

1. 梦幻特效

梦幻特效有 disco、百叶窗、矩形光、彩虹、烟雾、天使光芒等，如图 8-32 所示。将视频进度滑块拖动到准备添加梦幻特效的部分，然后点击下方的特效。如果想同时添加多个特效，可以在添加完第一个特效后继续按照同样的方法添加其他特效。

图 8-30

图 8-31

图 8-32

2. 分屏特效

在抖音上经常可以看到模糊分屏、两屏、三屏、四屏、六屏、九屏等视频特效，拍摄得很有创意，其实这就是应用抖音 App 中的分屏特效功能拍摄的视频。下面详细介绍制作分屏特效的方法。

第①步　在抖音上传或者拍摄视频后，点击视频右侧的【特效】按钮，进入【特效】界面，然后点击底部的【分屏】特效按钮，如图 8-33 所示。

第②步　选择需要的分屏特效，如选择【四屏】，长按【四屏】特效小圆圈，特效添加完成后，单击【保存】即可，如图 8-34 所示。

图 8-33

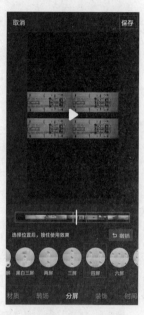

图 8-34

3. 时间特效

时间特效包括时光倒流、反复、慢动作 3 种类型。

【时光倒流】特效是以逆序方式呈现，给人一种时光倒流的感觉特效。单击【时光倒流】特效按钮后，可以看到视频下面的黄色进度滑块会从视频尾部开始滑动，滑向视频的开始拍摄位置，其效果是视频会被倒放，如图 8-35 所示。

【反复】特效会使视频经过设定的特效位置反复播放一次，单击【反复】特效按钮后，视频底部会出现两个滑块，一个是蓝色的视频进度条滑块，另一个是红色的可移动的滑块，通过拖动后者可以实现【反复】特效的位置设定，其效果是当进度滑块经过设定位置后，视频画面会在那一个时间段反复播放，如图 8-36 所示。

【慢动作】特效的作用是放慢动作，让粉丝可以更清晰地看到视频细节。单击【慢动作】特效按钮后，视频下面同样会出现两个和【反复】特效一样的滑块，移动滑块可以设置视频慢放的位置，设置完成后，其效果是当滑块经过此位置时，会慢放视频画面，如图 8-37 所示。

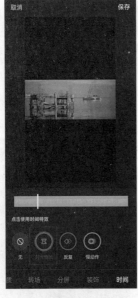

图 8-35　　　　　　　　　　　图 8-36

4. 转场特效

　　场景与场景之间的过渡或转换，叫作转场。抖音中的转场特效包括光斑模糊变清晰、开场、缩放转场、模糊变清晰、倒计时、电视开机、横滑、卷动、横线、竖线、旋转、圆环等，如图 8-38 所示为应用【圆环】转场特效的效果。

图 8-37　　　　　　　　　　　图 8-38

8.2.5　使用道具拍摄

抖音 App 和大部分视频 App 一样，都有属于自己的拍摄道具，在热门的抖音视频中经常可以看到特效视频，总是让人感觉很神奇。在抖音的视频录制，以及合成处理的工序中，系统均设置了不同类别的道具。使用这些道具拍摄的视频更独特，更能满足用户的创作欲望，打造独一无二的音乐视频。下面详细介绍使用道具拍摄的方法。

第 1 步　在抖音 App 中进入拍摄界面后，点击左下角处的【道具】按钮，如图 8-39所示。

第 2 步　可以看到界面中会出现很多功能道具，选择其中准备使用的道具效果，然后就可以根据提示进行拍摄了，如图 8-40 所示。

图 8-39

图 8-40

8.2.6　拍摄同款道具视频

有时在抖音视频中可以发现很多有趣的视频特效，自己也想拍一个相同的视频，但是进入拍摄界面之后却不知道使用什么道具。这时，就可以使用"同款道具"功能直接拍摄同款道具特效，下面详细介绍拍摄同款道具视频的操作方法。

第 1 步　在抖音 App 中，找到一个自己喜欢的道具效果视频，如找到使用道具"红色光束"拍摄的短视频，点击【红色光束】提示字体，如图 8-41 所示。

第 2 步　进入【红色光束】道具使用界面，其中显示了使用【红色光束】道具拍摄的用户视频，点击【拍同款】按钮，如图 8-42 所示。

图 8-41 图 8-42

第③步 进入手机拍摄界面，并提示使用【红色光束】道具以及它的其他光束
     样式，用户可以选择准备使用的样式，如图 8-43 所示。

第④步 此时就可以使用该特效道具拍出具有 KTV 感觉的短视频了，如图 8-44
     所示。

图 8-43 图 8-44

第 9 章　短视频的推广及营销

　　学会怎么拍摄和制作短视频后，运营者还要学习的是如何利用短视频进行推广引流及营销等。本章主要介绍推广引流打造百万粉丝、利用短视频打造营销爆款方面的知识与技巧。通过本章的学习，读者可以掌握短视频的推广及营销方面的知识。

9.1 推广引流打造百万粉丝

本节导读　　　短视频运营者要学会利用短视频进行推广引流，并让这一效果尽量得到提升，本节将从基于用户需求提升关注度、使用妙招提升短视频推广效果和通过好内容赢得用户的更多点赞 3 个角度来详细介绍短视频推广引流的相关知识。

9.1.1 基于用户需求提升关注度

短视频火爆新媒体市场后，持续升温，短视频营销生态也愈加完善，短视频运营也越来越专业化。短视频虽然很火，但是，相当大一部分运营者在制定短视频运营方案时，由于经验不足、缺乏创意、定位不精准等原因，导致账号无法正常运营下去。

对于如何提升账号的关注度，不同的人有不同的看法和见解。其实，解决问题的核心还是在于"用户为什么关注你"这一用户动机。下面详细介绍提升用户关注度的方法。

1. 营造愉悦气氛，满足用户对快乐的需求

喜怒哀乐，是人们经常会有的情绪，而"乐"可以带给自身和周围的人以愉悦的感受。在抖音平台上，就有很多短视频营造出"乐"的情绪氛围，如图 9-1 所示。

图 9-1

在短视频运营的过程中，如果一个账号能够持续给用户带来快乐的感受，让他们持续关注就是一件轻而易举的事情了。那么，如何才能持续满足用户对快乐的需求呢？主要有以下两点。

第一点是短视频题材的选择。既然是满足快乐的需求，那么我们的内容应尽量营造搞笑、轻松、喜庆的氛围。第二点是保持表演风格、角色塑造等的一致性。风格与角色的一致性能够帮助用户朝固定方向联想，形成期待感，从而提升关注度及用户黏性。如果能长期保持一致性，随着时间的推移和内容的积累，用户会自然而然地对接下来的短视频内容中的角色有固定联想，并期待后续剧情的发生。值得一提的是，在保持这种一致性的前提下，即使某一天出现了不一样的角色塑造，用户也会在一定程度上沿着原有的角色塑造进行联想。

2. 抓住用户的好奇心理，满足好奇心需求

面对未知，人们总是会产生不断探索的心理需求。例如，在孩童时期，我们对一些好玩的、未见过的东西有着巨大的好奇心。在这种普遍的动机需求下，推送能引发或满足用户好奇心的短视频内容，是一种非常有效的方法。

一般来说，能满足用户好奇心的短视频内容一般有三种，即稀奇的、新鲜的、长知识的。如图 9-2 所示为通过稀奇的内容满足用户好奇心的抖音短视频案例。

图 9-2

这几类短视频或是利用人们认知上的反差引发好奇心理，或是利用新鲜内容为人们提供谈资，又或是利用长知识的内容提升优越感，这些都是能满足用户好奇心而引发关注的好方法。

3. 视频内容满足用户学习模仿的需求

人在见到好的技巧和行为时，经常会不自觉地开始模仿。例如，喜欢书法的人，

偶然在某处看到好的书法碑帖、字帖，就会细细观摩，并在练习的时候不自觉地开始模仿。如图 9-3 所示为能满足用户学习模仿需求的抖音短视频案例。

图 9-3

视频内容的出现，为用户提供了更真实、生动的学习模拟平台。无论是有亮点的技能、特长，还是值得学习的某项行为，都有着巨大的吸引力。

4. 满足用户解决问题的需求

除了满足用户的快乐、好奇心和学习模仿需求外，短视频内容如果能满足其他两项更进一步的需求——解决问题、自我实现的需求，也能吸引用户关注。

智慧锦囊　　如果说满足用户的快乐、好奇心需求还只是停留在心理层面的话，那么满足学习模仿需求已经上升到了行为层面。只是相对于满足解决问题的需求而言，满足学习模仿需求并不是生活必需的，后者完全是生活能力和水平提升所必需的。

无论做什么事，人们总是在遇到问题和解决问题中度过的。因此，运营者如果能为用户提供解决某一问题的方法和技巧，满足人们解决问题的需求，并能帮助人们更好地完成任务，那么，获得更多的用户关注就很容易了。如图 9-4 所示为能满足用户解决问题需求的抖音短视频。

图 9-4

这类短视频有一个特点，它吸引用户关注的时长可能并不是某一个时间点，而是会持续一段时间。例如，当用户看到某一短视频时，当时觉得它有用而关注，一段时间后，在生活中遇到了需要短视频内容中提及的方法来解决的问题时，用户会二次关注或多次关注。

所以，能帮助用户解决问题的短视频内容是工具化的，有着更长的生命周期。它能让用户"因为其他的事情而想起它"，这种结果的发生是必然的。这套短视频运营方案也能打造出一个指向性明确的短视频账号。

5. 根据用户想自我实现的心理需求制定方案

从心理层面到行为层面，再到更高层次的精神层面，有着跨越性发展。运营者在短视频运营的过程中，也可以按照这样的顺序来推出内容，吸引用户关注。

满足自我实现需求的内容，简单点说，其实就是"心灵鸡汤"。"心灵鸡汤"类的短视频之所以能引起用户的关注，最根本的原因还在于其中所包含的正能量和积极的思想。如图 9-5 所示为"心灵鸡汤"类的抖音短视频案例。

生活中总会遇到挫折，而在遇到挫折时我们需要有积极的思想做引导。基于这种需求，我们推出具有正能量的内容，给用户以指引，就能吸引用户关注。同时，"心灵鸡汤"类的短视频内容很多都是来自名人名言并蕴含着丰富的哲理，因而可以利用其权威效应，提升用户的控制感，降低被控制的思想禁锢，让人生重新焕发生机和活力。

图 9-5

9.1.2 使用妙招提升短视频推广效果

随着短视频的火爆，越来越多的商家和品牌选择短视频作为其宣传推广的重要渠道，同时加大在相关短视频平台上的投放力度，特别是抖音短视频，更是成为品牌推广引流的新战场。那么，如何才能提升短视频在平台上的推广效果呢？下面将详细介绍几个妙招。

1. 明星效应，自带流量

明星在短视频运营中的作用是不容忽视的，粉丝和媒体的力量十分强大，能够让短视频内容变得更加引人注目。从短视频诞生之日起，明星就已经参与其中了。在后来短视频的发展过程中，也有不少明星推出了短视频内容。

比如阿迪达斯旗下的 adidas neo 为了宣传和推广品牌，加入了抖音，并推出其明星代言人的相关视频，迅速吸引 100 多万粉丝，赢得了众多用户点赞和互动。如图 9-6 所示为 adidas neo 抖音号推出的视频截图。

2. 热点话题，引发热议

短视频如果想吸引庞大的流量，就应该有效地借助热点来打造话题，紧跟潮流，这样做的好处有两点，具体分析如图 9-7 所示。

图 9-6

图 9-7

而且，热点话题还包括不同的类型，涵盖了社会生活的方方面面，比如社会上发生的具有影响力的事件，或者是富有意义的节日、比赛等，还有一些娱乐新闻或者电影电视剧的发布也是热点话题的一部分。

吉列为打造品牌、推广产品而制作的短视频就是借助热点话题的典型案例。它紧扣"父亲节"这一热点推出了"这个父亲节，去请教父亲吧！"短视频广告。如图 9-8 所示为吉列"这个父亲节，去请教父亲吧！"短视频的画面截图。

3. 品牌人设，提升黏性

所谓"人设"，就是人物设定的简称，用来描述一个人物的基本状况，一般分为角色设计和人物造型等。而从具体的内容来说，人设主要包括人物的性格、外貌特征和生活背景等。

图 9-8

　　一般来说，人设是一篇故事得以继续下去和合理展现的重要因素，如果人设不合理，那么所展现出来的内容必然也是违反常规和逻辑的。另外，人设如果设置得好，那么，在吸引读者注意力方面会起到画龙点睛的作用。因此，在进行短视频运营时，有必要通过建立品牌人设来进行推广引流。其原因就在于如果能打造别具特色的、专属的品牌人设，形成固定风格，在引导用户群体关注和提升忠诚度方面是非常有效的。

　　如图 9-9 所示为东鹏特饮塑造品牌人设的抖音短视频案例。

图 9-9

　　在图 9-9 中展示的两个案例，都有"阿鹏"这一角色，他就是这一品牌塑造的清晰且年轻化的人设。在"东鹏特饮"抖音号的所有短视频内容中，"阿鹏"这一品牌人设就是一个狂热的球迷，并通过其在短视频中的各种表现以及与非球迷妻子之间的小故事，一方面确保了其与品牌调性的高度一致性——"年轻就要醒着拼"；另一方面，也通过阿鹏和相关人物的精彩演出，拉近了与东鹏特饮品牌的目标用户之间的距离，最终达到了扩大传播范围和提升用户黏性的目的。

那么，在品牌推广引流中，应该如何通过人设来提升效果呢？具体来说，其运营逻辑包括 3 大流程，如图 9-10 所示。

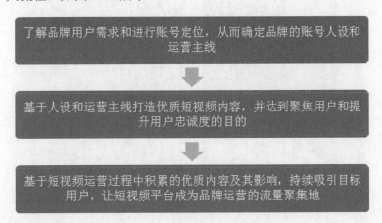

图 9-10

4. 挑战赛，快速聚集流量

抖音挑战赛的发起和参与，作为一种独特的短视频营销模式，是极易提升品牌认知度和获得消费者好感的方式。如图 9-11 所示为抖音挑战赛的运营推广分析。

图 9-11

在抖音短视频 App 上，有参与人数多、点赞量多的挑战赛，运营者可以选择主题、风格合适的挑战赛参与其中。

如图 9-12 所示为奇多食品品牌发起的"#奇多奇葩吃挑战赛"案例。该挑战赛迎合了年轻人的喜好，与这一挑战赛相关的视频有 5.6 亿次播放。对于奇多食品这一品牌而言，不仅起到了传播品牌故事和宣传品牌价值的作用，还在一定程度上带动其他人玩起来，提升了他们对品牌的认知度和参与度。

图 9-12

智慧锦囊

在抖音短视频平台的挑战赛玩法中，运营者要注意一点，即坚持好玩内容和低门槛、易模仿的一致性。

5. KOL 合作，提升知名度

KOL，经常作为"Key Opinion Leader"的缩写来使用，中文表示："关键意见领袖。"这类人一般具有 3 个基本特点，如图 9-13 所示。

KOL的基本特点
在产品信息掌握方面，明显更多、更准确
在群体关系方面，为相关群体所接受或信任
在影响力方面，更容易让相关群体产生购买行为

图 9-13

正是因为如图 9-13 所示的三个特点，使有 KOL 参与的企业视频广告在推广方面效果显著。对于运营者来说，在短视频广告中找 KOL 进行合作，存在三大明显优势，如图 9-14 所示。

可见，找 KOL 合作是一种有效的推广方法，是有利于提升产品品牌知名度和信任度的，并最终成功促进产品的销售。如图 9-15 所示为某品牌与时尚领域 KOL 进行合作的案例。

是一种软性植入方式，用户不易产生反感心理

在短视频广告中找KOL进行合作的优势

借助KOL的影响力，可以提升广告传播效果

KOL构思创新视频内容，实现与产品特性的衔接

图 9-14

图 9-15

就是凭借这样的"短视频+KOL"内容营销的方式，增加了该品牌的曝光度，同时也使其在该受众群体中的品牌影响力得到了提升。

6. 创意广告，提升观感

在短视频运营中，创意是提升推广效果的关键。特别是在硬广的推广过程中，利用创意方式植入短视频广告，可以在很大程度上改变用户的观感和广告的契合度，如图 9-16 所示。

在广告创意方面，江小白算得上是玩得比较成功的。除了一些比较经典的广告文案外，它在短视频广告推广上也毫不逊色，如"他们非要我喝西瓜汁的时候酷一点"的短视频广告就是如此，如图 9-17 所示。

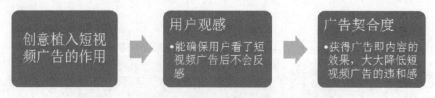

图 9-16

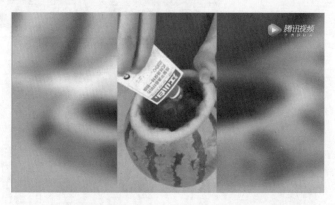

图 9-17

在这一条广告中，关于江小白这一品牌的广告植入还是非常有创意的——紧扣"酷"这一字眼，将喝西瓜汁玩出了新花样：以西瓜本身作为容器并安上水龙头，在让西瓜果肉变为果汁并加入冰块的前提下，还添加了江小白，从而实现了江小白这一品牌和产品的创意植入。

7. 互动贴纸，提升好感度

利用短视频进行品牌推广，有两个层次的目标：一是能消除用户对广告的反感心理，前面介绍的植入创意广告和找 KOL 合作就能达到这一目的。二是能实现双方互动，并促进短视频内容的二次传播，在更大范围内提升品牌好感度。

关于这两个层次目标的实现，抖音短视频平台的互动贴纸应用就是一个很好的方法。运营者可以在平台上发起挑战赛并定制创意贴纸，而用户可以在拍摄视频时选择贴纸下载。如果品牌和商家定制的创意贴纸吸引人，那么用户使用的频率就比较高，从而促进品牌的传播。

比如大家熟悉的餐饮品牌必胜客，就曾在抖音短视频平台上策划了一个名为"#DOU 出黑，才够 WOW#"的主题活动来宣传其新品——必胜客 WOW 烤肉黑比萨，并通过平台定制了多种含有必胜客元素的 BGM、360°全景贴纸和系列面部贴纸，如图 9-18 所示。

8. 剧情反转，带来惊奇感

在短视频的运营推广中要注意，剧情表达方式不同，其运营效果也会相应产生差异。特别是当一条短视频的剧情平铺直叙地展开，另一条短视频的剧情却突然出现了反转，对受众来说，后一种剧情更能带给人惊奇感，也更能吸引人的注意力。

图 9-18

因此，运营者在安排短视频剧情时可以从反转的角度出发进行设计，打破常规惯性思维，提供给受众一个完全想不到的结局，让受众由衷地感叹剧情的曲折性和意外性。如图 9-19 所示为唯品会的剧情反转短视频广告。

图 9-19

在该短视频中，利用背景音乐"确认过眼神，我遇见对的人"营造氛围，在男主角以为女主角被自己吸引的时候，剧情突然反转——原来吸引女主角的是唯品会广告宣传内容。

不仅短视频广告可以创作反转的剧情，在平常的短视频运营中也可以运用这种方法来打造优质视频。特别是一些搞笑视频，大多是通过剧情反转来营造幽默氛围的，如图 9-20 所示。

图 9-20

9.1.3 通过好内容赢得用户的更多点赞

短视频内容作为一种直观、真实的内容形式，在感染力方面明显比文字更胜一筹。而要想让短视频发挥更大的推广作用，就需要在短视频内容上做功课，打造出受大众欢迎、让用户点赞的爆款内容。下面详细介绍几个通过好的短视频内容引流的方法。

1. 高颜值，满足爱美之心

关于"颜值"的话题，从古至今，有众多与之相关的词语，如沉鱼落雁、闭月羞花、倾国倾城等，除了可以形容其漂亮外，还体现了漂亮所引发的话题。可见，颜值高，是有一定影响力的，有时甚至会起到决定性作用。这一现象同样适用于打造爆款短视频。当然，这里所说的颜值并不仅仅指人，还可以包括好看的事物、美景等。

从人的方面来说，除了先天的条件之外，要想提升颜值，就得在形象和妆容上下工夫，让自己看起来有精神、有神采，而不是一副颓废的样子。而画一个精致的妆容后再进行拍摄就是提升颜值的便捷方法。

从事物、美景的方面来说，完全可以通过其本身的美再加上高超的摄影技术来实现，如精妙的画面布局、构图和特效等，就可以打造一个高推荐量、高播放量的短视频。如图 9-21 所示为有着高颜值的美食以及美景的短视频内容。

图 9-21

2. 萌属性，吸引用户注意力

在互联网和移动互联网中，"萌"作为一个特定形象，奠定了其在用户中重要的审美地位，同时也得到了很多用户的喜欢，无论男女老少，都有它的忠实粉丝，更不要说在短视频这一碎片化的视频内容中了，特别是在抖音平台上，以"萌"制胜的视频类型和内容有很多。总体来说包括 3 种，具体如图 9-22 所示。

```
                          ┌────────────────────────────────────────┐
                          │ 可爱的萌娃，是众多宝妈发布视频时所要展示的骄傲， │
                          │ 他们随便的一个语音、一个动作或者一个笑容都能柔化 │
                          │ 众多用户的心                              │
                          └────────────────────────────────────────┘
┌──────────────────┐     ┌────────────────────────────────────────┐
│ 以"萌"制胜的视频内容 │────│ 毛茸茸的猫狗等小动作，也是众多用户喜欢的，它们能 │
└──────────────────┘     │ 在很大程度上保证获得高流量，特别是选取的卖萌场景 │
                          │ 和角度足够好                              │
                          └────────────────────────────────────────┘
                          ┌────────────────────────────────────────┐
                          │ 各种各样展现萌态的玩偶，也是众多观众喜欢的，然后 │
                          │ 再配上生动、形象的内容说明和故事等，更能吸引人的 │
                          │ 关注和购买                                │
                          └────────────────────────────────────────┘
```

图 9-22

如图 9-23 所示为在抖音短视频上以"萌"为主要内容的短视频案例。在这些短视频中，不管是萌娃还是小动物或者玩偶，都尽情展现出了他(它)们的可爱和萌态。

图 9-23

3. 暖元素，让观众产生爱

在日常生活中，人们总是会被能让人产生归属感、安全感，以及爱与信任的事物所感动，例如一道能让人想起爸妈的家常菜、一个习以为常却体现细心与贴心的举动等。这些都是能让人心生温暖的正面情绪，当然，它们也是最能触动人心中柔软之处的感情，且是一份能持久影响人内心的感情。如图 9-24 所示为能让人心生温暖和产生爱的短视频案例。

图 9-24

4. 干货内容，放心地落地执行

随着短视频行业的快速发展和行业的调整，短视频在受用户欢迎的程度上可能会发生大的变化，但是对用户来说具有必要性的干货类短视频内容不仅不会随之湮灭，还有可能越来越受重视。相对于纯粹用于欣赏的短视频而言，干货类短视频有着更宽广的传播渠道，且日益积累的结构化的内容输出，极有可能把账号打造成大的短视频IP。一般来说，干货类短视频包括两种，换句话说，也就是干货类短视频的内容具有两个特征，即知识性和实用性。

所谓"知识性"，就是短视频内容主要是介绍一些有价值的知识。例如，关于汽车、装修等某一行业方面的专业知识，这对于想要详细了解某一行业的用户来说是非常有用的。如图 9-25 所示为专门介绍和讲解汽车知识的短视频案例。

图 9-25

所谓"实用性"，着重在"用"，也就是说用户看了短视频内容后可以将它们运用在实际的生活和工作中。一般来说，实用性的短视频是介绍一些技巧类的使用功能的。如图 9-26 所示为实用性装修厨房短视频。

5. 技艺牛，让用户衷心佩服

对于运营者来说，如果拍摄的短视频内容专注于某一事物，且视频中展现的内容体现了主人公和其他人非凡的技艺，那么，这类短视频也是非常吸引人的，如图 9-27 所示。

图 9-26

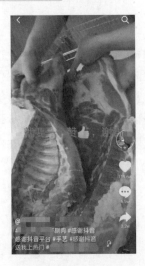

图 9-27

6. 各种恶搞与搞笑，创造新意

在抖音短视频平台上，人们在无聊和闲暇时间喜欢观看的视频除了上述几类外，还有一种就是搞笑、恶搞类的短视频。

所以用户在打造爆款短视频时，可以从搞笑、恶搞的角度着手，运用各种创意技巧和方法对一些比较经典的内容和场景进行视频编辑和加工，也可以对生活中一些常见的场景和片段进行恶搞似的拍摄和编辑，从而打造出完全不同的、能使人快乐和发笑的短视频内容。如图 9-28 所示的"搞笑段子"就是一个专门制作搞笑段子的抖音号。

图 9-28

7. 正能量，点燃信念之火

"正能量"在如今被频繁提起。可以说，每个人心中都具有善良的一面。无论你的正能量是爱国的热血，还是街头走访帮助孤寡老人、小贩，抑或是勇于救人的英勇事迹，这一类短视频，总能引起一些人的共鸣，让用户受到感染。如图 9-29 所示分别为消防队员奋不顾身救助被困夫妇和外卖小哥冒着暴雨盖上井盖的场景，这两个正能量短视频案例获得了很高的点赞和评论转发。正能量，可以说是一个点燃人们心中的信念之火，使之熊熊燃烧，永不熄灭的火种。

图 9-29

9.2 利用短视频打造营销爆款

本节导读　　当运营者学会和找到推广引流的方法后，接下来就是尽可能地加快自身产品的营销。本节将从短视频的内容形式、营销步骤、营销玩法等方面入手，帮助运营者利用短视频打造营销爆款。

9.2.1　快速传播内容引爆品牌营销

过去，品牌需要信息获取、唤醒、召回等链接才能接触到用户，但是抖音通过短视频这种沉浸度更强的表达方式，缩短了品牌和用户的距离，在这种情况下，用户的可转化性将大大提高。那么在以抖音为代表的短视频平台上，运营者应该如何依靠短视频内容来引爆品牌营销呢？通过系统分析，这里归纳出五种品牌营销方式。

1. 戏精类：完美展示品牌特色

"戏精"内容是指通过自身的表演技巧和意想不到的情节安排，完美地展示品牌的特色，这种视频内容非常适合"挑战"，因为它会吸引很多 UGC 参与创作。

创新营销思维认为企业在内容创作方面也可以做一次"演技派"，运用歌曲演绎、自创内容演绎和多角度动作拍摄技术，将音乐转化为表演秀。"戏精"的内容适合塑造或者改变形象的企业，例如一些品牌想塑造更年轻、更活泼、更有趣和不同的形象。

比如，由抖音联合七大博物馆推出的"文物戏精"系列，被赋予了新的形象，甚至成为"潮流"的代表，重塑和展示了新的品牌意义，如图 9-30 所示。

图 9-30

2. 特效类：品牌形象插入视频

品牌形象插入视频简单来说，就是使用软件制作特效，在视频内容中插入品牌形象和信息，再加上震撼人心的音效就可以了，这类视频就是一种科技秀，现在在短视频内容创作上还是挺火爆的。当品牌拥有者有口号和主题并想充分表达时，可以借助抖音达人来表达自己的原生影响力和品牌意识，并利用各种特效来充分展示自己的品牌理念。

3. 实物类：启动"货物交付"效应

这种类型在抖音上是比较多的，就是将产品软性植入拍摄场景，或者简单粗暴一点，直接将产品作为拍摄道具进行视觉展示，获得购买效果。

比如，视频聊天员可以在视频中添加企业日志、产品卡通形象等贴纸道具，并通过创意舞蹈加以渲染，也可以使短视频获得整体感。如图 9-31 所示为以人物虚拟螨虫的形式表演去螨虫产品以及以动画的形式为华为手机做广告。

图 9-31

4. 故事类：引发互动共鸣

即通过讲故事将品牌或产品信息带入一个特定的短片情境中，并与用户产生情感共鸣，引发互动。在利用讲故事的方法进行品牌营销时应该注意以下两个问题，如图 9-32 所示。

需要有关联
故事内容一定要与品牌有关联，否则就达不到推广品牌或产品营销的目的。这里的关联指的是在故事内容中，品牌或产品应是其中的一个重要元素，如线索、道具等

生成系列故事
在打造品牌或产品故事时，企业可以从各个方面来切入，如技能、技术、知识等，特别是在产品方面，因为不断推出新品，那么打造系列、持续的故事内容也不是一件难事

图 9-32

5. 动作类：潜意识渗透到用户的大脑中

通过身体动作来表现品牌或产品的个性特征，触发用户联想，并从潜意识渗透到用户的内心。视频本身就是一个活动的画面，如果再在视频内容中通过肢体动作来表现品牌或产品的特征，就更能给受众留下印象深刻。

而且，动作一般是持续性的，因此，短视频中的一个肢体动作是极易引发受众联想的。另外，既然是用来宣传和推广品牌的动作，那么一定具有鲜明的特征，这样的动作插入到品牌或产品营销过程中还是有着重大意义的。

如图 9-33 所示为一个制作手工红薯粉的动作类短视频案例。通过观看该视频内容，用户会自然而然地想到红薯粉，从而实现产品的宣传和营销。

图 9-33

9.2.2 收割抖音流量抓住短视频红利

在短视频营销中，抖音是一个既受企业和商家青睐，又受用户欢迎的短视频平台，那么在这一个有着 8 亿用户支持的平台上，具体应该如何进行营销呢？下面详细介绍相关知识。

1. 五大流程助力抖音号养号和成长

对于运营者来说，如果想要进行营销，首先就要积累粉丝，也就是大家所说的"养号"。在抖音平台上同样如此。关于抖音号的养号，主要包括以下几个方面，如图 9-34 所示。

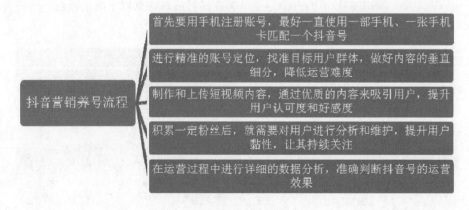

抖音营销养号流程

- 首先要用手机注册账号，最好一直使用一部手机、一张手机卡匹配一个抖音号
- 进行精准的账号定位，找准目标用户群体，做好内容的垂直细分，降低运营难度
- 制作和上传短视频内容，通过优质的内容来吸引用户，提升用户认可度和好感度
- 积累一定粉丝后，就需要对用户进行分析和维护，提升用户黏性，让其持续关注
- 在运营过程中进行详细的数据分析，准确判断抖音号的运营效果

图 9-34

从图 9-34 所示的抖音号养号流程中，可以看出短视频内容是至关重要的。可以说，没有内容的养号操作是白费功夫的。当然，短视频内容的来源可以是多元化的，只要坚持账号定位这一基本方向即可。

运营者不仅可以自己拍摄和制作短视频内容，打造优质的原创内容，为抖音号建设提供养分，还可以做好内容搬运工作，分享其他平台和其他抖音号好的短视频内容，丰富平台内容，从而吸引用户关注，并助力抖音号的成长。

2. 使用多种工具让抖音号运营更方便

在抖音号中，工具的使用很重要，特别是在短视频内容运营中，有很多工具需要运用，如视频剪辑、短视频解析下载、数据分析等。在此，主要从"伪原创"内容的角度进行介绍。

在进行"伪原创"内容的制作和编辑时，首先要下载不包含水印的短视频，这就需要使用抖音短视频解析下载工具。运营者运用这个工具，可以做到两点，具体如图 9-35 所示。

图 9-35

运营者在运用这一工具时，应该如何操作呢？其实非常简单，下面详细介绍其操作方法。

第 1 步　在抖音 App 中，选择一个短视频，点击【分享】按钮，如图 9-36 所示。

第 2 步　在弹出的窗格中点击【复制链接】按钮，如图 9-37 所示。

图 9-36

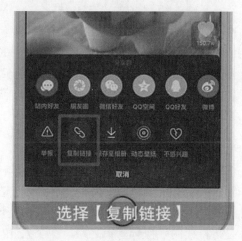

图 9-37

第 3 步　将复制的链接粘贴到【抖音短视频解析下载】（网址为 http://douyin.iiilab.com/）的文本框中，点击【解析视频】按钮，如图 9-38 所示。

第 4 步　弹出相应选项，然后点击【下载视频】按钮下载视频，如图 9-39 所示。

图 9-38

图 9-39

第5步 得到无水印的抖音视频页面，如图 9-40 所示。

接下来，就要对解析出来的短视频内容进行编辑了——修改短视频的 MD5(Message-Digest Algorithm，消息摘要算法)，这样才有可能获得系统推荐。在这一过程中，运营者可以使用的工具是【批量修改 MD5】。经过【批量修改 MD5】工具批量修改后的短视频，不会再被机器识别出来是搬运过来的"伪原创"内容。

3. 不断升级和促成爆款

运营者学会打造优质的"伪原创"内容和个性化的原创内容后，接下来就是学习如何打造短视频营销爆款了。而要做好这一点，打造个人 IP 才是可持续的短视频营销之路。在个人 IP 成长道路上，内容的新奇性和实用性是关键。当

图 9-40

然，运营者可以基于这两个关键点，不断升级短视频爆款玩法，提升品牌影响力。如图 9-41 所示为打造爆款的抖音号案例介绍。

图 9-41 所介绍的 3 个抖音号的爆款打造方法，各有特色和方向，可见，只要找准定位，选择一个有特色的垂直领域进行运营，并制作优质的能带来惊奇感或能让人

感到实用的内容，那么打造爆款也就胜利在望了。

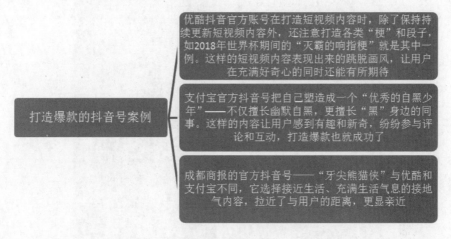

图 9-41

9.2.3　提高产品曝光度和打造口碑

利用抖音平台进行营销，是符合时代潮流并能够快速收益流量红利的营销方法。那么，在短视频平台上，运营者应该如何利用这样的平台进行营销呢？其实，主要还是在于产品和品牌的曝光与口碑打造。下面基于这一策略方向，详细介绍一些营销方法。

1. 产品要有特色或自带话题

在短视频平台，运营者应该根据自身品牌和产品的特点来选择呈现方式。短视频的播放时间都比较短，要想在短短的 15 秒内让用户对品牌和产品产生兴趣，视频至少要有一个亮点。

对于专门展示品牌和产品的短视频，运营者可以从两个方面打造亮点，一是直接呈现，二是侧面烘托。如果产品本身有亮点——特色和趣味，或是自带话题，那么即使直接展示产品，也是会吸引用户关注的。

如图 9-42 所示为有特色的饰品产品展示短视频画面。在该视频中，展示了一款有特色的耳环，因为这款耳环本身对女性有吸引力，该条短视频获得了 25.2 万个点赞和近 5000 条评论，很多人在评论中对视频中的产品感兴趣，纷纷询问："我看上这个耳环了，怎么买啊？""求购买链接"。

如图 9-43 所示为自带话题的婴幼儿产品展示短视频画面。在该短视频中，展示了一个让婴儿感到有趣的，再也不会抗拒洗澡的婴儿便携洗澡盆，用户看了之后纷纷表示："这个好，第一次见""我也想要一个"。由于婴儿便携洗澡盆自身带有话题，因此直接展示产品，也会让用户忍不住去点击播放。

图 9-42   图 9-43

总体来说，如果产品具有一定特色或具有话题性，那么可以通过直接展示的方法来促进销售。特别是一些经营电商品牌的短视频号，利用这种方法来进行产品推广——找到产品的卖点和特色并通过短视频展示出来，营销也就成功了。

2. 策划周边产品形成联动效应

除了直接展示有特色或具有话题性的产品外，还可以通过视频进行侧面烘托，制造话题和亮点，以便更加全面地展现品牌和产品。

在通过视频进行侧面烘托的展示方法中，运营者所选择的用以烘托的产品也需要注意，它必须与被烘托的产品有一定的关联性。比如，短视频要展示的是化妆品类的产品，那么与其有关联的产品也应该是其他化妆类产品或能搭配的产品，如首饰、发带等。

如图 9-44 所示为沐浴露产品的侧面烘托展示。该视频中出现的沐浴露、化妆棉都与洗化有关，在营销沐浴露时通过策划与其相关的产品——化妆棉，可以提升传递产品信息的功效。

3. 创新性挖掘扩大产品需求范围

在用短视频运营和营销时，可以从产品的功能角度来进行挖掘，找出更多对用户来说"有用"的内容，这样也能吸引用户的关注，扩大产品的需求范围。

如图 9-45 所示为利用湿巾的盒子让薯片没吃完也不变潮的例子。该视频在展示了"乐事"薯片和湿巾的同时，还挖掘了湿巾包装盒的额外用途。这个视频吸引了 22 万人的点赞。

图 9-44

　　当然，运营者如果想要进一步提升营销效果，最好还是对要宣传的产品功能进行挖掘。如图 9-46 所示为延伸拖把、旋转桶功能的案例。在该视频中，主人公将衣服放在旋转桶中，然后再旋转拖把将衣服甩干，从而对拖把、旋转桶的功能进行了延伸。

图 9-45　　　　　　　　　　　　图 9-46

4. 在短时间内聚焦优势进行宣传

关于产品的营销，其要点就在于特色优势的展示。运营者可以在 15 秒的短视频中完全聚焦其优势进行宣传，如图 9-47 所示。

图 9-47

在图 9-47 所示的短视频中，作者想要介绍的是一款超强涂料，利用多个实验进行对比，突出了涂料的超强黏性和抗压力——展示了西瓜在没有利用涂料之前的脆弱和涂抹涂料之后的抗摔与抗压，充分体现了该涂料的优势，起到了宣传产品的作用。

5. 借用场景提升产品宣传效果

在进行短视频产品营销时，一般有两种借助场景进行营销的方法，一是与产品相关的场景宣传，如制作场景、使用场景等；二是产品的特定场景植入。这两种借助场景的方法都是在短视频营销中比较常见的，运营者可以借鉴学习。

(1) 与产品相关的场景宣传。在短视频运营中，如果将制作产品的过程和场景展示出来，或是介绍产品的使用场景，则能增加内容的说服力，让用户放心购买。当然，在展示与产品相关的场景时，也是有选择性的：如果是一些手工产品，最好选择将其制作场景进行展示；如果是一些生活用品，最好是将其功能场景展示出来。

如图 9-48 所示为与产品相关的场景宣传的短视频案例。前者为手工巧克力的制作场景，后者为智能家居的使用场景。

(2) 产品的特定场景植入。这一方法在影视剧中很常见，是很多企业和商家乐意选择的营销宣传方式。即在进行营销宣传时将产品软性植入拍摄场景或是将产品当作拍摄道具使用，如图 9-49 所示。

图 9-48

图 9-49

6. 侧面烘托营造产品的良好口碑

有时，商家和企业不会直接说自己的产品有多好，而是通过产品营销的火爆从侧面烘托出这一点，如排队购买、卖断货等，营造出良好的口碑，这样更有利于说服受众，如图 9-50 所示。

7. 让品牌文化扎根于用户心底

用户更愿意选择大品牌、大企业的产品，除了产品本身在质量和服务方面有保障外，未必不是企业文化影响的结果。一般来说，形成了知名品牌，也就慢慢形成了企业文化和品牌文化。

图 9-50

　　而企业正是凭借形成的文化底蕴，让用户心里也产生了一种文化归属感，如时尚、创新、休闲等，用户更加愿意购买符合自身归属的产品。

　　基于这一点，短视频运营者可以不断更新内容，塑造企业和品牌形象，传播企业和品牌文化，让品牌及其文化扎根于用户心底。就文化的打造和传播而言，小米就做得很成功。它通过其抖音账号之一"小米员工的日常"发布视频来展示企业和员工的日常工作场景，全面呈现其员工之间的平等和伙伴似的关系，以及崇尚创新、快速的互联网文化，如图 9-51 所示。

图 9-51